무장한 한국사
-외세와의 대결 편-

외세와의 대결 편

무장한 한국사

ⓒ도현신, 2020

초판 1쇄 2020년 10월 23일 발행

지은이 도현신
펴낸이 김성실
책임편집 김태현
디자인 채은아
제작 한영문화사

펴낸곳 시대의창　　**등록** 제10−1756호(1999. 5. 11)
주소 03985 서울시 마포구 연희로 19−1
전화 02)335−6121　　**팩스** 02)325−5607
전자우편 sidaebooks@daum.net
페이스북 www.facebook.com/sidaebooks
트위터 @sidaebooks

ISBN 978−89−5940−747−7 (03900)

이 도서의 국립중앙도서관 출판시도서목록(CIP)은
서지정보유통지원시스템 홈페이지(http://seoji.nl.go.kr)와
국가자료공동목록시스템(http://www.nl.go.kr/kolisnet)에서 이용하실 수 있습니다.
(CIP제어번호: CIP2020040912)

무 장 한
한국사

한반도의 전쟁과 영웅
무기와 전략
그리고 숨겨진 이야기들

외세와의 대결 편

도현신 지음

시대의창

들어가며

원시시대를 연구하는 인류학자들은 전쟁에 대해 서로 상반된 두 가지의 입장으로 오랫동안 논쟁을 벌여왔다. 한쪽은 원시시대의 인간들은 전쟁이 없는 평화로운 세상에서 살았다는 주장을 하고, 다른 한쪽은 원시시대의 인간들이야말로 지금보다 더 잔혹하고 폭력적인 전쟁이 판을 치는 무법천지에서 살았다는 반박을 한다.

고고학적 발굴의 결과는 후자의 손을 들어주고 있다. 원시시대 인류는 결코 지상낙원에서 살지 않았다. 다시 말해서 전쟁과 폭력의 역사는 인류의 출현과 함께했던 것이다. 인간이 두 발로 땅을 걸으며 도구를 만들고 집단을 이루어 다른 인간들과 함께 살아온 시간만큼, 인간은 서로 다른 집단에 소속된 인간들과 식량이나 거주지 문제를 비롯한 온갖 문제들로 싸우면서 전쟁을 벌여왔다. 전쟁의 역사는 유구하다.

이 책은 전쟁이라는 주제를 한국사라는 배경에 맞춰서, 역사 속 14가지의 커다란 전쟁들에 얽힌 이야기들을 다뤄보았다. 멀리는 2100여 년 전인 고조선 시대의 전쟁에서부터 가깝게는 일제 강점기 독립운동가들의 무장투쟁에 이르기까지 한국사의 여러 전쟁 이야기들을 다채롭게 이 책 안에서 펼쳐보고자 한다.

까마득히 먼 옛날에 일어난 전쟁들이 21세기를 살아가는 우리들과 무슨 상관이 있느냐고 시큰둥하게 여길 사람도 있을 것이다. 그러나 우리는 과거와 단절되어 하늘에서 뚝 떨어진 존재가 아니다. 미국의 소설가 마이클 크라이튼의 말처럼 우리는 "무수히 쌓인 과거의 산 위에서 살아간다".

기원전 108년에 벌어진 고조선과 한나라의 전쟁은 현재 한민족이라는 정체성을 만든 단군왕검 신화를 탄생시켰다. 또한 4세기에 벌어진 고구려 광개토대왕의 전쟁은 그로부터 3세기 후, 고구려가 세계 최강대국인 중국의 수나라와 당나라에 70년 동안 맞설 힘을 주었다. 670년에서 676년까지 신라가 당나라와 벌여 승리한 나당전쟁은 한반도가 중국에 점령당하는 일을 막았고, 오늘날까지 이어져오는 한민족의 터전을 지켜내는 성과를 이루었다.

10세기에 고려가 강대국 요나라를 물리친 귀주대첩은 나당전쟁에 이어 다시 한 번 한반도를 지켜내고 그 후 1세기 동안 고려가 동북아에서 평화와 번영을 누릴 수 있게 만들었다. 11세기 고려가 여진족을 정벌한 전쟁은 비록 실패했으나 여진족들에게 고려의 무서움을 인식시켜주어 여진족들이 금나라를 세운 이후에도 고려가 무사할 수 있도록 기반을 제공했다. 13세기 약 42년 동안 고려가 몽골제국에 맞서 벌인 항전은 하마터면 한민족이 완전히 사라질 위기를 무사히 넘기도록 했고, 100년 후 몽골제국이 붕괴할 때 고려는 끝까지 살아남았고 결국 새로운 왕조 조선을 이룩할 수 있었다.

조선은 여진족을 정벌하며 북방을 개척했고, 1592년 임진왜란에서 일본을 격퇴하고 일본의 동아시아 정복이라는 야심찬 계획을 수포로 만들었다. 1637년 여진족이 세운 청나라가 쳐들어왔을 때 조선은 청나라에 패배하여 굴복했으나, (당시 청나라가 명나라 정복에 더 신경을 기울이던 터라) 국권은 유지할 수 있었다. 19세기 중엽에 벌어진 프랑스와 미국의 조선 침공은 결과적으로 조선이 승리했으나, 서구 열강의 강력한 군사력에 깊은 인상을 받아 나라의 문을 여는 개항의 계기가 되었다.

1894년에 일어난 동학농민혁명은 외세의 침입을 몰아내고 자주적인 나라를 만들려는 조선 백성들의 울부짖음이었으며, 비록 실패했으나 이 동학 혁명의 정신이 기반이 되어 2000년 동안 내려온 신분제도가 없어지기 시작했고 이후 이어질 항일무장투쟁의 기반이 되었다. 일제 강점기에 수많은 조선 민중들이 총을 들고 싸운 항일무장투쟁은 외세에 맞서 나라를 지키려는 강렬한 민족적 정체성을 확인한 것이었으며 끝내 독립에 성공하는 원동력을 제공하였다.

한국사 속에서 외세와 우리 민족이 벌인 여러 전쟁들은 모두 그 나름대로 의미가 있고, 역사에 커다란 영향을 끼쳤다. 그렇기에 한국사의 전쟁들에 얽힌 여러 정보와 이야기를 소개하는 이 책은 독자 여러분에게 충분히 유익한 지식과 교훈을 줄 수 있으리라 생각한다.

인문학이 위기라는 소리가 많이 들려온다. 하지만 코로나19 팬데믹 시기에조차 여전히 좋은 책들이 계속 나오는 걸 보면, 작가들이 좋은 책을 써낼 수만 있다면 인문학은 살아남을 것이라고 믿고 다짐하게 된다.

2020년 10월

도현신

목차

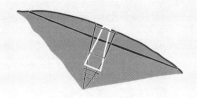

고조선과 한나라의 전쟁

신화 속 단군왕검 나라의 전쟁
(기원전 109~108년)

─────── **요약**

기원전 194년, 중국 연나라 땅(지금의 베이징 부근)에서 살다가 압록강을 건너 고조선의 수도인 왕검성(지금의 북한 평양)으로 건너온 위만衛滿(?~?)은 반란을 일으켜 고조선의 왕 준을 쫓아내고 고조선의 새로운 왕이 되었다. 그는 비록 중국에서 왔지만, 상투를 틀고 고조선의 옷을 입으며 적극적으로 고조선에 동화되고자 했다. 위만의 손자인 우거가 고조선의 왕이 될 무렵, 고조선은 중국을 통일한 한나라에 신하라고 칭하기를 거부하며 주변 나라들이 한나라와 외교 관계를 맺으러 사신을 보내는 길을 막았다.

주변국을 상대로 적극적인 정복 전쟁을 벌이던 한나라의 황제 무제는 이러한 고조선을 눈엣가시로 여겨 기원전 109년, 신하 섭하를 고조선에 사신으로 보내 한나라에의 복속을 강요하였다. 우거왕이 거절하자, 무제는 고조선을 공격하기 위해 5만 명의 군대를 보냈고, 고조선은 초반의 선전에도 불구하고 수도 왕검성이 1년 동안 포위되어 마침내 기원전 108년 한나라 군대에 함락당하고 만다. 우거왕이 신하들에게 죽임을 당하면서 고조선은 멸망한다.

─────── **키워드**

#우거왕 #한무제 #단군신화 #철기군 #왕검성 #한4군

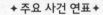

✦ 주요 사건 연표 ✦

기원전 109년 섭하가 고조선의 우거왕한테 속국이 될 것을 강요. 우거왕 거부.

기원전 109년 한무제가 5만 7,000명의 군대로 고조선을 공격.

기원전 109년 한나라 양복의 군대가 왕검성 전투에서 패배하고 달아나 패잔병을 수습.

기원전 109년 한나라 군대가 다시 왕검성을 포위 공격함.

기원전 108년 고조선에서 반란이 일어나 우거왕 사망. 고조선이 한나라에 항복.

고조선 건국 신화

고려 말엽의 승려인 일연(一然, 1206~1289)이 편찬한 역사서 《삼국유사三國遺事》에서는 고조선의 건국 과정에 대해 묘사하고 있다. "하늘의 신 환인의 서자인 환웅천왕이 땅 위의 인간 세계를 보고는 널리 가르침을 베풀어야겠다고 마음을 먹고는 바람의 신인 풍백과 비의 신인 우사와 구름의 신인 운사가 포함된 3,000명의 무리들을 이끌고 신단수 밑으로 내려왔다(지금의 평안북도 묘향산). 환웅은 신단수와 그 주변을 신성한 도시라는 뜻의 신시神市라고 불렀다. 환웅은 곡식과 생명 및 질병과 법률과 선과 악 등 인간 세상에서 벌어지는 360여 개의 일들을 관리하며 인간 세상을 다스렸다. 그러다가 곰 한 마리와 호랑이 한 마리가 환웅을 찾아와 사람이 되고 싶다고 말했는데, 환웅은 쑥 한 다발과 마늘 20개를 주면서 '너희가 이 두 가지 채소를 먹고 100일 동안 굴 속에서 지낸다면 사람이 된다'고 했다.

곰과 호랑이는 쑥과 마늘을 가지고 동굴 속으로 들어갔는데, 성질이 급한 호랑이는 참지 못하고 뛰쳐나갔으나 곰은 잘 참고 견디어 인간 여자 웅녀熊女가 되었고, 환웅은 인간으로 변하여 웅녀와 결혼하여 아들 한 명을 낳았으니 그가 바로 단군왕검이다. 단군왕검은 최초의 나라인 고조선古朝鮮을 세웠으며(지금의 시간 기준으로는 기원전 2333년이라고 한다), 나중에 중국 은殷나라에서 온 기자箕子에게 왕위를 넘겨주고 산속에 들어가 산신이 되었는데, 그때 나이가 1,908세였다고 전해진다."☆

고조선에 대해 중국 역사가 반고班固는 "원래 타고난 성품이 부드럽고 온순한 데다가 기자가 그들에게 도덕과 예의를 가르쳤기 때문에 백성들은 밤에도 집의 문을 닫지 않았으며 여자들은 정숙하였다. 그래서 성인인 공자도 바다를 건너가 살고 싶다고 했다"는 기록을 남겼다.

건국 이후 고조선은 긴 시간 동안 중국과 국경을 접하며 연나라, 진나라 등과 충돌했다고 한다. 그러던 와중 중국 연나라 지역에서 위만衛滿이 들어와 당시 왕 준準을 내쫓고 자신이 왕이 되었다. 중국의 역사서《후한서》에 의하면 준왕은 바다를 건너 한반도 남쪽으로 달아나 이미 그곳에 있던 나라인 마한馬韓을 공격하고 자신이 왕이 되었다고 한다.

고조선과 한나라는 위만의 손자 우거가 왕이 될 무렵에 본격적으로 충돌한다.

TMI ☆ 단군 신화는 고려시대에 본격적으로 등장했다. 일반적인 통설은 몽골 침략 속에서 고려인들을 하나로 묶어낼 민족의식 고양을 위해 일연이 책에 이 이야기를 실었다는 것이다. 개인적인 생각으로는 몽골 침략보다도 고려 시대에도 존재했던 삼국(고구려, 백제, 신라) 계승 의식을 없애는 것이 더 중요한 목표가 아니었을까 싶다. 당시 삼국 부흥 운동 내전으로 인한 피해도 상당했기 때문이다.

환영하러 나온 고조선 관리를 죽인 한나라 사신

당시 대외 정복에 한창 몰두하던 중국 한나라 황제인 무제는 동쪽의 고조선이 한나라의 적대국 흉노와 손을 잡는 것을 우려하여 사신 섭하涉何를 통해 "한나라에 복속하는 속국"이 될 것을 우거왕에게 강요했지만, 고조선은 끝까지 거부했다. 정확한 이유는 알 수 없으나 아마 고조선은 자신들이 국력으로 볼 때 한나라에 굴복할 이유가 없고, 자신들도 주변의 다른 나라들을 굴복시켜 가는 와중에 한나라에게 굴복하면 나라의 위신이 떨어질 사태를 우려하여 그리한 것으로 여겨진다. 그러면서도 우거왕은 자신의 신하인 비왕裨王 장長을 보내서 섭하를 배웅했다. '비왕'은 보좌하는 왕이라는 뜻인데, 이는 고조선이 국왕을 대왕大王, 즉 황제에 버금가는 위치로 여겼음을 뜻한다.

그런데 섭하가 자신을 배웅하러 나온 장을 칼로 찔러 죽이는 비열한 짓을 저지르게 된다. 그는 한나라로 돌아가서 이 사실을 한무제에게 보고하는데, 한무제는 죄를 물어 섭하를 처벌하기는커녕, 오히려 칭찬하며 요동을 다스리는 동부도위東部都尉라는 벼슬에 임명한다. 섭하는 의기양양하게 부임지로 갔지만, 곧 분노한 우거왕이 보낸 고조선의 군대에 의해 죽임을 당한다.

한무제는 왜 섭하를 처벌하지 않고, 그에게 벼슬을 주어 요동으로 보냈을까? 일부러 고조선과 전쟁을 벌이기 위해서 조장한 일이 아니었을까? 복속을 거부한다는 것만으로는 명분이 부족했을 테니 말이다. 어쩌면 섭하는 희생양일지도 모르겠다.

어쨌든 우거왕이 섭하를 죽인 것을 이유로 한무제는 고조선과의 전쟁을 선포하고 원정군을 조직한다. 누선장군 양복에게 5만 명, 좌장군 순체에게 7,000명의 군사를 주고 요동에서 출정하여 고조선을 공격하라고 명령한다.

죄수들을 징집해서 만든 한나라 군대 & 잘 싸웠던 고조선 군대

고조선을 침략한 한나라 군대는 범죄를 저지르고 감옥에 간힌 죄수 출신들을 징발하여 조직했다. 죄수 병사를 전쟁터에 투입하는 일은 한무제 집권 시기에 자주 있던 일이다. 고조선 침공 3년 전(기원전 112년), 한무제는 파촉 지방(현재의 쓰촨성) 죄수들을 병사로 삼아서 지금의 베트남 북부에 있었던 남월 왕국을 공격했다. 기원전 104년에는 소년 범죄자惡少年 수만 명을 대거 징발하여 대완국(지금의 우즈베키스탄 동쪽 도시 페르가나)을 공격했다.

수인囚人 군대는 한나라 이전 진나라에서도 조직했다. 진시황은 기원전 214년 죄를 짓고 도망친 죄수들을 징발하여 변방으로 보내 국경을 지키는 병사로 삼았다. 진나라의 죄수들은 만리장성, 아방궁, 진시황의 무덤을 만드는 건축 사업에 노동자로 투입되었다가, 진시황이 죽고 진승과 오광이 반란을 일으키자, 진나라는 이들로 반란을 진압하는 군대를 만들었다.

전직 범죄자 출신들로 만들어진 군대가 전쟁터에서 제대로 싸울 수 있을지 의구심을 품을 수도 있겠지만, 오히려 수인 부대는 뛰어난 위력을 발휘했다고 한다. 진나라의 수도인 함양을 공격하기 위해 진승이 보낸 10만 명의 반란군들이 죄수 출신들로 이루어진 진나라 군대와의 전투에서 참패했던 일이 대표적인 경우다.☆

기원전 109년 고조선과 한나라의 전쟁이 벌어졌다. 전쟁 초창기, 고조선은 한나라 군대를 상대로 상당히 잘 싸웠다. 한나라 좌장군 순체의 선발대가 요동의 군사들을 이끌고 진격하였으나, 고조선 군대와의 전투에서 패배했다. 누선장군 양복은 고조선의 수도인 왕검성으로 쳐들어갔으나, 성에서 나온 고조선 군사들에게 격파당하고 달아나 버렸다. 역사가 사마천은 《사기史記》에서 "양복은 병사들을 모두 잃은 채로 10일 동안이나 산속에 숨어 있다가, 흩어졌던 군사들을 모아서 다시 군대를 수습했다"고 묘사했다. 한나라 원정군이 초반에 고조선군에게 풍비박산 난 상태였다는 사실을 은연중에 드러낸 것으로 보인다.

순체가 이끄는 한나라 군대도 고조선과 한나라의 경계선 패수 근처에서 더 이상 진격하지 못하고 그대로 머물러 있었다. 추측건대 순체의 군대도 고조선 군대의 방어선을 뚫지 못하고 엉거주춤했던 것으로 여겨진다.

전쟁의 상황이 예상치 못하게 한나라에게 불리하게 돌아가자, 한

TMI ☆ 수인 부대가 고대 중국에만 있었던 것은 아니다. 18세기부터 20세기의 영국 군, 2차 세계대전의 소련군과 독일군, 현대의 미군 역시 수인들을 군인으로 편입하고 있다.

고조선 군대를 가상으로 재현한 영상 캡쳐(KBS 〈역사스페셜〉).

무제는 일단 고조선을 회유해 보려는 생각에서 신하 위산을 우거왕에게 사신으로 보냈다. 《사기》에서는 이때의 광경을 "한나라 장군 두 명이 나를 속여 죽일까봐 두려웠는데, 이제 황제의 사신을 보았으니 한나라에게 항복하겠다"라고 했다는데, 정황을 볼 때 항복을 하지는 않았을 듯하고, 한무제가 우거왕에게 고조선이 한나라에 형식적으로나마 신하가 되겠다고 하면, 더 이상 공격하지 않겠다는 사실상의 휴전을 제의한 내용이었을 가능성이 더 높다.

당시 고조선 군대는 가죽 위에 청동 조각들을 이어서 붙인 갑옷을 입었고, 청동으로 만든 투구를 썼으며, 청동으로 만든 칼과 창과 화살촉을 무기로 사용했다. 이는 고조선이 청동기 시대에 머무르고 있었음을 보여준다. 다만 고조선 시대보다 약 300년 이후 삼국시대 중국의 군대도 청동제 무기를 철기와 함께 사용했으니, 고조선 군대가 중국 군대보다 뒤떨어졌다고 부정적으로만 볼 수는 없다.

1만 명의 사람을 거느리고 항복하겠다?

위산과 만나 이야기를 나누고 나서, 우거왕은 자신의 아들이자 다음 왕이 될 후계자 즉 태자를 한나라에 사신으로 보내겠다고 약속했다. 그런데 이 과정을 묘사한 《사기》의 기록이 심상치 않다. 고조선의 태자는 5,000마리의 말과 1만 명의 사람을 거느리고서 패수를 건너려 했다고 한다. 태자가 단지 한나라에 항복하러 간다면, 왜 이렇게 많은 말과 사람 들이 필요했을까?

혹시 우거왕은 태자를 항복하는 사신이라고 위장해서 한나라 군대를 안심시킨 다음, 불시에 기습하여 그들을 쳐 없애려는 속셈은 아니었을까? 항복 사절을 1만 명이나 데리고 가는 일은 역사에서 찾아볼 수 없기 때문이다. 이러한 의심을 한나라 장군들도 가졌다. 태자의 행렬을 본 순체와 위산은 그들에게 무기를 버리라고 요구했다. 그러자 태자는 "당신들이 나를 죽이려는 속셈은 아니오?"라고 의심하며 그대로 왕검성으로 돌아가 버렸다. 그런데 한무제는 위산을 처형해 버린다. 더 이상 자세한 내막은 역사서에 나오지 않는다. 다만 이렇게 추정해볼 수는 있다. 한무제는 고조선과 휴전을 할 뜻이 애초에 없었고, 휴전을 핑계로 고조선의 태자를 한나라로 불러들인 후 계책을 써서 인질로 삼은 뒤, 고조선을 위협하여 굴복시키려던 것 아닐까? 그런데 자신의 그런 의중을 제대로 모르고 위산이 고조선의 태자를 데려오는 것에 실패하자 분노하여 위산을 처형해 버린 것은 아니었을까 싶다.

내분으로 무너진 고조선

고조선이 항복을 거부하자, 한무제는 다시 고조선과의 전쟁을 강행했다. 순체는 패수에서 고조선군과 싸워 이기고, 계속 전진하여 왕검성에 이르러 성의 서북쪽을 포위했다. 양복도 왕검성의 남쪽에 도달했다. 그러나 왕검성의 방비가 튼튼해서 한나라 군대는 쉽게 성을 함락시킬 수가 없었다. 그렇게 1년이 지났다.

그런데 1년 동안 한나라 군대가 왕검성을 포위하자, 고조선의 내부에서 동요가 일어났다. 고조선의 재상인 노인路人, 한음韓陰, 참參, 장군 왕겹王唊이 음모를 꾸미며 우거왕을 암살한다. 그러나 대신 성기成己는 남은 사람들을 모아 끝까지 한나라 군대에 맞서 싸우려고 하였다. 그러다가 성기는 우거왕의 아들 장항長降에게 죽임을 당했다 (이 장항이 한나라에 사신으로 갔던 태자와 같은 인물인지는 알 수 없다). 이리하여 마침내 기원전 108년에 고조선은 멸망하였고 그 영토에는 한나라가 설치한 4군인 낙랑군, 임둔군, 진번군, 현토군이 설치되었다. 그 위치는 지금까지도 여러 가지 논란이 있다.

"모두 치욕을 당했으며 누구도 보상받지 못했다"

그러나 고조선과의 전쟁에서 승리를 거둔 좌장군 순체는 진공을 다투고 계획을 어긋나게 했다고 하여 한무제에게 불려가 사형을 당한다.[☆] 엄연히 승리한 장군에게 극형을 내린 것을 본다면, 고조선과의 전쟁에서 한나라 군대가 입은 피해가 꽤나 컸던 것으로 추정된다. 누선장군 양복도 순체의 군대와 합류하지 않고 멋대로 진군했다고 해서 사형을 선고받았으나, 벌금을 물고 장군의 직위를 빼앗긴 채 서민이 되는 것으로 일단락되었다. 당시 한무제는 잦은 대외 원정에 필요한 군사비를 충당하기 위해 사형수들도 돈을 내면 형벌을 면제받는 제도를 도입했다. 사마천은《사기》에 이 전쟁의 끝을 이렇게 적었다. "한나라와 고조선 군대 모두 치욕을 당하였으며, 전쟁에 참전한 장군 중 누구도 포상을 받지 못했다."

항복한 왕자와 대신들 & 끝임 없이 저항한 토착민들

항복한 고조선의 지배층들은 모두 벼슬과 작위를 받았다. 그들 중에는 끝이 안 좋은 인물도 있고, 오랫동안 부와 권세를 누리며 잘 살다가 죽은 경우도 있다. 특이한 것이 왕자 장항인데, 작위를 받

TMI ☆ 이때의 사형 방식은 기시형棄市刑이었다. 시장에서 죄수를 죽이고 그 시체를 그대로 시장에 전시하여 많은 사람들이 구경하도록 하는 것으로, 죽은 후에도 수치와 망신을 주는 형벌이다.

고 하동에서 살다가 반란을 일으킨 죄로 죽임을 당했다. 애초에 한나라에 끝까지 저항하자던 성기를 죽이고 한나라에 투항한 사람이 고조선이 망한 후에 한나라를 상대로 중국 땅에서 반란을 일으켰다? 진짜 죄목은 다른 것 아닐까?

이와 반대로 고조선 토착민들은 계속해서 한나라에 반발했다. 한나라가 고조선 영토에 설치한 4군은 낙랑을 제외하면 오래가지 못했다.☆ 진번, 임둔, 현토는 설치된 지 30년이 지날 즈음에는 토착민들의 거센 반발로 폐지되거나 한나라 본토로 옮겨졌다. 다만 기름진 영토이며 중국과 교통이 편했던 낙랑은 중국에서 이주해온 중국인들과 토착민인 고조선 유민 등이 서로 뒤섞여 살면서 400년 동안 더 존속하다가, 315년 고구려 미천왕에 의해 멸망한다.

TMI ☆ 《환단고기》류의 주장을 제외하더라도, 한4군의 위치에 대해서는 대동강 유역설과 요동설이 대립하고 있다. 두 주장은 고조선과 한나라의 경계인 패수의 위치도 청천강(또는 압록강)과 요하(대릉하)로 전혀 다르게 본다. 대동강 유역설의 경우, 조선총독부 시기에 확립된 점 때문에 내용의 신빙성을 의심받기도 한다.

고조선 영토의 크기는?

고대사 관련 자료들이 워낙 부족하다 보니, 이 시기의 역사적 사실들은 오늘날까지도 치열한 논쟁의 대상이 되고 있다. 커다란 쟁점 중 하나가 바로 고조선의 영토에 관한 것이다. 역사학계의 인식과는 달리, 대중들을 상대로 한 영화나 드라마 및 소설과 기타 역사 서적들에서는 《환단고기桓檀古記》, 《부도지》, 《단기고사》, 《규원사화》 같은 책들을 근거로 고조선의 영토에 대해 '고조선은 아시아 대륙의 대부분을 지배했던 대제국이었고, 지금의 중국은 물론이고 일본과 러시아와 중앙아시아와 동남아와 인도와 중동까지 모두 영토였으며, 칭기스칸의 몽골제국보다도 더 크고 강력했다'는 식의

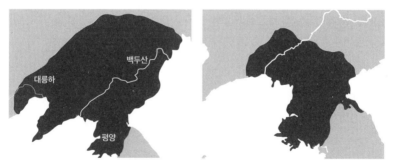

위의 두 지도에서도 알 수 있듯, 고조선의 영토 범위에 대한 의견은 다양한 의견이 엇갈린다. 특히 북쪽 세력 범위에 대해 논란이 많다.

묘사가 꽤 많다.

　사실 위에서 열거한 책들은 모두 교차검증이 불가능하며, 무엇보다 20세기가 되어서야 세상에 등장했다는 점에서 조작된 위서라고 보는 게 옳다. 저러한 책들을 근거로 고조선이 대제국이라고 주장하는 것은 전혀 근거가 없는 허무맹랑한 망상일 뿐이다. 대제국을 증명할 만한 유물 등은 전무하다.

　그렇다면 실제로 역사에서 고조선의 영토는 어느 정도였을까? 정확히 알 수는 없다. 고조선인들은 역사 기록을 남기지 않았고, 지금 고조선에 관련해 남은 기록들은 모두 외부인인 중국인들 혹은 그들의 먼 후손인 고려인들이 남긴 약간의 내용밖에 없기 때문이다.

　어쨌든 중국의 역사서인 《사기》와 《후한서後漢書》를 보면, 고조선은 중국 동북쪽 연나라와 대치하다가 장군 진개의 공격을 받아 2,000리의 땅을 빼앗겼다고 한다. 역사학계에서는 이 기록을 근거로 고조선이 요동 반도에 영토를 뒀다가 연나라와의 전쟁에서 패배하면서 근거지를 한반도로 옮겼다고 추측하기도 한다.

　그러다가 연나라가 진나라에 망하고 곧 진나라도 진시황 사후 진승 등 농민 반란으로 혼란기에 휩싸이면서 고조선과 인접한 동쪽 변방의 영토를 관리할 여력이 없어진 상태가 된다. 중국 역사서인 《염철론鹽鐵論》에서는 이때 고조선이 연나라의 동쪽 땅을 공격했다고 나오는데, 아마 이때 연나라에게 빼앗겼던 영토 중 일부를 회복했던 듯하다. 《사기》에는 연나라 출신으로 고조선의 왕이 된 위만이 진번과 임둔 지역을 굴복시켜서 고조선의 영토가 사방으로 수천 리에 이르렀다고 언급했다.

　다만 한무제가 고조선을 공격하기 위해 요동 군사들을 동원했다는 기록으로 볼 때, 진나라가 망한 후에도 고조선이 요동 반도 전체를 지배했던 것 같지는 않다. 이 즈음에는 고조선이 요동 반도의 동쪽 지역과 한반도 북부 지역을 지배했다고 추측하는 게 적절한 것으로 보인다.

철기군은 정말 있었나?

선풍적인 인기를 끌었던 드라마 〈주몽〉을 보면, 얼굴과 온몸에 쇠로 만든 가면과 갑옷을 쓰고 심지어 말한테도 쇠 갑옷을 입힌 한나라 철기군이 등장한다. 철기군 갑옷은 굉장히 두꺼워서 주인공 주몽(고구려 건국자)이 쏜 화살조차 튕겨내며, 고조선 부흥군들은 한나라 철기군을 당해내지 못하는 무기력한 모습으로 그려진다.☆
그러나 드라마에서 등장한 철기군은 실제 역사에서는 존재하지 않았던 허구의 존재다. 기원전 108년 무렵의 한나라 군대에는 사람과 말이 모두 쇠 갑옷을 입었던 철기병 병과가 없었다. 중국 역사

TMI ☆　이를 극복하고자 드라마 〈주몽〉에서는 주몽이 야철대장 모팔모를 통해 "강철검"을 만들게 된다. 참고로 MBC에서 2006년에 방영한 이 드라마는 최고 시청률 51.9%를 기록할 만큼 선풍적인 인기를 끌었는데, 고조선 멸망부터 고구려 건국까지를 다뤘다. 송일국(주몽, 동명성왕), 한혜진(소서노), 송지효(예소야), 전광렬(금와왕), 오연수(유화), 허준호(해모수), 박근형(해부루), 이계인(모팔모) 등이 출연했다.

한나라 군대가 흉노족을 격파하는 모습을 상상한 그림.

최초의 철기병은 후한 말 198년에 조조와 원소가 맞붙은 관도 전투에 나오지만, 그 수가 10명에 불과한 의장용 부대였다. 중국 역사에서 본격적으로 철기병들이 전장에서 활약한 것은 4세기, 5호 16국 시대부터였다. 고조선 시대로부터 무려 400년이 지난 후에야 비로소 철기병이 등장했다.

사실 한무제 당시 한나라 군사들의 절반 이상은 쇠로 만든 갑옷이나 투구 자체를 아예 입지 않았다. 군사들의 기동력을 중요하게 여겼기 때문에, 무거운 철갑옷을 입지 않고 가벼운 옷차림으로 활동하였다. 물론 쇠로 만든 갑옷을 입은 한나라 군사들도 있었으나, 드라마에 나온 철가면은 얼굴에 쓰지 않았다. 당시 쇠로 만든 갑옷은 소가죽 위에 쇳조각들을 이어 붙인 형태였지, 로보캅을 연상시키는 강철 갑옷은 아니었다.

철기군이 없었다고 한나라 군대가 형편없는 전투력을 가졌다는 말은 아니다. 당시 한나라는 지구상에서 로마 공화정을 제외하면 상대할 나라가 없었을 정도의 세계 최강대국이었다. 한나라의 군대 역시 막강한 전투력을 지니고 있었다. 같은 시기는 아니지만, 로마인들과 게르만족들이 '신의 채찍'이라 부르며 두려워했던 훈족(흉노족)을 상대로 기원전 129년부터 89년까지 40년 동안 무려 70만 명이나 되는 대군을 고비 사막과 몽골 초원으로 원정을 보내 굴복시켜 끝내 그들로 하여금 더 이상 중국을 넘보지 못하도록 했던 강대국이 바로 한나라였다. 실제로 한나라에게 당했던 피해가 어찌나 컸던지 흉노족은 한무제가 죽은 이후의 혼란기에도 중국을 정복하려는 시도조차 하지 못할 상태에 놓였었다.*

또한 현재 베트남 북부에 있던 남월 왕국을 정복하여 그 후로 베트남을 1000년이 넘게 중국의 식민지 상태로 만들었던 시작도 바로 한무제 시기였다. 한무제 이후로 베트남인들은 중국의 지배에서 벗어나기 위해 끊임없이 반란을 일으켰으나, 그때마다 중국의 강력한 군사력에 의해 번번이 수포로 돌아갔다. 베트남은 당나라가 무너진 후 5대 10국 시대에 독립한다.

한나라는 곤명지라는 인공 호수를 만들고 그 위에 100척의 누선(전망대를 설치한 배)과 수십 척의 배를 만들어 띄우고 1만 명의 병사들을 태워 전쟁 연습을 했다. 당시 이런 규모의 해군 조직을 가진 나라는 오직 한나라밖에 없었다.

TMI ★ 여기에서 다룬 시기보다 약 500년 후에 로마인과 흉노족이 맞붙는다.

광개토대왕의 전쟁

고대사 최대의 수수께끼
(391~413년)

──────── 요약

고구려의 광개토대왕廣開土大王(375~413년. 391년에 집권)은
한국 역사상 보기 드문 정복 군주였다. 그는 철기병으로 대
표되는 강력한 군대를 거느리고 현재 중국 내몽골의 거란족
과 비려, 랴오닝성의 후연, 연해주의 동부여, 한국 경기도
의 백제와 경상남도의 신라 및 가야 등 수많은 나라들의 군
대와 싸워 모두 승리하였다. 그의 노력으로 후연과 백제의
압박에 시달리며 위태롭던 고구려는 동북아 최강대국으로
굳건히 기틀을 다지게 된다.

　고구려가 그로부터 200년 후 중국 대륙 통일 왕조인 수나
라 및 당나라와의 전쟁에도 오랫동안 버틸 수 있는 힘을 쌓
은 것의 바탕에는 광개토대왕이 있다.

──────── 키워드

#광개토대왕 #개마무사 #장수왕 #정복군주 #삼국사기 #임나일본부설
#광개토대왕비_해석 #중원고구려비 #삭 #안악3호분 #철기병
#협동병과

392년 7월 광개토대왕이 4만 명의 군대로 석현성 등 백제의 성 10개를 함락시킴.

392년 9월 광개토대왕이 거란족을 공격하여 그들이 납치한 고구려 백성 1만 명을 구출.

392년 10월 광개토대왕이 백제의 관미성을 함락시킴.

395년 광개토대왕이 현재 중국 내몽골 지역의 비려를 공격해 승리함.

395년 8월 광개토대왕의 군사 7,000명이 패수에서 백제군 8,000명을 죽이거나 사로잡음.

396년 광개토대왕이 백제의 수도 한성을 공격. 아신왕의 항복을 받아냄.

399년 광개토대왕이 말갈족의 일파인 숙신을 굴복시킴.

400년 광개토대왕이 군대 5만 명을 보내 백제와 왜의 공격을 받고 있던 신라를 구함.

400년 후연이 고구려를 공격하여 남소와 신성을 비롯한 700리 땅을 빼앗음.

401년 고구려가 후연에 반격을 가해 남소와 신성을 되찾음.

402년 5월 고구려가 후연의 숙군성을 공격. 숙군성을 다스리던 모용귀는 달아남.

404년 11월 고구려가 후연의 평주를 공격.

404년 백제와 왜의 연합군이 고구려 영토인 대방을 침략하여, 광개토대왕이 직접 군대를 이끌고 이들을 물리침.

406년 12월 후연이 고구려 목저성을 공격했으나 패배.

407년 광개토대왕이 5만 명 군대로 적(후연 또는 백제)을 포위하여 1만 개의 갑옷을 빼앗고 사구성과 누성과 우불성 등 6개 성을 빼앗음.

410년 광개토대왕이 동부여를 공격해 복속시킴.

강력한 고구려의 군대 편성: 철기병과 협동 병과

고구려와 광개토대왕이라고 하면 사람들이 머릿속에 떠올리는 대표적인 이미지는 광활한 대륙에서 사람과 말이 모두 쇠로 만든 갑옷을 입고 내달리는 철기병鐵騎兵이다.

　철기병은 고구려에서 처음 시작된 것은 아니고, 고구려에만 있었던 것도 아니다.✩ 역사상 최초의 철기병은 기원전 331년 가우가멜라전투(알렉산더 대왕이 이끄는 그리스 연합군이 다리우스 3세가 지휘하는 페르시아 군대를 이긴 싸움. 현재 이라크 북부 가우가멜라에서 벌어졌다)에 투입된 페르시아 군대에 있었다고 한다. 긴 창을 들고 적진을 향해 돌격하는 철기병은 알렉산더 대왕의 부하 장군 출신 셀레우코스가 세운 왕조에 카타프락트Cataphracts라는 이름으로 약 3,000명 존재했다. 카타프락트는 셀레우코스 왕조 이후 파르티아, 사산 왕조, 로마 제국, 동로마 제국까지 계속 이어졌다.

　얼핏 생각하면 그 시절에 사람과 말이 모두 쇠로 만든 갑옷을 입었으니, 철기병은 당대 무적의 존재가 아니었을까 싶다. 그러나 역사적으로 철기병은 그 자체만으로는 결코 무적의 군대가 아니었

TMI ✩　《삼국사기》 동천왕 편에는 244년 고구려가 위나라와의 전쟁에 철기군 5,000명을 동원했다는 기록이 있다.

다. 245년 중국 위나라의 관구검의 침략군과 맞선 고구려 동천왕의 철기병 5,000명은 위나라 보병들의 단단한 방어 대형인 방진方陣(사각형 진형)에 무모하게 돌격했다가 그만 대부분이 궤멸당하는 참패를 겪었다.

그렇다고 일본인 작가 시오노 나나미가 《로마인 이야기》에서 말한 것처럼 쓸모없는 군대였다는 말은 결코 아니다. 오늘날 보병, 포병, 공군의 적절한 지원을 받으며 돌격하는 탱크 부대가 매우 강력한 전력인 것처럼, 철기병도 보병과 궁병의 적절한 지원을 받는 상황에서는 상당히 강력한 위력을 발휘했다. 뛰어난 장군 출신의 동로마 제국 황제 니케포루스 2세(912~969)는 "6,000명의 카타프락트 외에 더 필요한 것은 없다"고 말하기도 했다. 사료를 살펴보면 세계적으로 대략 16세기까지 철기병이 주요 병력으로 운영되었다고 한다.

고구려 철기병을 구체적으로 살펴보자. 357년에 만들어진 황해도 안악고분의 동수묘에 그려진 벽화에 등장하는 철기병들의 행렬 모습과 한반도 곳곳에서 고고학적 발굴의 결과로 얻어진 각종 자료들을 종합해서 복원한 고구려 철기병蓋馬武士의 모습은 대략 다음과 같다.

그들은 소의 가죽 조각 위에 쇳조각을 붙인 미늘을 가죽 끈으로 묶어 만든 갑옷을 입었다. 얼굴과 손목 위를 뺀 몸 전체를 갑옷으로 완전히 가렸다. 날개 장식이 달린 쇠로 만든 투구를 머리에 썼고, 허리에는 고구려 전통 양식의 장검 환두대도環頭大刀를 찼으며,

손에는 5.4m, 6~9kg의 무게를 가진 긴 창, 삭鎙을 들고 싸웠다. 발에는 34.8cm의 도금을 한 구리 신발을 신었다. 바닥에는 뾰족한 쇠꼬챙이가 가시처럼 달려 있는데, 이는 적이 말 아래로 다가와 공격할 때 그들의 얼굴을 공격하기 위한 것이었다.

말도 갑옷을 입었다. 쇠로 만든 가면을 씌웠고, 미늘 갑옷을 발목을 뺀 몸 전체에 입었다. 갑옷의 무게는 대략 40kg 정도로 사람이 입는 것의 2배였는데, 이 때문에 철기병은 달아나는 적들을 추격하는 임무를 맡지 못했다. 철기병들은 적진을 돌파하거나 적을 압박하는 공격 임무를 주로 수행했다.

고구려의 개마무사는 고대 전쟁터의 탱크였다. ① 개마무사가 신은 것으로 추정되는 바닥에 못이 박힌 신발. ② 삭을 들고 돌진하는 개마무사를 그린 중국 집안 통구12호분 벽화. ③ 고구려군 병사들의 행렬 중 중보병을 그린 북한 황해남도 안악3호분 벽화.

고구려의 철기병이 갖는 위상은 현대 육군의 탱크와 비슷하다. 탱크가 다른 아군 부대의 지원이 없는 상황에서 적진으로 단독 돌진을 했다가 대전차포 같은 무기에 당하는 것처럼, 철기병들도 아군의 지원이나 엄호가 없는 상황에서 무모하게 적진을 향해 돌진했다가 자칫 적의 방어를 뚫지 못하면, 무거운 갑옷이 주는 느린 움직임 때문에 오히려 적의 역습을 당해 큰 피해를 입기 쉽다. 그래서 뛰어난 지휘관들은 철기병을 보조해줄 다른 병과들을 세심하게 운용하였다. 고구려 역시 철기병을 보조할 경기병, 중보병, 경보병, 궁병 등을 만들어 철기병과의 유기적인 협동 전술을 펼쳤다. 북한 황해남도에 위치한 안악고분에 남겨진 벽화에는 고구려의 부대 편제와 무장을 알려주는 중요한 내용이 많다.

경기병은 활과 칼로 무장하고 원거리와 근거리 싸움을 모두 수행했다. 이들은 갑옷을 입지 않아 철기병과는 달리 매우 빠른 속도로 움직일 수 있었고, 전투가 시작되기 전 적을 향해 화살을 쏘거나 달아나는 적들을 쫓아가서 죽이거나 사로잡는 임무를 맡았을 것으로 추정된다. 중보병은 쇠 투구를 쓰고 미늘 갑옷을 입었으며, 창과 방패로 무장했다. 팔뚝과 정강이 부분에는 옷만 걸쳤다. 두 발로 걸어야 하는 보병이 갑옷을 잔뜩 입으면 무게 때문에 움직임이 느려지고 싸우기에 불편한 점 때문에 일부러 그렇게 한 듯하다. 이들은 대열을 이루어 적 기병의 돌격이나 적 궁병의 공격을 막아내고, 적 보병을 압박하는 임무를 맡았을 것이라고 추정된다.

경보병은 손에 도끼를 들었는데, 갑옷 같은 보호 장비는 전혀 입

안악3호분 벽화 중 군대 행렬 부분. 고구려군의 복식을 연구하기 위한 중요한 자료다.

지 않았다. 그런 이유로 이들은 전투가 벌어지면 갑옷과 방패를 든 중보병의 뒤에 있다가, 적이 가까워져 아군과 뒤엉키면 전장에 투입되어 도끼로 적 기병이 탄 말의 다리를 공격하거나 갑옷을 입은 적을 내리쳐 제압하는 임무를 맡았을 것으로 여겨진다. 갑옷을 입지 않아 움직임이 매우 빨라서 유사시에는 경기병과 함께 도망치는 적을 추격하는 임무도 담당했을 것이다.

　마지막으로 궁병은 활과 화살을 들고 투구 대신 모자를 썼으며, 가슴과 배 등 상반신에는 갑옷을 입었으나 팔과 다리에는 갑옷을 입지 않았다. 머리를 가볍게 해서 더 멀리 내다보고, 팔을 가볍게 해서 화살을 더 빨리 쏠 수 있도록 무장한 듯하다.

다양한 병과들이 서로 유기적으로 조화를 이루고 연계 작전을 벌이는 고구려의 군대는 4세기 말과 5세기 초의 광개토대왕 시기, 동북아에서 손에 꼽히는 최정에 무력 집단이었다고 불러도 충분하다. 병과의 유기적 구성과 뛰어났을 것으로 추정되는 전술은(구체적인 자료는 전무하나, 전투 성과를 볼 때 충분히 예상해볼 수 있다) 광개토대왕을 당대의 정복군주로 만들었다.

광개토대왕의 주적?

광개토대왕비문에서 고구려 군대와 가장 많이 싸우는 적은 왜국이다. 기해년(399년)의 비문을 보면 신라가 사신을 보내 '신라에 왜인이 가득하여 성과 해자를 부수고 노객奴客(신라 왕)을 왜의 백성으로 삼으려 하고 있으니' 군사를 보내 구해달라고 부탁하는 내용이 나온다.

그래서 다음 해 경자년 비문에서는 광개토대왕이 보병과 기병 5만 명을 신라로 보내 왜군을 물리친다. 그로부터 4년 후인 갑진년 비문에서는 왜군이 백제군과 연합하여 대방(지금의 황해도)을 침략하자 광개토대왕이 직접 군사를 이끌고 싸워 그들을 궤멸시켰다는 내용이 나온다.

그런데 《삼국사기三國史記》에서는 고구려와 가장 치열하게 싸운

적으로 백제를 지목한다. 392년 7월 광개토대왕이 4만 명의 군사를 거느리고 백제의 북쪽 땅을 침공하여 석현성 등 10여 개 성을 함락시켰다. 이에 392년 10월 백제 아신왕은 고구려한테 빼앗긴 요새 관미성을 되찾기 위해 장군 진무에게 군사를 주고 공격하도록 했으나 패배한다. 395년 8월에도 진무는 백제군을 이끌고 광개토대왕이 이끄는 고구려군과 싸웠으나 8,000명의 전사자를 내는 대패를 당했다. 패전에 보복하기 위해 아신왕은 온 나라의 백성들을 강제 징집할 만큼 열의를 보였다.

정리하면 광개토대왕비문에서는 백제와의 전쟁은 최소로 축소하고 왜국과의 전쟁을 부각시키며, 《삼국사기三國史記》에서는 백제와의 전쟁을 부각시킨다. 둘 다 광개토대왕이 승리한 전쟁인데 말이다. 과연 당시 고구려의 주적은 왜국이었는가, 백제였는가? 안타깝게도 문헌상의 기록들로만 보아서는 확실히 알 수는 없다.

개인적으로 추측해보자면, 주적은 왜국보다 백제 쪽에 더 비중이 있을 듯하다. 먼저 광개토대왕이 생전에 빼앗은 58개의 성과 700개의 마을은 모두 백제의 것이었다. 즉, 백제와 치열하게 전투를 벌인 것은 분명하다. 광개토대왕이 바다를 건너 일본 열도로 쳐들어가 그곳의 땅을 빼앗은 적은 없다. 광개토대왕이 백제가 아닌 후연과 동부여 같은 북방에서 거둔 전과도 물론 있다. 지금의 연해주 남부의 동부여는 광개토대왕에게 항복하고 나라가 고구려로 편입되어 완전히 멸망했으며, 후연 같은 경우는 대략 현재 베이징 동부의 영토가 일시적으로 광개토대왕에게 점령당한 것으로 추정된다. 그러나 광개토대왕의 전투는 북방 국가들보다는 백제와 벌인 것들이 가장 많이 치열하게 기록되어 있다.

왜국 문제를 살펴보면, 지금까지 일본 열도에서 발굴된 고고학적 결과들을 종합할 때 4세기 말과 5세기 초반의 왜국이 광개토대왕 시기 고구려의 주적이 될 만큼 강성한 세력이었는지 의문이다. 일본 열도에 중앙집권적인 고대 국가 체제가 들어선 시점은 아무리 빨라야 6세기 말이다.☆ 광개토대왕이 활동하던 시기 일본 열도에는 고구려와 대등한 위치에서 패권 다툼을 벌일 만한 강력한 중앙집권적인 통일 국가 자체가 없었다. 아울러 고대 일본의 군사력 또한 그리 강력하다고 보기 어렵다. 일본은 5세기가 되어서야 한반도의 가야 출신 이주자들로부터 말을 타고 싸우는 기마병 전술과 쇠를 다루는 철기 제조 기술을 받아들였다. 그러니까 4세기까지 왜국의 군사들은 기마병이나 철제 무기가 없었던 상대적으로 낙후된 집단이었다. 이런 왜군이 돌진해오는 고구려의 철기병과 제대로 싸울 수나 있었을까?

5세기 무렵 사용되었던 일본의 배는 1척 당 노 젓는 사람이 8~14명, 이들을 제외하고 배에 탈 수 있었던 사람의 수는 최대 5명이

TMI ☆ 7세기 즈음 일본이 고대 국가로서의 체제를 어느 정도 갖춘 시기에 백제 부흥군을 돕기 위해 온 나라의 행정력을 모두 동원하여 군대를 한반도에 보낸 적이 있다. 그 때의 숫자가 약 4만 명이었다고 한다. 이를 바탕으로 생각해보면 제대로 된 국가 체제를 갖추기도 전인 5세기 무렵의 일본이 과연 5만 명의 군대를 한반도 남부로 보냈던 고구려와 대결을 벌일 정도의 국력이 있었는지는 의심할 수밖에 없다.

광개토대왕에서 장수왕 시기의 고구려 영토.

고작이었다. 이래서야 100척의 배가 동원되어도 최대 병력은 겨우 1,900명. 1만 명을 수송하려면 최소한 500척 이상의 대규모 함대가 필요한데, 이 역시 불가능한 이야기다. 정리하면 당시 백제와 왜국의 힘의 차이를 생각할 때, 왜국 군사 일부가 백제를 도왔을 수는 있지만 어디까지나 백제가 고구려와의 대결의 중심에 있었다고 보아야 한다는 것이다. 실제로 삼국시대 중 백제의 전성기가 저물고 고구려의 전성기가 펼쳐진 시기가 광개토대왕과 그의 아들 장수왕의 시기다. 그런 이유로 광개토대왕 시절 왜국은 독자적인 판단으로 고구려를 공격한 것이 아닌, 백제가 고급 문화를 전파해주는 대가로 군대를 지원한 일종의 용병으로 활동했다고 보는 것이 타당하다. 실제로 백제 왕들은 왜국의 무사들을 호위병으로 고용했다고 한다.

그렇다면 광개토대왕비문에서는 왜 왜군과의 전쟁에 초점을 맞추었을까? 아마도 이는 광개토대왕비가 역사적 사실을 있는 그대로 기록하기보다는 광개토대왕의 업적을 찬양하는 측면에서 정치적으로 쓰였기 때문일 것이다. 일종의 역사 왜곡이 일어났다고 볼 수도 있다. 즉, 광개토대왕비에서는 백제와 신라를 고구려의 속국으로 간주하고 논리를 전개하기 때문에 백제와의 전쟁을 부각시키게 되면 고구려가 주도하는 전제된 세계관이 흔들린다. 반면 왜국은 고구려의 속국으로 간주하지 않았기 때문에, 그들과의 전쟁은 어떻게 묘사해도 정치적인 부담이 없다. 그래서 비문에서 위대한 영웅인 광개토대왕에게 도전하는(?) 악당으로 왜국이 등장하는 것이다.

그렇다면 마지막으로 '신라 안에 왜인이 가득하다', '신라 왕을 왜의 백성으로 삼으려 한다'는 기해년과 경자년의 이야기는 어떻게 해석해야 할까? 역사학계 일각에서는 가야와 백제가 왜군을 데리고 신라를 공격했고, 위태로운 지경에 이른 신라가 광개토대왕이 보낸 군대의 도움으로 위기를 모면했다고 해석하기도 한다.

그런데 《삼국사기》 내물왕(마립간) 본기에는 기해년과 경자년의 고구려 원병 이야기가 없다. 다만 399년 7월 "날아다니는 메뚜기 떼가 들을 뒤덮었다", 400년 8월 "혜성이 동쪽에 나타났다", 10월 "궁중의 말이 무릎을 꿇고 눈물을 흘리며 슬프게 울었다"라는 기사들이 있다. 김부식이 신라계 고려 귀족이었다는 점을 염두에 둔다면, 이는 그 무렵 신라가 누군가에게 공격을 받아 위태로웠던 사정을 비유적으로 표현한 것이 아닐까? 광개토대왕비에 실린 내용의 수준은 아니더라도 말이다.

《일본서기》에는 그 경자년 이후 신라에 고구려 병사 100명이 주둔했다는 내용이 있다. 경자년에 전쟁이 있었건 없었건, 여러 자료에서 비슷한 이야기를 하는 걸 보면 당시 확실히 신라에 고구려군이 주둔한 것만큼은 사실인 것 같다. 그럼 그들의 목적은 무엇이었을까? "신라를 지키는 것"보다는 "신라를 감시하는 것" 아니었을까? 《일본서기》에는 고구려인을 은밀히 미워한 신라인들이 450년 무렵 폭동을 일으켜 고구려군을 모두 해치웠다고 쓰여 있기도 하다. ☆

TMI ☆ 고대 일본을 지나치게 찬양하는 경향으로 인해 위서 수준의 책으로 평가받는 《일본서기》에는 광개토대왕 시기 고구려와의 전쟁은 기록되어 있지 않다. 당시 고구려와 한반도에서 전쟁을 할 정도였으면 왜국의 위상은 급상승할텐데 말이다. 이는 고구려와 전쟁을 벌인 주체가 왜국이 아닌 백제였기 때문이거나 혹은 왜국이 고구려와의 전쟁에서 크게 패배했기 때문에 이를 수치로 여겨 기록하지 않았기 때문이라고 추측할 수 있다.

광개토대왕비 해석 문제

중국 지린성 집안현에는 광개토대왕의 업적을 기리고자 고구려인들이 세운 이른바 '광개토대왕비'가 있다. 이 비석은 6.39m 높이로 응회암으로 만들어졌다. 비석의 4면에 한자 1,775자가 새겨져 있다(아쉽게도 그중 141자는 현재 판독 불가능하다).

비문은 고구려의 건국자 주몽부터 광개토대왕에 이르는 고구려의 역사와 광개토대왕의 정복 전쟁에 관한 내용을 담고 있다. 그런데 396년(병신년) 관련 내용이 오랫동안 역사학계에서 뜨거운 논쟁거리다. 내용은 이렇다.

"백제와 신라는 옛날부터 우리의 속민으로 조공을 해왔다. 그런데 왜가 신묘년에 건너와 백제를 치고 신라를 공격하여 신민으로 삼았다."

이것만 봐서는 《일본서기》에서 묘사한 임나일본부(일본이 369년부터 562년까지 신라를 포함한 한반도 남부를 정복하고 지배했다는 내용)를 연상시킨다. 많은 사람들이 이 문장을 어떻게 해석해야 할지를 두고 수많은 입씨름을 벌여오고 있다.☆

그런데 비문에서 사람들이 의외로 그냥 지나치는 부분이 있다. 왜가 신묘년에 건너왔다는 문장 앞, 백제와 신라가 옛날부터 고구려의 속국으로 조공을 바쳤다는 문장. 사실 해석은 이 문장에서부터 시작해야 한다. 이것은 완전한 거짓말이다.

신라는 열한 번째 이사금인 조분왕 시기 245년에 고구려의 공격을 받고 3년 후 화친을 요청한 것 이외에는 광개토대왕 즉위 전까지 고구려와 제대로 접촉을 해본 적이 없다. 그러니 속국이 되거나 조공을 바치는 관계였다고 보기 어렵다. 백제 역시 아신왕이 광개토대왕의 군대에게 무릎을 꿇고 항복 선언을 하기 전까지 고구려의 속국이라고 볼 여지가 전혀 없다. 오히려 근초고왕 시기에는 평양성에 쳐들어가 광개토대왕의 조부인 고국원왕을 전사시켰을 정도의 국력을 가진 나라였다.

이 문장 역시 과거의 비문이 갖는 일반적인 성격을 지닐 것이라는 생각을 가지고 행간을 읽어야 제대로 독해할 수 있다. 비문은 자기 과시적이고 과장이 담긴 내용으로 쓰인다. 그 속에서 역사적 사실을 추리하는 것이 과거의 역사에 접근하는 방법이다. 광개토

TMI ☆ 왜국에 의한 백제, 신라, 가야 지배를 주장하는 임나일본부설을 액면 그대로 주장하는 사람은 현대 역사학계에서는 찾아보기 어렵다. 다만 임나일본부설에 얽힌 여러 세부적인 사항들은 여전히 많은 논란에 있으며, 이러한 측면에서는 임나일본부설이 완전히 폐기되었다고 보기 어렵다('임나'의 위치, '왜'의 뜻 등). 임나일본부설이 일제 강점기에 확립되었기 때문에 논쟁이 더욱 격렬해질 수밖에 없는 측면이 있다. 사실로만 판단하면, 광개토대왕 무렵 일본에는 통일된 국가도 없었으며, 백제나 신라보다 약소국인 가야 연맹조차 지배할 수 없었을 만큼 일본의 힘도 강하지 못했다는 것이 정설이다. 덧붙여 443년 중국 송나라는 왜왕 제에게 안동대장군이라는 작위를 주었는데, 이는 백제 국왕이 받은 진동대장군보다 더 낮은 작위다. 다시 말해 당시 중국 왕조도 일본이 백제보다 약소국이라고 여겼다는 뜻이며, 이는 백제가 일본의 지배를 받은 속국이었다는 임나일본부설을 반박하는 증거다.

대왕비문도 마찬가지다.

즉, 비문의 주인공인 광개토대왕을 띄우려다 보니 백제와 신라가 옛날부터 고구려한테 조공이나 바쳐오던 보잘 것 없는 속국이었다고 허풍을 떠는 것이다. 왜한테 망할 뻔했던 나약한 나라들인데 위대한 광개토대왕 덕분에 살아났으니 고구려에게 감사해라! 광개토대왕을 하늘 높이 추켜세우고, 백제와 신라는 비하했다고 보는 게 사실에 가깝지 않을까? 광개토대왕비문은 역사적 사실을 있는 그대로 적은 내용이 아니라, 광개토대왕의 원정을 정당화하기 위한 일종의 정치적 선전 문구라고 봐야 한다. 광개토대왕이 5만 명이나 되는 군대를 한반도 남부로 보내 백제를 공격하고 신라를 압박하여 정치적·군사적 영향력을 행사하는 계기를 정당화하는 구실로 만들어낸 문장이라고 보는 것이 합리적이다. 그러니 근초고왕과 고국원왕의 이야기는 광개토대왕비에 아예 언급되지 않는 것이다. 광개토대왕의 원정에 있어서 실제로 굉장히 중요한 동기를 제공한 사건이었을 텐데 말이다.

"광개토대왕이 역사를 왜곡했단 말이냐?" 하고 의문을 제기할 독자도 있을지 모른다. 하지만 세계사의 수많은 유명한 황제, 왕, 유력인사들은 자신들이 남긴 기록에서 역사를 얼마든지 왜곡해왔다. 중국을 처음으로 통일한 진시황은 기원전 219년 산둥반도 낭야각석琅邪刻石에 자신의 공덕을 가리켜 "오제(중국 전설의 신들)보다 더 낫고, 그 은혜가 소와 말한테까지 미쳤다"라고 찬양하는 내용이 담긴 글귀를 새기도록 하였다. 이걸 있는 그대로 받아들여 소와 말에 대

광개토대왕비. 어떻게 해석해야 하는가에
대한 논란이 여전히 있다.

한 대우가 좋아졌다고 할 수는 없지 않을까? 당대에는 그러한 과장
이 일상적으로 벌어지는 일이었다는 말이다.

　어쨌든 아직도 많은 학자들이 광개토대왕비문 해석을 두고 골머
리를 앓고 있다. 일부 대담한 연구자들은 광개토대왕비문에 언급
된 고구려군과 싸운 왜국은 일본이 아니라 가야라고 주장하는데,
아직은 가설일 뿐이다.

광개토대왕은 '침략자'?

과거에 광개토대왕의 위상은 거의 세종대왕에 버금가지 않았나 싶다. 그런데 2000년대에 들어서면서 한국 사회에서 광개토대왕이 '잔혹한 침략 전쟁을 일으켰다'는 비판이 나오게 된다.☆ 드라마 〈태왕사신기〉에서는 고구려와 거란의 전쟁을 학살이라고 비판하는 등 광개토대왕 시절의 전쟁을 부정적인 시각으로 묘사하기도 했다.

하지만 21세기적 사고로 과거의 고대 왕국을 재단하는 것에는 무리가 따른다. 1960년대 미국의 베트남 침략 전쟁을 반대하는 반전주의反戰主義를 1500년 전 고대 아시아의 왕국에 적용하는 것이 타당한 일일까?

또한 광개토대왕은 아무 이유 없이 전쟁을 일으킨 것이 아니다. 그가 공격했던 상대들 중 거란족은 광개토대왕 집권 이전 소수림왕 시절 고구려 북쪽의 마을 8곳을 습격하였고(378년 9월), 그래서 14년 후인 392년 9월 광개토대왕이 거란족을 공격하고 그들이 납치한 고구려 백성 1만 명을 구출했다. 광개토대왕의 거란족 공격은 자국 백성을 구출하겠다는 나름의 명분이 있었던 일이기 때문에, 지금의 기준으로도 전쟁 범죄로 쉽게 내몰 수 없다.

TMI ☆   재밌는 건 이런 주장을 하는 사람들 중 다수가 신라가 당나라를 끌어들여 고구려와 백제를 멸망시킨 일을 두고 "동족끼리의 싸움에 외세를 끌어들였다"고 성토하는 사람들을 가리켜 "근대에 생겨난 민족주의적인 발상을 고대에 멋대로 적용시켰다"라고 비판한다는 점이다. 자신들의 주장에도 적용 가능한 논리라는 말이다.

광개토대왕의 요동전쟁을 상상한 그림.

　광개토대왕이 싸웠던 후연은 모용선비족이 세운 나라인데, 이들은 고국원왕 시절에 고구려를 침략하여 환도성을 함락시키고 고구려 백성 5만 명을 납치하는 한편 광개토대왕의 증조부 미천왕의 무덤을 파헤치고 그 시신까지 빼앗아가는 만행을 저질렀다. 다시 말해 광개토대왕의 입장에서 모용선비족은 나라와 백성들을 해치고 조상을 모욕한 불구대천의 원수이니, 그들을 상대로 전쟁을 하는 것은 지극히 당연한 복수였다(고대 동양에서 조상의 원수를 갚는 일은 정당한 권리로 여겨졌다).

　백제 역시 후연처럼 고국원왕 시절 고구려를 공격하여 고국원왕을 죽게 하였으니, 광개토대왕의 입장에서는 반드시 보복을 해야 할 상대로 여겨졌을 것이다. 아울러 광개토대왕 시절에 신라는 고구려의 동맹국이었고(고구려의 논리대로라면), 동맹국을 공격한 백제와 가야와 왜국에 맞서 고구려가 군대를 보낸 일은 동맹국을 돕기 위한 당연한 일이었다.

광개토대왕을 침략자라고 봐야 한다면, 중국의 모든 왕조, 다리우스와 알렉산더와 카이사르를 비롯하여 동서양 고대사의 모든 제왕들도 똑같이 침략자라고 해야 한다. 물론 지금의 우리는 왕조 시대를 지향하지 않는다. 시대의 한계를 알고 있기 때문이다. 하지만 과거를 해석하는데 있어서까지 그렇게 엄격한 잣대를 철저하게 들이댄다면, 역사에서 건설적으로 배울 수 있는 게 남을까 싶다.☆

TMI ☆　이 시기를 다룬 유명한 드라마로 MBC의 〈태왕사신기〉(2007), KBS의 〈광개토대왕〉(2011)이 있다. 〈태왕사신기〉는 '판타지 서사 무협' 장르를 표방한 작품으로, 세트 건립에 200억, 순제작비에 350억이 투입됐다. 배용준(담덕, 광개토대왕), 문소리(서기하), 이지아(수지니), 박성웅(주무치) 등이 출연했다. 주요 인물의 아역으로 출연한 이들이 성인이 된 후 화제가 되었다(유승호, 박은빈, 심은경). 〈광개토대왕〉은 KBS 대하역사드라마 '삼국시대 영웅 트릴로지'의 두 번째 작품으로(〈근초고왕〉, 〈대왕의 꿈: 김춘추〉) 이태곤(담덕, 광개토대왕), 김승수(고운), 임호(모용보) 등이 출연했다.

고구려의 수당전쟁

고대 동북아의 세계대전
(598~668년)

———— **요약**

612년, 중국 수나라의 양제煬帝는 백만이 넘는 대군을 이끌고 고구려를 공격했다. 그러나 을지문덕乙支文德이 이끄는 고구려군은 살수에서 수나라군을 크게 격파한다. 고구려에게 패배한 수양제는 황제로서의 위신이 추락하여 국내의 반란군에게 포위당한 끝에 6년 후인 618년 자살한다.

당나라는 628년에 혼란에 빠진 중국을 다시 통일한다. 당나라의 실질적 창업자 태종 이세민李世民은 수나라의 원수를 갚겠다며 645년 직접 군대를 이끌고 고구려를 공격하였다. 고구려는 불리한 상황에 놓였으나, 안시성에서 당나라 군사를 잘 막아내어 결국 당태종을 퇴각시킨다.

이후 신라가 당나라와 손을 잡고 고구려를 협공했고, 권력자 연개소문이 죽고 그의 아들들끼리 권력 다툼을 벌이다 패배한 연남생이 당나라로 도망친다. 668년 장수 이세적이 이끄는 당나라 군대가 신라군과 함께 고구려를 공격했고, 고구려는 끝내 무너지고 만다.

———— **키워드**

#을지문덕 #살수대첩 #연개소문 #안시성 #사수전투 #연남생 #수양제
#당태종 #설인귀 #어니하 #무향요동낭사가

수나라와 당나라의 고구려 원정 이유

300년 넘게 혼란에 빠졌던 중국을 다시 통일한 수나라와 당나라가 적게는 수십 만, 많게는 수백 만 대군을 동원하여 598~668년에(수문제부터 당고종까지) 무려 70년 동안 집요하게 고구려를 공격한 일은 동아시아 고대사 최대 사건이라고 할 수 있다. 두 나라는 무엇 때문에 막대한 국력을 동원하여 고구려를 공격했을까? 이 질문에 대해 많은 사람들이 제각기 내놓은 답들은 다음과 같다.

첫 번째, 고구려가 수나라와 당나라에 위협이 되어서 '예방 전쟁'을 벌였다는 주장이다. 고구려는 뛰어난 산성 방어 능력과 철기병 등 막강한 군사력으로 수당을 위협했다는 것이다.

그러나 이 주장은 동아시아 고대사를 자세히 살펴보면 설득력이 떨어진다. 세간의 인식과는 달리, 고구려는 700년의 기나긴 기간 동안 중국을 침략하는 입장을 가진 적이 거의 없다. 고구려의 최전성기라고 할 수 있는 광개토대왕 시절에도 고구려 군대는 중국의 동북쪽 베이징 부근을 넘어선 적이 없다. 고구려와 중국 역대 왕조들의 관계를 살펴보면, 고구려는 거의 대부분 중국의 침략을 방어하는 입장에 놓여 있었다.

두 번째는 고구려가 위치한 요동과 만주 벌판이 경제적으로 풍성한 곳이기 때문이라는 주장이다. 하지만 이 또한 신빙성이 희박하다. 영토의 넓이나 경제적인 풍요로움에 있어서 중원이 만주보다 더 넓고 풍요롭다. 굳이 막대한 국력을 70년 동안 소모하며 만주를 정복하려고 전쟁을 벌였다는 것에는 수긍이 가지 않는다.

세 번째는 수나라와 당나라 황실의 조상인 선비족들이 광개토대왕 시절 고구려의 요동 정복 과정에서 쫓겨났고, 그로 인해 조상들의 땅을 되찾고 복수하기 위해 전쟁을 벌였다는 것이다. 하지만 이역시 그리 적절치 않다. 물론 수나라와 당나라 황실에 선비족의 피가 섞였던 것은 사실이다. 그러나 두 나라 황실은 자신들이 고대 한족의 한나라를 계승한다고 여겼지, 북방 유목민인 선비족의 역사를 잇는다고 여기지 않았다. 선비족이 중원에 정착한 지 수백 년이 흐른 이후였고, 특히 당나라 황실은 자신들의 성이 이 씨라는 점을 노려, 도교의 창시자인 노자 즉 이이가 자신들의 조상이라고 선전할 만큼 한족 문화에 깊이 빠져 있었다.☆

그렇다면 70년에 걸쳐 수나라와 당나라가 국가의 운명까지 걸어가며 고구려와 전쟁을 벌인 진짜 이유는 무엇인가? 개인적인 생각으로는 이는 초강대국으로서의 자존심을 지키고 아시아에서의 패권과 지배력을 유지하기 위해서였다.

초강대국, 즉 제국이 존속할 수 있도록 하는 가장 큰 원동력은 바로 힘이다. 쉽게 말하자면 제국은 다른 나라들을 굴복시켜야 성립

TMI ☆ 《사기》와 《도덕경》에서 확인할 수 있다.

가능한데, 이를 뒤집어서 해석하면 다른 나라들을 굴복시키지 못하면 힘과 위엄을 잃어버리기 때문에 더 이상 제국으로서 존립할 수 없다.

수양제와 당태종이 고구려를 집요하게 공격한 이유는 바로 제국으로서의 힘과 위엄을 지키기 위한 행동이었다. 양제가 집권했을 무렵, 수나라는 북쪽의 돌궐과 거란 및 동쪽의 백제와 신라, 서쪽의 토욕혼, 남쪽의 임읍(현재 베트남) 등 동서남북의 모든 나라들을 굴복시킨 상황이었는데 오직 고구려만 수나라에 굴복하기를 거부했다. 이런 고구려를 수나라가 그대로 내버려 둔다면, 다른 나라들도 수나라의 위상에 의구심을 품고 굴복하기를 거부하며 반기를 드는 사태가 일어날 가능성이 있었다. 실제로 살수대첩에서 수나라가 고구려에 패배하자, 그동안 수나라에 굴복하고 있었던 돌궐은 태도를 바꿔 수나라를 상대로 전쟁을 일으켰다.

당태종 역시 마찬가지다. 그는 수나라 말기부터 중국을 위협해오던 강적 돌궐을 굴복시켰고 서쪽의 토번(티베트)과 남쪽의 임읍 및 동쪽의 백제와 신라에게 모두 종주국으로 인정을 받아냈다. 마침 고구려에서 정변이 일어나 당나라에 유화적이던 영류왕이 죽고 강경파인 연개소문이 정권을 잡자, 이를 빌미로 수양제조차 실패했던 고구려 정복을 자신이 이룬다면 수양제보다 더 위대한 황제가 될 수 있으리라는 판단 하에 고구려 원정을 감행했던 게 아닐까?

중국은 기원전 3세기 진시황이 통일을 한 이후, 아편전쟁에서 청나라가 영국에 패배하는 1840년까지 무려 2000년 동안 세계 최강

대국의 자리를 지켜왔다. 그런데 이런 위대한 중국을 다스리는 왕
조가 동쪽 변방의 작은 나라에 계속 패배한다면 초강대국으로서의
자존심과 제국의 존립 근거가 심각하게 훼손되지 않겠는가?

실제로 370년 동안 분열되었던 중국을 통일했던 수나라가 불과
30년 만에 무너져 버린 이유는 바로 고구려 원정 실패였다. 수백
만 명에 달하는 병사들이 모두 고구려 땅에서 죽어서가 아니다. 중
원을 통일하고 북방의 강력한 돌궐족마저 굴복시킨 초강대국인 수
나라가 동방의 상대적으로 작은 나라인 고구려와 전면전을 벌여
패배했다는 사실이 알려지자, 수나라는 위상에 심각한 타격을 입
었고 나라 안과 밖에서 많은 세력들이 더 이상 수나라를 두려워하
지 않고 반란을 일으키면서 결국 무너지고 말았던 것이다.

수나라와는 달리 결국은 고구려를 멸망시킨 당나라는 더 오랫동
안 존속하며 권위와 영향력을 유지할 수 있었다.

그러니까 수양제와 당태종이 각각 수백 만 명과 수십 만 명의 대
군을 이끌고 고구려를 공격했던 것은 사방의 모든 나라가 굴복하
고 있는데, 고구려만 굴복하지 않고 계속 버티면 그게 시작이 되어
나라의 자존심이 추락하고 패권 체제가 흔들려 반란이 일어나고
혼란에 빠지는 사태가 터지는 걸 막기 위해서였다. 2001년 '9.11
테러'로 수천 명의 사상자가 발생하자, 미국인들이 충격과 분노에
이성을 잃고 제국의 자존심 회복을 위해 아프간 침략에 찬성했던
것처럼 중국인들도 자존심을 지키기 위해서 70년 동안이나 고구려
를 공격했던 것이다.

살수대첩: 전무후무한 수양제의 300만 대군을 물리치다

중국 역사상 가장 많은 병력을 동원했던 전쟁이 바로 612년 수나라의 고구려 원정이다. 양제(569~618년)는 전투병 113만에 보급병 200만, 도합 313만 병력을 동원하여 고구려 원정에 나섰다. 그러나 전무후무한 대군을 이끌고 단숨에 고구려를 정복하겠다는 양제의 야심찬 구상은 무참히 수포로 돌아갔다.

문제는 역설적으로 300만 대군 자체에 있었다. 300만 명이 넘는 엄청난 대군이 매일 아무런 생산도 하지 않고 계속 식량을 먹어치우기만 하니, 아무리 보급병을 많이 배치해도 시간이 갈수록 군량

살수대첩의 모습을 상상한 그림.

이 줄어드는 것은 어찌할 수가 없었다.

고구려인들은 수나라의 300만 대군에 놀라면서도 항복하지 않고 끈질기게 저항했다. 고구려와 수나라의 전쟁에서 최대 격전지는 요동성이었다. 요동성 공격 당시 양제는 모든 군사들의 행동에 대해서 반드시 자신에게 먼저 보고하고, 자신의 지시 후에야 군사 행동을 하라고 명령을 내렸다. 이 사실을 알아챈 요동성의 고구려 병사들은 싸우다가 불리해지면 항복하겠다고 거짓으로 알리고서 수나라 장수들이 그 말을 양제에게 전하러 간 사이에 부서진 성벽을 다시 쌓고 방어 태세를 갖추었다. 이런 일을 반복하면서 요동성은 끝내 항복하지 않았다. 계속 농성전이 이어지면서 양제의 처음 구상과는 달리, 전쟁의 양상은 점점 장기전으로 흘러갔다.

수양제는 고심 끝에 별동대를 따로 편성하여 수도 평양을 곧바로 공격하는 방안을 짜냈다. 우중문 등에게 약 30만의 군대를 맡겼다. 하지만 우중문이 지휘하는 수나라 별동대도 그리 편안하지는 못했다. 워낙 병력이 많아서 별동대가 30만에 달했던 것이 일단 문제였다. 무엇보다도 고구려군의 보급로 차단과 교란에 대비하기 위해 모든 병사들에게 각자 먹을 식량을 스스로 짊어지게 했는데, 그게 무려 100일치였다. 무거운 군량을 짊어지고 멀리 행군까지 해야 하는 수나라 별동대 병사들은 군량을 몰래 땅에다 파묻어 버리기 일쑤였다고 한다.

여하튼 수나라 별동대는 군량을 버리면서 겨우 평양 외곽에 도착했다. 하지만 더 이상 진격할 수 없었다. 군량이 모두 바닥났던 것

을지문덕 초상화. 대한제국 시기의 교과서
에 실린 그림이다.

이다. 고구려군은 거짓으로 패배하고 항복하는 척하면서 일부러
수나라 군대를 영토 깊숙이 끌어들여 그들의 보급로를 차단했다.
총사령관 을지문덕은 수나라 별동대를 지치게 만든 다음, 반격을
감행하여 그들을 일거에 분쇄하려는 계획을 천천히 실행에 옮기고
있었던 것이다.✩ 별동대 사령부는 별다른 전투도 못해보고 철수를
결정했다. 그러나 그때부터 그들 앞에 지옥이 펼쳐졌다. 을지문덕
이 지휘하는 고구려군이 후퇴하는 수나라 군대의 후방을 끈질기게

TMI ✩　　고구려군은 하루에 일곱 번 전투에서 지는 척했고, 을지문덕은 군대를 철수
하면 영양왕과 함께 항복하겠다는 거짓말도 했다. 이 거짓말은 지친 별동대 철수의
계기가 됐다.

추격하며 괴롭혔던 것이다. 살수(청천강)에서 벌어진 전투가 가장 유명하다(살수대첩).

아직도 많은 사람들은 살수대첩에 대해 고구려군이 일부러 댐을 쌓아 물을 막고 있다가 수나라군이 지나갈 때 무너뜨려 물을 한꺼번에 쏟아지게 하여 이겼다고 알고 있으나, 잘못된 인식이다. 이는 살수대첩보다 거의 400년 후의 귀주대첩 관련 일화(정확히는 여러 싸움 중 하나였던 흥화진전투)가 잘못 전해진 것이다. 살수대첩에서는 수공이 사용되지 않았다. 살수대첩은 살수를 수나라군이 반쯤 건너고 있을 때, 고구려군이 나타나 수나라군을 공격하면서 이미 사기가 떨어질 대로 떨어진 수나라군이 정신없이 달아났고 그런 수나라군을 고구려군이 쫓아가 공격하는 방식으로 전개되었다.

후퇴 과정에서 벌어진 여러 전투에서 수나라 군대는 고구려군에게 일방적으로 공격당했고, 30만 명 중 2,700명만 살아남았다. 생존율이 겨우 1%에 불과한 셈이니 너무나 참담한 패배였다.

별동대가 처참하게 궤멸되었다는 소식을 들은 양제는 전쟁을 중단하고 철수를 결정했다. 여기서 한 가지 의문이 남는다. 수나라 전투 병력 113만 명 가운데 아직 83만 명이 남아 있는데 왜 철수한 것일까? 아마도 이미 수나라 군대는 보급의 어려움으로 인한 군량의 부족과 대규모의 인원 손실(부상병과 탈영병 등)이 속출한 상황이라 별동대가 궤멸된 상황에서는 도저히 전투를 수행할 능력이 없었기에 그랬던 것이 아닐까?

중국 역사상 가장 거대했던 수양제의 고구려 원정은 초라한 패전으로 끝났다. 수양제는 5호 16국의 혼란을 끝내고 중국을 통일한 자신의 능력을 믿고 대군을 일으켜 고구려를 쳤으나, 바로 백만 대군 그 자체가 보급 문제로 실패 원인이 되었다.

안시성: 당태종 이세민의 역사적 패배

살수대첩 33년 후, 고구려는 다시 중국과 커다란 전쟁을 치르게 된다. 이번 상대는 수양제가 궁중 반란에 휩싸여 자살한 후 혼란에 빠진 중국을 통일한 당나라의 실질적 창건자 태종 이세민이었다.

당나라 군대의 수가 정확히 얼마인지는 알 수 없다. 사서에 적힌 숫자는 10만 명이지만, 그보다 더 많았다는 의견도 있다. 어쨌든 수양제만큼의 숫자는 아니었던 것 같다.

고구려가 놓인 상황은 수양제 때보다 더 불리했다. 무기력한 수나라 군대와는 달리 당나라 군대는 고구려 군대와 벌인 대부분의 초기 전투에서 우위를 차지했다. 요동성은 당나라 군대에게 함락되었고, 주필산전투에서 고구려가 야심차게 투입한 15만 명의 대군도 이세민의 용병술에 휘말려 참패를 당하고 말았다.

고구려는 아주 위태로운 상황에 처했다. 그런데 여기서 뜻밖의 상황이 벌어진다. 수용 인원이 5,000명 내외였던 작은 성 안시성 安市城이 당태종이 이끄는 원정군을 두 달이나 막아내면서 발목을 잡았고, 이로 인해 시간이 지체된 당나라 군대의 식량이 바닥나는 바람에 더 이상 버틸 수가 없게 되자, 당태종은 철수를 결정하게

당태종 이세민의 초상화.

된다.

당시 정황을 기록한 중국 역사서 《신당서新唐書》 등의 내용에 의하면, 안시성을 공략하기 위해 당나라군은 연인원 50만 명을 동원하여 흙으로 커다란 산을 쌓았는데, 그 높이가 안시성을 내려다볼 지경이었다고 한다. 그런데 당나라군이 토산을 쌓자, 안시성의 고구려군이 별동대를 보내 기습해 토산을 빼앗았다. 당황한 당태종은 토산을 되찾으려 했으나, 하루에 일곱 번씩 벌어진 전투에서 모

안시성 군민은 당태종의 강력한 군대를 막아냈다.

두 고구려군이 당나라군을 물리치는 바람에 실패했다. 식량이 바닥이 나고 있었던 데다가 전투에서도 고구려군을 이기지 못하자, 당태종은 철수를 결정할 수밖에 없었다. 이때 안시성의 성주가 성벽 위에서 철수하는 당태종에게 절을 했고, 당태종은 비단 100필을 성주에게 상으로 주고 물러났다고 한다. 이 기록이 사실인지 여부는 알 수 없다. 진정으로 중요한 것은 고구려가 당태종이 직접 이끈 침략군과 싸워서 끝내 그들을 물러가게 만들었다는 사실 그 자체다.*

　당태종이 지휘한 군대는 우습게 볼 수준이 결코 아니었다. 당태종 이세민은 중국에서 군사를 일으킨 지 불과 11년 만에 드넓은 대

고구려군의 전투 모습을 묘사한 벽화.

류 군벌들을 모두 굴복시키고 중원을 통일했으며, 북방 초원의 강
자 돌궐의 40만 대군도 당태종의 10만 원정군에 무너졌다. 선비족
세력인 토욕혼吐谷渾과 투루판 지역의 고창국高昌國도 각각 635년과
640년에 당나라 군대에 굴복하였다. 당태종은 고구려 원정 전까지
그야말로 전쟁터에 나가서 단 한 번도 패배하지 않았던 무적의 명
장이었고, 그런 이유로 오늘날까지 수많은 중국인들은 역대 중국

TMI ☆   안시성주 양만춘은 정사 기록에 나오는 인물은 아니지만, 고려 말 이색을 시
작으로 조선 후기 박지원, 이덕무 등이 그가 현존했던 인물이라는 기록을 남겼다. 양
만춘이 화살로 당태종의 눈을 맞췄다는 이야기도 여기에서 유래한다.

황제들 중에서 당태종 이세민이 가장 위대한 황제였다고 칭송하고
있다.

당태종 이세민이 직접 지휘했던, 그것도 그를 따라 중원과 북방
초원을 누비며 무수히 많은 전쟁터에 참가하여 용맹을 떨친 명장
들로 구성된 정예 군대를 맞아 싸워 끝끝내 물리친 고구려야말로
높이 평가받아야 마땅하다. 게다가 이 전쟁은 당나라에게 큰 인명
피해를 입혔다. 개모성전투에서 행군총관 강확, 주필산전투에서
좌무위장군 왕군악, 백암성전투에서 우위대장군 이사마가 사망했
다. 행군총관 계필하력은 고구려 장수 고돌발의 창에 옆구리를 찔
려 크게 다쳤다. 중원을 평정했던 주요 지휘관들 중에서 죽거나 다
친 사람들이 많이 나왔다는 것은 곧 당나라 군대가 고구려군의 저
항에 부딪쳐 큰 피해를 입었던 상황을 보여주는 증거다.

사수전투: 고구려의 마지막 대승

당나라와의 전쟁 시기 허약한 보장왕을 대신하여 사실상 고구려를
지배했던 연개소문은 오늘날 많은 사람들로부터 독재자라는 비판
을 받고 있다. 심지어는 연개소문이 어리석고 무능한 인물이었다
며 비난하는 의견도 있다.

그러나 연개소문은 독재자였을지는 몰라도(왕조 시대에 독재자라
는 기준을 들이대는 게 적절한가 생각이 들지만), 무능한 인물은 아니었
다. 한 가지 예로, 그는 662년 2월 사수蛇水전투에서 당나라 장수

방효태가 지휘했던 군대를 전멸시키는 대승리를 거뒀다.

고구려 원정에서 돌아온 지 4년 후, 당태종 이세민은 사망한다. 그의 아들 당고종은 아버지가 이루지 못한 고구려 정복의 꿈을 실현하고자 12년 후인 661년, 다시 대군을 보내 고구려를 공격토록 하였다. 이때 참가했던 당나라 장수 중 한 명이 방효태다. 방효태는 당태종의 고구려 원정과 백제를 멸망시킨 신라와의 연합군에도 참가했던 장수였다.

초반에는 계필하력이 지휘하는 당나라 군대가 기세 좋게 공세를 펼쳐 압록강전투에서 연개소문의 아들인 연남생이 지휘하는 고구려군과 싸워 승리한다. 여세를 몰아 당나라 군대는 고구려의 수도인 평양성을 포위하고 압박을 가했다. 그런데 계필하력 부대는 철륵 부족의 반란을 진압하기 위해 당고종의 명령을 받고 철수한다. 고구려는 초반의 패배에서 벗어날 시간적 여유를 얻었다. 662년 1월, 혹독한 추위로 당나라 군사들이 고통을 받는 와중에 연개소문이 지휘하는 고구려 군대가 다시 전열을 정비하고 반격을 시도한다. 아주 치열한 전투가 벌어지는데, 이를 사수전투라고 부른다. 사수는 평양의 보통강普通江으로 추정된다.

조선 성종 때 완성된 역사서 《삼국사절요三國史節要》에 의하면, 당나라 군대가 겪은 처절한 상황이 잘 묘사되어 있다. 방효태는 고구려군의 포위망에 갇히고, 방효태와 동향의 젊은이 5,000명이 모두 죽었으며, 결국 방효태는 그의 아들 13명과 함께 온몸에 화살을 맞고 죽었다는 것이다. 중국 역사서 《자치통감資治通鑑》을 보면, 사수

연개소문이 총지휘한 사수전투를 묘사한 그림.

전투가 벌어지던 662년 2월 패강도행군을 지휘하던 임아상이 죽었다고 나온다. 아마도 고구려군의 공격을 받아 큰 피해를 입었음을 암시하는 대목인 듯하다. 여하튼 사수전투의 결과로 더 이상 승산이 없음을 알게 된 당나라 군대는 철수하고, 전쟁 역시 고구려의 승리로 끝난다.

고구려의 멸망과 발해 건국
그러나 사수 전투 6년 후, 고구려는 끝내 당나라 군대에 멸망당하고 만다. 70년을 싸워왔는데 나라 안팎으로 겹친 위기에 더 이상 버티지 못하고 무너졌던 것이다.

666년 연개소문이 죽자, 그의 권력을 큰 아들 연남생이 이어받았으나 둘째 아들 연남산과 셋째 아들 연남건이 반란을 일으켰고, 불리해진 연남생이 당나라로 도망친다. 연남생은 적극적으로 당나라에 협력했고, 심지어 침략군을 위한 길 안내 역할까지 맡았다.

당나라는 기회를 놓치지 않고 대군을 일으켜 제3차 고구려 침공을 감행했다. 《구당서》 '계필하력 열전' 부분을 보면, 이때 동원된 병력은 총사령관 이세적의 병력을 제외하고도 자그마치 50만 명이었다고 한다.

고구려를 적대했던 신라 역시 20만 대군을 동원하여 고구려 남쪽을 공격했다. 고구려는 최소 70만의 군대와 대적해야 했던 상황이었다. 이 전쟁에서 고구려군은 이전의 날카로운 모습은 온데간데없이 지리멸렬하게 참패를 거듭했다. 연씨 3형제의 권력 다툼이 극에 달하면서 고구려의 민심이 크게 흔들렸고, 신라에 12개의 성을 바치고 항복을 한 연정토 등 고구려 지배계급이 나라를 버리고 외세에 결탁했기 때문이다.

668년 8월, 수도인 평양이 당나라 군대에게 포위당했다. 보장왕과 연남산은 한 달 동안 버텼으나, 아무리 기다려도 구원군은 오지 않았고 주변 지역의 성들은 당나라에 항복하는 등 전황은 나아질 기미가 보이지 않았다. 결국 668년 9월 21일, 보장왕과 연남산은 평양성의 문을 열고 나가 이세적에게 항복하였다. 연남건은 끝까지 항복을 거부하고 버텼으나, 9월 26일 승려 신성이 주동이 되어 평양성 문을 열고 당나라 군대를 불러들임으로써 고구려는 마침내 무너졌다. 보장왕, 연남산, 연남건은 모두 당나라로 끌려갔다.

그러나 을지문덕과 연개소문의 활약상을 기억하는 용맹한 고구려인들은 나라를 되찾기 위한 투쟁을 30년 동안이나 치열하게 벌였다. 특히 고구려 유민 대조영은 698년 12월 고구려를 계승하는 나라를 표방한 발해를 건국한다. 이후 발해는 고구려 영토의 대부분을 회복했으며, 스스로 고구려의 계승자임을 확고하게 표방했다. 고구려인들의 끈질긴 투혼이 그저 놀라울 뿐이다.☆

TMI ☆　　이 시기를 다룬 드라마와 영화는 최근까지도 많이 나오고 있다. 수·당과 고구려가 맞붙은 70년의 전쟁은 일종의 '문명'적 대결로까지 말할 수 있는 만큼, 다양한 이야기들이 쏟아질 수 있기 때문일 것이다. SBS에서 방영한 〈연개소문〉(2006)은 단재 신채호의 《조선상고사》를 바탕으로 극본을 썼음을 표방한 100부작 작품으로 유동근(연개소문), 서인석(당태종) 등이 출연했다. KBS에서 방영한 〈대조영〉은 고구려 멸망과 발해의 건국까지를 다룬 작품으로, 최수종(대조영), 정보석(이해고), 이덕화(설인귀) 등이 출연했다. 이준익 감독의 2011년 작품으로 고구려의 마지막 전쟁을 다룬 〈평양성〉(정진영이 김유신, 류승룡이 연남건을 연기), 2018년 작품 〈안시성〉(조인성이 양만춘, 박성웅이 당태종을 연기)이 영화로 유명하다.

중국 예술 속 연개소문과 당태종

중국인들은 당태종 이세민을 가장 위대한 황제라며 칭송한다. 그래서 이세민의 앞길을 막아서고 그에게 패배를 안긴 고구려의 연개소문이 무척이나 강한 인상으로 남았던 듯하다. 중국 전통 연극인 경극京劇에서는 연개소문이 이세민과 맞서 싸우는 악역으로 등장한다. 연개소문은 5개의 칼을 날리는 비도술飛刀術로 이세민을 공격하고, 이세민은 연개소문이 두려워 겁에 질려 벌벌 떨다가, 용감한 장군인 설인귀가 나타나 연개소문을 물리치고 이세민을 구해낸다는 내용인 〈어니하淤泥河〉, 〈독목관獨木關〉 등의 작품이 있다. ☆

명나라 때 만들어진 희곡 〈설인귀과해정동백포기薛仁貴跨海征東白袍記〉에는 진흙탕에 말의 다리가 빠져서 꼼짝도 못하게 된 이세민에게 연개소문이 "내가 거느린 1개의 군대만으로도 네가 가진 땅을 모조리 피바다로 만들 수 있다. 항복하라!"며 으름장을 놓는 장면

 ☆　〈어니하〉는 사냥을 나간 이세민이 연개소문을 보고 겁에 질려 달아나다가 어니하(강)에 말이 빠져 허우적거리다가, 쫓아온 연개소문에게 굴욕적으로 항복의 글을 쓰던 중 설인귀가 등장해 그를 구출하고 연개소문을 물리친다는 내용으로 이루어져 있다. 〈독목관〉도 비슷한데, 다만 공간적 배경이 어니하에서 봉황산으로 바뀐다.

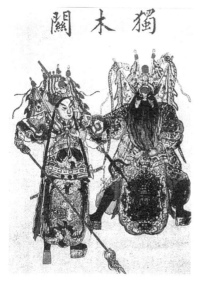

경극 〈독목관〉의 연개소문과 설인귀의 대결을 묘사한 그림.

이 나온다. 이세민은 겁에 질려 "도저히 빠져나갈 수가 없구나. 누가 나를 구해준다면 나라의 절반을 주겠다"라고 슬프게 울부짖는다(나중에 설인귀가 구해준다).

　이게 순전히 허구적인 창작일까? 그렇지는 않은 듯하다. 《삼국사기》에 의하면 당태종은 고구려에서 철수하는 도중에 요동 반도 요하 서쪽 요택遼澤에서 진흙탕에 빠져 어려움을 겪었고, 추위로 많은 군사들을 잃었다. 아마도 이 일을 모티브로 경극이 만들어진 것 같다. 설인귀는 당시 하얀 갑옷을 입고 전쟁터에 나가면 돌아올 때 갑옷을 붉게 물들여왔다는 이야기가 전해질 만큼 용맹한 장수였다. 이런 이야기들이 반영된 것으로 보인다. 물론 그렇다고 연개소문과 설인귀가 직접 일대일로 싸웠다는 등의 기록은 없다.

명나라 사신의 입을 다물게 했던 살수대첩의 시

중국인들에게 고구려와의 전쟁은 굉장한 충격이었던 듯싶다. 다른 이야기도 있다. 대표적으로 살수대첩 700년 후 조선 초기, 개국 공신 조준이 명나라 사신 축맹에게 살수대첩을 주제로 한 시 〈안주회고安州懷古〉를 읊어주었던 이야기가 유명하다. 조선을 깔보던 축맹에게 한마디 하고자 시를 읊은 것인데, 축맹은 시를 듣고 꿀먹은 벙어리가 되었다고 한다.

> 살수의 물결은 거세게 요동치는 푸른 하늘이며 薩水湯湯漾碧虛
> 수나라 병사 백만이 물고기가 되었다. 隋兵百萬化爲魚
> 오늘 고기잡이와 벌목꾼의 이야기에 至今留得漁樵話
> 먼 길을 가는 사람의 업신여김도 남기지 못했다. 不滿征夫一笑餘

최초의 반전 가요, 무향요동낭사가

'반전 가요'라고 하면 존 레논의 〈이매진〉과 베트남전쟁을 떠올리기 쉽지만, 그보다 1352년 전에 이미 중국에서 반전 가요가 유행했다. 수양제는 613년 2차 고구려 원정을 시도하는데, 수나라 백성

당나라 보병 벽화. 고구려와 수·당의 전쟁은 동아시아 고대사 최대의 사건이었으며, 문명적 대결의 성격을 띠었다.

들은 "요동 땅에 가서 헛되이 죽지 말자"라는 뜻의 〈무향요동낭사가無向遼東浪死歌〉라는 반전 가요를 불렀다.

> 하늘의 반쪽은 기다란 창 長侵天半
> 수레와 칼은 햇빛에 빛난다. 輪刀耀日光
> 산 위에서는 사슴과 노루를 먹지만 上山吃獐鹿
> 산 아래에서는 소와 양을 먹는다. 下山吃牛羊
> 갑자기 들으니 관군이 이르렀다. 忽聞官軍至

칼을 이끌어 방탕한 고구려를 때리자고 하네. 提刀向前蕩

요동으로 가는 것은 죽음과 같다. 譬如遼東死

머리가 잘리고 다친다. 斬頭何所傷

수나라의 젊은이들은 징병을 피하기 위해 자신의 팔목이나 발목을 도끼로 잘라내기까지 했다. 당시 이를 가리켜 (징집과 노역을 피하게 됐으니) '복 받은 팔과 다리'라는 뜻으로 복수복족福手福足이라고 불렀다고 한다.

나당전쟁

세계 최강대국을 무찌르다

(670~676년)

——————— 요약

신라와의 연합을 통해 고구려와 백제를 멸망시킨 이후 당나라는 약속을 어기고(백제의 영토와 평양 남쪽 고구려 영토를 신라에 준다) 신라마저 집어삼키고자 계림도독부를 설치한다. 이에 위기감을 느낀 신라가 대항함으로써 670년부터 676년까지 6년 동안 두 나라가 맞붙는다. 신라는 세계 최강대국 당나라와의 전쟁에서 놀랍게도 끝내 승리했다.

전쟁 후 신라는 당나라와 화해했고, 이후 약 150년 동안 평화와 번영을 누린다.

——————— 키워드

#문무왕 #당고종 #김유신 #쇠뇌 #장창 #매소성전투 #기벌포해전
#비대칭전력 #나당연합 #계림도독부 #웅진도독부

나당연합의 분열

나당연합은 신라와 당나라 두 나라의 필요성과 이해관계가 맞아 체결된 동맹이었다. 우선 신라는 북쪽의 고구려와 서쪽의 백제 및 동쪽의 왜국(일본)에게 계속 공격을 당하던 와중이라 당나라와 동맹을 맺지 않으면 세 나라와 한꺼번에 전쟁을 하다가 망할 판국이었다. 당나라 역시 사방의 거의 모든 이민족들을 굴복시켰는데, 고구려를 굴복시키는 데 실패한다면 초강대국의 위신이 떨어져 수나라처럼 반란이 일어나 멸망할 위험성이 있었다. 그래서 신라와 당나라는 동맹을 맺었고, 백제와 고구려를 협공하여 멸망시켰고 왜국도 백촌강전투에서 물리쳤다.

그러나 적들이 모두 없어지면서 나당연합은 그 존재 목적을 잃어버렸다. 당나라는 적국인 백제와 고구려를 없앤 것에 만족하지 않고 아예 신라마저 멸망시켜 한반도 전체를 정복하려는 야심을 드러내어 신라의 수도인 경주(계림)에 계림도독부를 설치하겠다고 발표했다. 이 소식에 신라는 반발하였고 당나라에 맞설 준비를 시작한다.

백성의 빚을 탕감하고 죄수를 풀어준 신라 문무왕

《삼국사기》에 따르면 나당전쟁을 1년 앞둔 문무왕 9년(669년), 그는 신하들을 모아 놓고 교서를 내렸다. "오역죄五逆罪나 사형에 해당하는 죄 이하를 범한 자들로서 현재 옥에 갇혀 있는 자는 모두 석방"하고 "대사령으로 석방된 이후에 죄를 범하여 벼슬을 빼앗긴 자는 모두 복직"시키며 "도적질한 자는 석방하고 배상할 재물이 없는 자는 한도까지 배상하지 않도록"하며 "가난하여 남의 곡식을 빌려먹었다가 농사를 지은 결과가 나쁜 곳에 사는 사람은 빌린 곡식과 그 이자를 반드시 갚지 않아도" 되는데, "이를 한 달 안에 집행"하라는 것이었다.☆ 이러한 조치를 전해 듣고 신라 백성들이 어떤 반응을 보였는지는 《삼국사기》에 나와 있지 않지만, 아마 절대 다수는 열렬히 환영했을 것이다. 억울하게 감옥에 갇힌 사람들이나 사채업체들로부터 돈을 빌렸다가 무거운 빚을 지고 고통 받는 요즘 사람들의 이야기에 대입해보면 충분히 짐작할 수 있다.

　과연 문무왕이 순수한 동정심만으로 저런 조치를 했을까? 아닐 것이다. 당시는 나당전쟁 불과 1년 전으로, 오히려 문무왕이 전쟁 준비를 위해 백성들의 민심을 얻고자 행동했을 가능성이 높다. 이

TMI ☆　　오역죄란 불교 교리에서 '저지르면 반드시 죽어서 지옥에 떨어진다'는 5개의 큰 죄다. 나당전쟁 무렵 신라가 불교 국가였기 때문에 오역죄의 규정을 따랐던 것으로 추정된다. ① 불교의 교리를 욕하는 죄 ② 승려를 죽이는 죄 ③ 아버지를 죽이는 죄 ④ 어머니를 죽이는 죄 ⑤ 불교 교단을 혼란시키는 죄를 말한다.

후 초강대국 당나라와 6년 동안이나 전쟁을 하면서도 신라 백성들의 동요가 전혀 없었던 것을 보면, 문무왕의 조치가 확실히 민심을 사로잡은 측면이 있다고 볼 수 있다.

쇠뇌와 장창으로 당나라 군대를 격파하다

고구려조차 끝내 당나라 군대에게 무너지고 말았다. 반면 고구려보다 국토가 좁고 목초지가 부족하여 기병 전력이 약한 신라는 당나라 군대와 싸워서 이겼다. 어떻게 이런 일이 가능했을까?

해답은 신라의 군사 편제에 있다. 신라 군대의 노당弩幢과 장창당長槍幢이 바로 그것이다. 기계식 활인 '노', 즉 쇠뇌를 다루는 부대와 긴 창을 다루는 부대를 일컫는데, 신라에서는 이들이 별도로 편성되었다.

쇠뇌는 흔히 석궁石弓으로 불리는 무기인데, 서양의 크로스보우Crossbow와 같다. 쇠뇌는 활의 일종이지만 순전히 사람의 힘으로만 당기는 보통의 활과는 달리, 금속 방아쇠와 나무로 된 틀을 활에 얹은 무기다. 쇠뇌는 기원전 5세기 중국의 초나라에서 발명된 것으로 보는 게 일반적이다.

노의 크기는 다양하다. 개인용 노는 몸체 틀 크기가 대략 50~80cm 내외로, 활의 길이는 120cm 정도다. 살상 가능 사정거리는 대략 150m 안팎이다. 노는 화살을 찬 시위를 미리 걸어뒀다가, 금속으로 만든 방아쇠를 당기면 시위가 풀어지면서 화살이 날아가

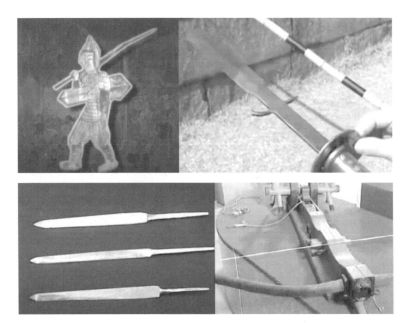

신라의 병사와 복원한 화살촉, 노(KBS 〈역사스페셜〉 영상 캡처).

는 방식으로 설계되었다. 그래서 사람이 필요할 때 바로 시위를 당기는 보통의 활보다 장전 속도가 느렸다. 아무리 뛰어난 사수라도 1분에 3발 정도만 쏠 수 있었다. 게다가 무거웠다.

하지만 노는 많은 장점을 가지고 있었다. 활은 순수하게 사람의 힘으로 쏘는 무기라서 숙달에 시간이 매우 오래 소요되며, 완력이 약한 사람은 쏘기조차 어렵다. 이에 반해 노는 기계식 무기라서 활에 비해 사용법을 익히는데 시간이 절약되고, 개인의 완력 차이에

CG로 재현한 신라 장창병과 군대(KBS 〈역사스페셜〉 영상 캡쳐).

크게 구애받지 않았다. 또한 노는 관통력이 강력하여 갑옷을 입은 적에게도 효과적이었다. 보통의 활로는 뚫을 수 없는 갑옷을 입은 적도 노를 쏴서 치명적인 타격을 줄 수 있었다.

특히 신라의 노는 사정거리가 1,000보步 정도였는데, 당시 당나라에까지 널리 알려질 만큼 뛰어났다는 평가를 받는다. 문무왕 9년, 당나라의 고종은 신라에 사신을 보내 노를 만드는 기술자(구진천)를 요구하기도 했다.☆

신라의 또다른 뛰어난 무기로 장창이 있었다. 구체적인 자료는 많지 않지만, 강원도에 위치했던 고대 국가 동예에서 약 6.9m에

TMI ☆ 그런데 당나라에서 (여러 협박과 회유에도 불구하고) 구진천은 1,000보를 날아 가는 노를 만들지 않았다. 그는 나무의 재질이 신라와 다르기 때문이라고 둘러댔다. 《삼국사기》에 기록된 이 일화는 나라의 주요 기술을 외국에 유출하지 않는 신라인 의 애국심을 보여주는 사례라고 볼 수 있다.

매소성전투를 상상한 그림.

달하는 긴 창을 여러 보병이 들고 싸웠다는 《삼국지》 '위지 동이전'
의 기사로 미루어볼 때, 신라의 장창도 비슷하지 않았을까 추측해
본다.

　이는 고대 그리스나 중세 서양, 임진왜란 당시 일본군이 사용했
던 창보다 훨씬 길이가 길다. 세계 역사상 가장 긴 창이라고 봐도
좋을 것이다. 이렇게 긴 창을 여러 명의 보병들이 손에 들고서 빽
빽하게 밀집하여 대형을 이루고 버틴다면, 아무리 용맹한 기병이
라고 해도 섣불리 공격하기가 거의 불가능할 것이다. 창이 너무 길
기 때문에 기병이 보병을 공격하기 전에 먼저 공격을 당하기 때문

이다. 설령 공격을 하더라도 영화 〈브레이브 하트〉에서처럼 돌격 기병들이 엄청난 피해를 입을 가능성이 높다.

쇠뇌와 장창을 다루는 특수 부대를 갖춘 신라의 군대는 거란족과 말갈족 등 우수한 기병들을 내세운 당나라 군대에 맞서 싸울 때 상당히 뛰어난 효과를 발휘했으리라고 생각된다. 현대 군사용어로 표현하면 '비대칭 전력'이 극대화된 것이다.

이러한 능력을 바탕으로 신라는 나당전쟁 중에 벌어진 경기도 연천군 청산면 지역 매소성買肖城전투(675년 9월 29일)에서 당나라 군대를 물리치고 말(3만 380마리), 무기 들을 빼앗는 큰 승리를 거둔다. 신라는 지금의 황해도, 강원도, 경기도 등지에서 당나라 군대와 벌인 18번의 크고 작은 전투에서 모두 승리하여 당나라 군사 6,047명을 죽이고 200마리의 말을 빼앗는다. 676년 11월, 지금의 충청남도 서천군 장항에서 벌어진 기벌포해전에서는 당나라 군사 4,000명의 목을 베는 승리를 거두었다. 결국 당나라는 이 전투를 기점으로 군대를 모두 철수시킨다.

고구려와 백제 유민들, 신라에 합세하다

나당전쟁에서 신라가 승리를 이룩한 배경에는 고구려와 백제 유민들의 몫이 있다. 신라는 고구려와 백제의 유민을 적극적으로 군대에 받아들였다.

특히 고구려 유민들이 많은 도움이 되었을 것으로 추정된다. 고구려는 앞서 본 것처럼 70년 동안 직접 수·당과 격렬한 전쟁을 진행했고, 결국 당나라 군대에게 멸망했기 때문에 나당전쟁을 망국의 원한을 풀고 복수할 기회로 여겼을 개연성이 충분히 있다. 실제로 문무왕 14년, 당나라에 반기를 든 고구려 유민들을 문무왕이 받아들이자, 이 소식을 듣고 당고종이 분노하여 군대를 보내 신라를 공격했다는 기록이 《삼국사기》에 있다.

당시 신라의 군사 제도는 9서당九誓幢이었는데, 그중 고구려 유민들로 구성된 부대가 3개였다. 황금서당黃衿誓幢, 벽금서당碧衿誓幢, 적금서당赤衿誓幢이 그것이다.✩

물론 이것이 고구려와 백제 정체성이 신라로 모두 흡수된 것을 의미하지는 않는다. 신라 말기 궁예와 견훤이 반란을 일으키면서 후고구려와 후백제를 세운 것을 보면 잘 드러난다.✩✩

TMI ✩ 벽금서당, 적금서당은 신라가 고구려 마지막 왕 보장왕에게 식읍을 주면서 만들어진 보덕국 출신으로 구성되었다. 백제 유민들의 부대도 2개 있었는데, 이는 백금서당과 청금서당으로 불렸다.

✩✩ 백제는 굉장히 오랫동안 신라와 싸웠고, 특히 그 과정에서 신라가 백제 왕을 죽이기도 하고(성왕이 전투 중 전사) 모욕을 주기도 했기 때문에(의자왕의 얼굴을 걷어차고 침을 뱉음) 유민들이 신라를 아주 적극적으로 따르기에는 다소 무리가 있었던 것도 사실이다.

당나라 벽화에 그려진 돌궐과 신라 사신. 가운데 깃털이 달린 모자를 쓰고 있는 사람이 신라의 사신이다.

스스로의 힘으로 당나라를 물리친 신라

나당전쟁을 빛나게 하는 요소 중 하나는 신라가 혼자만의 힘으로 당나라와의 전쟁을 승리로 이끌었다는 사실이다. 신라가 670년부터 676년까지 6년 동안 전쟁을 벌이는 동안, 동아시아 어떤 국가도 신라를 돕지 않았다. 흔치 않은 경우다.

임진왜란 당시 조선은 명나라의 도움을 받아 겨우 일본군을 몰아냈다. 한국전쟁도 그렇다. 남한은 미국을 포함한 전 세계 수십 개 나라들의 군사와 물자 원조를 받고서도 북한군과 중국군을 상대로 제대로 이겨보지 못했고 전쟁을 질질 끌다가 휴전하고 말았다. 그나마 미국이 없었다면 남한은 전쟁 초반에 벌써 망해버렸을 것이다. 개전 초기 북한군은 불과 3개월 만에 남쪽 끝 낙동강 일대까지 파죽지세로 진격했고, 이승만 정부는 수도 서울을 사흘 만에 버리고 허겁지겁 도망쳤다. 이렇게 보면 사대주의가 체질화된 한국 사회 주류가 신라를 계승한다는 설도 이치에 닿지 않는 것 같다.

토막 상식

김유신 전설

통일 신라 건국 과정에 깊숙이 개입한 장군 김유신의 명성은 지금까지도 이어진다. 조선 시대에도 김유신의 명성은 대단했는데, 당대의 학자 임방任埅은 《천예록天倪錄》에 김유신 귀신이 한 선비를 벌했다는 흥미로운 전설을 실었다. 내용은 대략 다음과 같다.

옛 신라의 수도였던 경주에 위치한 서악서원에서는 설총, 김유신, 최치원을 모시고 매년 제사를 지냈는데, 1600년대의 어느 날, 선비들이 모여서 논쟁을 벌였다. "유학자가 아니라 장군에 불과한 김유신의 위패를 치워야 한다"는 주장 때문이었다. 논쟁이 벌어진 날 밤, 김유신의 위패를 빼자고 주장했던 선비는 서원에서 잠을 자

다가 꿈을 꾼다. 갑옷을 입고 칼을 찬 장군 한 명이 1만 명의 병사들과 함께 서원에서 자신을 심문하는 내용이었다. 선비는 위엄 가득한 장군의 기세에 주눅 들었다. 장군은 선비에게 서릿발 같은 불호령을 퍼부었다.

"먼지가 앉은 책장을 들춰서 낡아빠진 글귀나 찾아내는 썩은 선비 주제에 어찌 감히 나를 모욕하려 드느냐? 나는 어른이 되고 나서 줄곧 군대를 이끌며 전쟁터에 나가 목숨을 걸고 싸웠다. 너처럼 편하게 살면서 인생을 허비하지 않았단 말이다. 내가 전장에서 세운 전공들을 일일이 거론하면 이 세상의 모든 책에도 다 적을 수 없다. 몇 가지만 말하겠다. 내가 살아 있을 때에 신라는 고구려, 백제,

왜에 에워싸여 사방이 적이었다. 하지만 나는 고구려와 백제를 멸하고, 심지어 신라를 삼키려 들었던 당나라마저도 야심을 접고 물러가게 만들었다. 이것이 바로 내가 세운 충忠이다.

나는 망한 나라인 가야의 왕족 출신으로 신라에서 어렵게 자라면서 끝내 세상에 이름을 떨쳐 부모가 주신 이름을 자랑스럽게 빛냈으니, 이것이 내가 세운 효孝다. 살아생전에 내가 이룩한 업적은 유학에서도 칭송해야 마땅하다. 그래서 최고의 유학자 퇴계 이황도 나를 서원에 모시는 일에 반대하지 않았거늘, 하물며 너는 대체 무엇이건데 그 따위 망발로 나를 능멸하느냐? 더러운 혀를 놀린 죄로 너는 반드시 죽어야 한다. 그래야 훗날 어리석은 유생들에게 본보기가 될 것이다."

선비는 꿈에서 빠져나와 현실 세계로 돌아왔다. 그리고 다음 날, 그는 갑자기 코와 입으로 피를 잔뜩 토해내고는 죽어버렸다.

막강했던 '당나라 군대'

오늘날 한국에서 '당나라 군대'라는 말은 군기가 빠지고 나약한 형편없는 군대를 조롱하는 표현으로 쓰인다. 그래서 많은 사람들은 당나라를 우습게 여기곤 한다. 하지만 당나라 군대는 결코 나약하거나 형편없지 않았다. 진실은 오히려 그 반대였다. 당태종 이세민의 시기부터 나라가 쇠퇴하는 9세기 말까지 당나라 군대는 세계 최강의 군사 집단이었다.

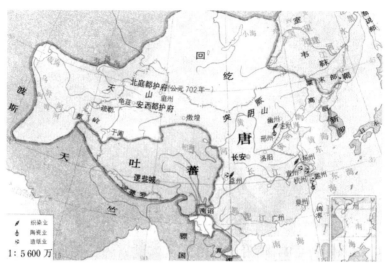

당나라의 영토를 나타낸 지도. 크기에서도 알 수 있듯. 최전성기의 당나라는 세계 제국이라는 말이 어울리는 초강대국이었다. 고구려와 신라는 당나라와 대등하게 맞섰다.

40만 명의 대군을 거느리고 동서로 1만 리의 광활한 영토를 지배하던 막강한 유목 제국인 돌궐은 630년 당나라 10만 군사의 공격을 받아 멸망당하고 52년 동안 당나라에 복속되었다. 서돌궐도 657년에 당나라 군대에 의해 멸망당했다. 당나라 이전의 한나라는 흉노를 완전히 지배하지 못하고 둘로 분열시키는데 그쳤고, 당나라 이후 송나라와 명나라가 북방 유목민족들의 침입에 시달리다 결국 몽골족과 만주족에게 멸망당하고 말았다는 점을 비교해볼 필요가 있다.

또한 당나라는 1세기가 넘게 중앙아시아에 강력한 영향력을 행사했다. 오늘날의 아프가니스탄과 파키스탄 및 아랄해까지 진격하여 거대한 지배권을 확보했다. 만약 751년 당나라가 중앙아시아의 지배권을 놓고 아바스 왕조와 벌인 탈라스전투에서 승리했다면, 아마 중앙아시아 전부와 어쩌면 그 너머 동유럽에까지 당나라의 영향력이 확대되었을지도 모른다.

고구려도 결국 당나라에 망했고, 백제 역시 신라와 당나라의 연합군에 망했다. 왜국(일본) 또한 온 국력을 기울여 당나라 군대에 맞서 싸운 663년 백촌강전투에서 참패를 겪었다. 당나라는 오늘날의 베트남 지역까지 무력으로 지배했던 거대 제국이다.

이런 막강한 당나라 군대에 맞서 결국 승리를 거둔 통일 신라의 군사력은 긍정적으로 평가할 필요가 있다.☆

TMI ☆ 일본에는 당나라 현종을 유혹하여 당나라의 정치를 어지럽히고 안록산의 난이 일어나게 만든 '미녀 양귀비'가 사실은 일본에서 당나라로 숨어든 여신이라는 전설이 있다. 일본 나고야에 위치한 야츠다신궁의 《선전습유仙傳拾遺》라는 문헌에 보면, 당나라 현종이 일본을 침략하려는 계획을 내천신이 미리 알고 양귀비로 변신하여 현종을 혼군으로 만들고, 이로 인해 안록산의 난이 일어나 당나라가 쇠약해졌다는 것이다. 당시 일본인들이 당나라를 얼마나 의식하고 있었는지 알려주는 전설이다.

거란전쟁

중원을 공포에 떨게 한 자들의 참패
(993~1019년)

──────── 요약

거란전쟁은 993년에서 1019년까지 26년 동안 거란의 세 차
례 침입에 맞서 싸운 고려인들의 투쟁을 가리키는 말이다.
거란은 송나라와 손잡고 자신들의 후방을 위협할 가능성이
있는 고려를 제압하고자 했다. 또한 고려를 정복함으로써
많은 인력과 물자를 확보하고 이를 바탕으로 송나라와의 대
결을 승리로 이끌고자 했다. 그러나 고려의 결사적인 항전
으로 인해 거란은 전쟁에서 참패하고, 이후 한반도와 중원
양쪽을 모두 포기한 채로 정체하다가 끝내 여진족의 반란에
무너지고 만다. 전쟁에서 승리한 고려는 국제적으로 높은
위상을 획득하며, 이를 바탕으로 1세기 동안 평화와 번영을
누린다.

──────── 키워드

#요성종_야율융서 #소배압 #소손녕 #서희 #강동6주 #천추태후 #강조
#양규 #강감찬 #귀주대첩 #백정 #초조대장경

한민족의 오랜 숙적, 거란족

거란족은 중국 내몽골 동부 지역에서 소와 말을 키우며 살아가던 유목민이었다. 중국 서부 돈황에서 발견된 문서에 의하면 거란족은 선비족의 후손인 토욕혼吐谷渾과 언어가 서로 통했다고 한다. 이는 거란족이 선비족의 후손임을 짐작케 한다. 선비족은 몽골 계통의 유목민이니, 거란족은 몽골인들의 조상인 셈이다.

거란족이 처음 역사에 등장한 시기는 4세기 무렵이다. 《삼국사기》에는 378년 9월 고구려 소수림왕 시기 거란족의 침략에 대한 내용이 서술되어 있다. 14년 후에 광개토대왕은 거란족을 공격하고 납치됐던 백성 1만 명을 구출했다.

거란족은 이후 중국 왕조들과 손잡고 고구려에 맞서는 길을 택했다. 당나라가 고구려를 공격했을 때 거란족은 당나라를 거들었다. 654년, 거란족 추장 이굴가는 당나라를 도와 신성에서 고구려와 싸워 이기고 장군 벼슬을 받았다.

그래서인지 고구려 유민들이 세운 발해와 거란족의 관계는 매우 나빴다. 심지어 926년 거란은 발해를 대규모 침공하고 수도 상경 용천부를 함락시키고, 마지막 왕 대인선을 생포하여 발해를 멸망시켰다. 이 과정에서 많은 발해 유민들이 거란에 끌려가거나 남쪽의 고려로 피신하게 되는데, 고려 태조 왕건은 이들을 '한 가족'으

매 사냥을 하는 거란족 귀족들. 이들은 여진족으로부터 공물로 받은 해동청이라는 매를 이용했다.

로 여기고 받아들였다. 그뿐 아니라 유언 〈훈요 10조〉에서 "거란은 짐승의 나라이니 그 풍속을 본받지 말라"고 적었다. 고려는 건국 시기부터 고구려, 발해와는 동질(동족) 의식을, 거란에게는 적개심을 가졌던 것이다. 그리고 993년부터 1019년까지, 고려와 거란의 대규모 충돌이 이어진다.☆

TMI ☆ 　발해는 외교 문서에서 부여와 고구려의 정통성을 잇는 나라라고 스스로 언급하였다. 고려의 경우, 그 이름 자체가 고구려의 줄임말이다(고구려도 5세기 무렵 자신들을 고려라고 부른 적이 있다). 고려 시조 왕건을 한때 장군으로 거느렸던 신라 말

거란족의 기마 부대

700년이 넘게 동북아에서 활동했던 거란족은 비록 칭기즈칸 시대의 몽골족 만큼은 아니지만, 결코 얕잡아 볼 전투력을 지닌 집단이 아니었다. 초원에서 소와 말을 키우며 살아가던 유목민답게 거란족은 뛰어난 기병 전력을 지녔고, 일찍부터 중국 왕조들의 경계 대상이었다. 특히 당나라 시기 추장 이진충은 황장곡전투, 손만영은 동협석전투에서 거란족의 승리를 이끌어냈다.

916년 거란족 질랄 부족의 족장 야율아보기가 거란족을 통일하고 요나라를 건국하면서, 이들은 더 정교한 군사 조직을 갖추게 된다. 요나라의 군사 제도는 15세 이상에서 50세 이하까지 모든 남자들을 의무 군인으로 동원하는 징병제였다. 이는 훗날의 몽골제국 또는 그 이전의 다른 유목민 국가들의 공통적인 특징이다. 요나라 군사들은 한 사람 당 3필의 말과 일꾼 1명을 거느렸다. 군사 개개인은 알아서 철갑 9벌, 말에 필요한 장비들(재갈, 말갑옷 등), 활 4장, 화살 400개, 긴 창과 짧은 창, 골타(철퇴), 부월(도끼), 작은 깃발, 추추(쇠망치), 화도석(부싯돌), 말린 양식 1말, 햇빛 가리개 1개 등의 군수 장비를 마련해야 했다.

기 승려이자 군벌 궁예는 자신의 나라 이름을 후고구려라고 하였다. 원나라 황제 쿠빌라이칸은 고려 임금 원종이 태자 시절 "고려는 당나라 태종이 직접 원정을 했어도 굴복시키지 못한 나라인데, 이제 그 나라의 태자가 나를 찾아왔으니 하늘의 뜻이다"라고 말했다. 쿠빌라이칸은 고려가 당나라와 싸웠던 고구려의 후계 국가라고 보았던 것이다.

거란족 부대는 크게 넷으로 나눌 수 있다. 첫 번째는 타초곡기打草穀騎다. 거란족은 군사들이 스스로 주변 지역을 노략질하여 군량과 말에게 먹일 풀을 마련하게 했는데, 이를 타초곡이라고 한다. 타초곡을 전담하는 기병 부대가 타초곡기다. 이들은 원정 지역의 노인과 어린이들을 붙잡아 그들에게 성 둘레를 매우거나 성을 공격하도록 강요했다.✩

두 번째는 피실군皮室軍이다. 피실은 거란족의 언어로 금강, 즉 다이아몬드를 말한다. 이들은 정예부대로, 응군, 용군, 봉군, 호군으로 구성되었다. 야율아보기가 창설한 기병 부대로 처음에는 3만 기였는데 이후 30만 기까지 늘어난다. 이들은 요나라의 수도 5곳과 변방 지역에 주둔했으며, 요나라 군사력의 핵심이었다.

세 번째는 철요군鐵鷂軍이다. 철요자鐵鷂子라고도 불렀다. 이들은 모두 3,000명이었는데, 10개 부대로 나뉜다. 칼로 찌르거나 찍어도 칼날이 갑옷에 들어가지 않을 정도로 사람과 말이 모두 중무장을 하고, 사람을 말 위에 끈으로 단단히 묶어서 전투 중 사망해도 땅에 떨어지지 않는 부대였다. 때에 따라 말에서 내려와 걸어 다니면서 싸우기도 했다. 기병 부대가 진격할 때 장애물이 있을 경우, 철요군이 보병 역할을 하여 장애물을 제거했다.

TMI ✩   거란족의 말은 작아서 평원보다 숲에 더 적합했다고 한다. 평원에서의 전투를 위해, 거란족은 북쪽의 해족을 점령하고 그들을 용병으로 사용했다. 그와 함께 근육과 뼈가 더 큰 해족의 말도 사용했다.

마지막으로 원탐난자군遠探攔子軍이 있었다. 특별히 용감한 병사들 100명을 모아서 편성한 부대로 선봉 부대보다 20여 리 더 앞서 나가서 적진을 관찰하는 정찰 부대다. 원탐난자군은 밤에 행군을 할때 5리 또는 10리 간격으로 말에서 내려 적군이 내는 소리를 살펴야 했고, 만약 적군의 소리가 들릴 경우 공격하여 생포할 의무가 있었다. 적군의 수가 많아 싸울 수 없으면 선봉 부대에 이 사실을 보고하는 역할을 했다.

요나라 군사들은 적과 싸울 때 매복전을 벌여 포위하거나 보급을 차단하는 전술을 주로 썼다. 방어가 잘 이뤄지는 지역을 공격할 때는 먼저 성을 포위하고 화살을 쏘고 큰 소리로 북을 치고 군사들이 함성을 지르면서 공격을 하는 시늉만 했다가, 거짓 공격에 적군 성안 방어에 집중할 때 빠르게 군대를 여러 개로 나눠서 주변 지역을 약탈하고 적의 요새들이 서로 연락하는 길을 막아 고립시키는 전술을 구사했다.

고려 초기의 북진 정책

고려는 초기부터 북진 정책을 추진했다. 고려는 국호에서부터 고구려를 본떴고, 개국자 태조 왕건은 고구려의 영토를 되찾는 북진 정책을 천명했다. 이는 거란의 남진 정책과 정면으로 충돌했다.

고려의 역사를 기록한 《고려사高麗史》에 의하면 왕건은 934년 1월, 현재의 평양인 서경西京에 행차하여 북방의 요새를 둘러보았다. 이후 거란에게 멸망한 발해 유민을 받아들이면서 왕건은 영청현(희천)과 용강(남포)에 성을 쌓고, 〈훈요 10조〉에서 모든 고려 왕들이 서경을 방문하라는 말을 남겼다.☆ 고려의 4대 임금 광종은 안삭진(의주)과 위화진(운산)에 성을 쌓았다. 6대 임금 성종은 압록강에 성을 쌓도록 했고, 991년에는 압록강 바깥에 거주하는 여진족을 백두산 너머로 쫓아내는 등 북진 정책을 지속했다. 거란과의 정면 충돌이 다가오고 있었다.

외교술로 거란의 1차 침입을 끝낸 서희

거란은 세 차례에 걸쳐 고려를 침략했지만, 끝내 고려를 굴복시키는 것에는 실패했다. 결론부터 말하면, 2차와 3차 침입은 고려군에 의해 격퇴되었고, 1차 침입은 고려의 외교대신 서희와의 담판 이후 철수했다.

993년 10월에 일어난 거란의 1차 침입을 지휘한 장군은 소손녕이었다. 그는 자신이 거느린 병력이 80만 명이라고 주장했지만, 실제로는 아마 10분의 1 수준이었을 것이다. 인구가 적은 유목민인 거란족이 그렇게 많은 병력을 동원한다는 것은 불가능한 일이다.

TMI ☆ 왕건은 망명한 발해 세자 대광현에게 자신의 왕씨 성을 나눠주면서 그를 고려 왕실의 족보에 편입했으며, 발해인들에게 벼슬과 집과 땅을 하사했다.

1차 거란 침략군은 평남 안주의 안융진을 공격하다가 중랑장 대도수大道秀와 낭장 유방庾方이 지휘하는 고려군에게 패배한다. 이때의 타격이 컸던지, 소손녕은 그 후 고려 조정에게 줄곧 전쟁을 중단하고 싶다면 협상할 것을 요구했다. 고려의 대표로 소손녕을 찾아가 협상을 벌인 사람이 바로 서희徐熙다. 서희는 송나라가 아닌 거란과 외교 관계를 맺을 것을 요구하는 소손녕에게 여진족이 고려와 거란 사이를 가로막고 있으니, 그들을 몰아내면 거란과 손을 잡겠다고 답했다. 이 말이 마음에 들었는지, 소손녕은 서희를 위해 7일 동안 잔치를 열어주고 100마리의 말과 1,000마리의 양과 500필의 비단을 선물로 주었다. 소손녕은 군사를 철수시켰고, 이에 더하여 고려가 여진족들이 차지하고 있던 지금의 평안북도 서북쪽 '강동 6주'를 영토로 삼는 것을 인정하였다. 거란의 목표가 당시 송나라와의 대결을 위한 후방 안정에 주로 있었기 때문에, 고려가 영토를 넓히는 것을 인정하고 더 싸우지 않으며 앞으로 외교 관계를 맺는 방향으로 상황이 정리된 것이다.

하마터면 나라가 망할 뻔 했던 거란군의 2차 침입

1010년에 벌어진 거란의 2차 침입은 1차와는 매우 달랐다. 거란군에 의해 고려 수도 개경이 함락되고, 국왕 현종이 멀리 남쪽으로 피신을 가는 등 고려는 하마터면 나라가 망할 위기를 겪었다.

2차 침입에서 상황이 악화된 것은 통주 전투에서 강조가 지휘하던 고려군 30만 명이 거란군에 의해 궤멸당했기 때문이다. 당시 강조는 수레에 긴 창과 방패를 장착한 무기인 검차劍車를 내세워 거란군 기병의 돌격을 막아냈다. 하지만 초전 승리에 강조가 방심한 사이, 거란군은 최정예 부대인 피실군을 보내 고려군을 포위하고 압박하여 무너뜨렸다. 강조는 사로잡혀 죽임을 당했고, 사령관이 죽은 고려군은 거란군에게 완전히 제압됐다. 문제는 이들이 고려의 주력군이었다는 점이다. 이들이 참패하자 현종은 개경을 버리고 한강을 건너 남쪽으로 피난을 떠나야 했다. 현종 피신 직후, 1011년 1월에 거란군이 개경에 들어와 궁궐과 주요 건물들을 모두 불태웠다.

하지만 그 이후부터 고려의 반격이 시작되었다. 2차 침입 당시, 거란은 신속히 현종을 사로잡고자 고려 북쪽의 성들을 대부분 내버려 두고 개경으로 진격했는데, 그 덕에 고려 북쪽에서는 상황을 반전시킬 고려군 병력을 준비할 수 있었다. 현종은 거란의 기세를 늦추기 위해 하공진을 사신으로 보내 거란과 협상을 시도했다. 하공진은 경기도 양주 창화현에 머무르던 거란군을 찾아가서 "현종은 수만리 바깥의 강남으로 피신을 가서 그 행방을 모른다"라고 거짓으로 둘러댔고, 거란군은 일단 창화현에서 철수했다.

이 상황에서 북쪽에서 별동대를 준비한 양규가 거란군을 습격하여 무려 1만 500명의 거란군을 죽이고, 포로로 끌려가던 3만 명의 고려인들을 구출해 냈다. 그러다가 애전에서 요나라의 요성종이 이끄는 거란군 주력 부대와 만나, 화살이 다 떨어질 때까지 치열

요나라 황실의 의례용 황금 가면과 그 의례를 현대에 와서 재현한 부조. 전성기의 요나라는 송나라를 위협하여 공물을 받아내고, 북방 여러 유목민족들을 지배했던 강대국이었다.

하게 싸우다 전사하였다(1011년 3월 5일). 당시 거란군 주력 부대도 큰 피해를 입어 압록강을 도하하면서 모든 무기와 장비를 버릴 정도였다고 한다. 그의 죽음은 결코 헛되지 않아서, 고려군은 이때의 경험과 용기를 되살려 8년 후인 1019년의 귀주 대첩에서 거란군을 완벽하게 제압하는데 성공했다.

거란의 10만 대군을 제압한 귀주대첩

1010년의 침입에서 별다른 성과를 거두지 못한 요나라는 1018년, 10만 명의 대군을 일으켜 세 번째로 고려를 침공한다. 이때의 지휘관은 소배압으로 송나라와의 전쟁에서 공을 세운 명장이었다. 소

낙성대에 위치한 강감찬 동상. 귀주대첩을 지휘해서 무관이라 착각하기 쉽지만(당시 71세), 거란 3차 침입 시기를 제외하면 문관으로만 재직했다.

배압은 2차 침입 때처럼 신속히 개경으로 진격하여 현종을 사로잡아 고려를 굴복시키려는 전략을 구사했다. 그래서 소배압이 이끄는 요나라 군대는 주변의 성들을 대부분 무시하고 곧바로 개경으로 쳐들어왔다.

하지만 이번에는 고려군의 준비가 2차 침입 때와 달랐다. 고려는 강감찬과 김종현 등이 20만 명의 대군을 준비하고 있었으며, 수도 개경을 삼엄하게 방비했고, 현종 역시 달아나지 않고 개경에 남아 백성들과 함께 맞서 나라를 지키겠다는 결연한 의지를 보였다.

이렇게 되자 요나라 군대는 불리해졌다. 후방의 고려군 병력은 대부분 남아 있는 상태에서 요나라 군대가 계속 고려 영토의 깊숙한 곳에 머물면 포위되어 전멸당할 가능성이 컸다. 보급이 차단될 위험도 있었다.

개경 공격이 빠르게 승리로 이어지지 못하자 소배압은 철수를 결정하고 군사를 북쪽으로 돌렸다. 그러다가 1019년 2월 1일, 귀주龜州에서 강감찬이 지휘하는 고려군과 만나 대회전을 벌이게 된다. 이것이 유명한 귀주 대첩이다. 이때 고려군의 수는 10만 명의 요나라 군대보다 더 많았다. 요나라 군대는 정예병으로 구성되어 있어서 전투는 만만치 않은 상황이었다. 하지만 전투가 한창 계속되고 있을 무렵, 갑자기 요군의 배후에 나타난 김종현이 이끄는 1만 명의 고려군 별동대가 요군을 공격하면서 전세는 순식간에 역전되었다. 《고려사절요》에는 다음과 같이 기록되어 있다.

"2월 기축 초하루. 거란의 병사들이 구주龜州를 지나가자 강감찬 등이 동쪽 교외에서 격전을 벌였으나 양쪽 진영이 서로 대치하여 승패가 나지 않았다. 이때 김종현이 병사들을 이끌고 도달하였는데, 홀연히 비바람이 남쪽으로부터 불어와 깃발들이 북쪽을 향해 휘날렸다. 아군이 그 기세를 타고 분발하여 공격하니, 용맹한 기운이 배가 되었다. 거란군이 북쪽으로 달아나자 아군이 그 뒤를 쫓아가서 공격하였는데, 석천을 건너 반령에 이르기까지 쓰러진 시체가 들을 가득 채우고, 노획한 포로·말·낙타·갑옷·투구·병장기는 이루 다 셀 수가 없었으며, 살아서 돌아간 적군은 겨우 수천 인에 불과하였다. 거란의 병사들이 패배한 것이 이때처럼 심한 적이

귀주대첩을 상상해 그린 담채화.

없었다. 거란의 군주가 그 소식을 듣고 크게 노하여 사자를 보내어 소손녕을 책망하며 말하기를, '네가 적을 가볍게 보고 깊이 들어감으로써 이 지경에 이르게 되었으니, 무슨 면목으로 나를 볼 것인가? 짐이 마땅히 너의 낯가죽을 벗겨낸 이후에 죽일 것'이라고 하였다." 포위당한 요나라 군대는 궤멸되었다. 요나라 본국으로 돌아간 군인의 수가 수천 명이었다는 구절을 보면 90% 이상이 사망했다고 보여진다.

　3차 침입 실패 후 요나라는 고려와 평화 조약을 맺고 더 이상 전쟁을 일으키지 않는다. 승리한 고려는 국제적 높은 위상을 획득하고 송나라로부터도 더 높은 대우를 받게 된다. 이후 약 1세기 동안 고려는 평화와 번영의 황금시대를 맞는다.☆

토막 상식

고려의 군사 편제

고려의 군사 편제는 크게 중앙군, 지방군, 특수군으로 나누어진다.

우선 중앙군은 2군과 6위로 구성됐다. 2군은 응양군과 용호군으로 국왕을 지키는 친위대다. 6위는 좌우위, 신호위, 흥위위, 금오위, 천우위, 감문위로 수도 개경 방어와 치안, 왕실의 의장, 궁궐 방어를 수행했다.

지방군은 주현군과 주진군으로 구성됐다. 주현군은 치안과 경찰 업무를 수행하거나 건물과 성벽 등의 건설에 동원됐다. 주진군은 국경 지역 수비를 맡았다.

TMI ☆ 2018년 개봉한 영화 〈신과 함께2: 인과 연〉(하정우, 주지훈, 김향기 주연)의 과거 부분 이야기가 바로 고려와 거란의 국경 지대에서의 싸움을 배경으로 하고 있다 (특정한 역사적 사건이 나오지는 않는다). 2009년 KBS 드라마 〈천추태후〉에서는 거란의 1~3차 침입을 모두 다뤘는데(채시라가 천추태후, 임혁이 서희, 최재성이 강조, 이덕화가 강감찬 역할을 맡았다). 마지막 회가 귀주대첩 내용이다.

특수군은 광군, 연호군이 있었고, 이후 별무반, 삼별초가 창설된다. 광군은 고려의 광종이 요나라를 막기 위해 편성한 군대로,《고려사》에는 30만 명이라고 언급되어 있으나 실제로는 그에 이르지 못했을 것으로 추정된다. 연호군은 농민과 노비들로 구성된 부대로 오늘날의 향토예비군처럼 평소에는 노동하다가 전쟁이 나면 군인이 되어 자신이 사는 지역의 방어 임무를 맡았던 부대로 추정된다. 거란족과의 전쟁 이후에 창설된 부대들의 경우, 별무반은 숙종때 여진족 정벌을 위해 만들었고, 삼별초는 몽골에 맞서 전쟁을 벌일 때 최씨 무신 정권 호위 부대로 만들었다.

거란에 187년 동안 저항한 발해 유민들

앞서 거란족이 926년 발해를 기습 공격해 멸망시켰다고 언급했다. 그러나 발해가 한 번의 공격으로 완전히 없어진 것은 아니었다. 929년부터 1116년까지 187년 동안이나 거란에 맞서서 끈질기게 저항을 하고, 그 과정에서 4개의 나라를 세울 만큼 유민들의 독립 의지도 강했다.

가장 처음 등장한 발해 부흥 세력은 발해의 왕족인 대씨大氏들이 주축이 되어 만든 후발해국後渤海國이었다. 929년 지금의 압록강 지역을 근거지로 하여 세워졌다. 후발해국은 936년까지 중국 후당에 사신을 보냈는데, 이때 후발해국의 사신들은 자신을 가리켜 발해국 사신이라고 말했다. 970년 후발해국은 나라의 이름을 정안국定

'발해인 셋이면 호랑이를 잡는다'는 말이 있을 정도로, 고구려 계승을 표방한 발해인의 투쟁성은 널리 인정 받아왔다.

安國으로 바꾸고 왕족의 성씨도 열씨烈氏로 바꾸었다. 정안국은 송나라와 손을 잡고 거란을 공격하려 했지만, 985년 거란이 대군을 보내 정안국을 공격하여 멸망시켰다. 10만 명의 포로가 발생했다고 한다.✿

두 번째로 발해를 계승한 나라는 오사국烏舍國이다. 이 나라는 거란에 대항해 반란을 일으킨 발해 유민들이 지금의 러시아 연해주

TMI　✿　그런데 981년 송나라에 사신을 보낸 때 정안국은 국왕 이름이 오현명이며 왕족의 성이 오씨라고 했다. 아마 정안국 내부에서 왕위를 두고 대씨와 열씨와 오씨 가문이 다툰 듯하다.

하바로프스크인 오사성烏舍城에 세웠다. 오사국에 대한 자료는 굉장히 적어서 그 실태를 제대로 파악하기는 어렵다. 다만 1004년 여진족들이 오사국의 왕인 오소경烏昭慶과 그 가족들을 붙잡아 거란에 넘겨주었다거나 1012년 철리국鐵利國이 오사국 백성 100명을 포로로 잡아서 거란으로 보냈다는 단편적인 내용들은 있다. 오사국은 1114년 여진족이 세운 금나라에 의해 멸망했다.

발해를 계승한 세 번째 나라는 1029년에 등장한 흥요국興遼國이다. 이 나라는 발해 시조 대조영의 7대손 대연림大延琳이 세웠다. 대연림은 거란의 가혹한 착취에 불만을 품은 발해 유민들을 모아서 반란을 일으켰고, 거란족이 세운 요나라가 동쪽 수도로 정한 요양을 점령하여 나라를 세웠다. 대연림은 천경天慶이라는 독자적인 연호를 쓰면서, 문무백관을 뽑아 본격적인 나라의 모습을 갖추고, 고려에 사신을 보내 도와달라고 요청하였다. 고려에서는 찬반 논쟁 끝에 군대를 보내 흥요국을 도우려 하였으나, 파병 도중에 요나라 군대와 싸워 패배했다. 흥요국은 개국 1년 만인 1030년 요나라 군대의 공격을 받고 멸망했다. 이때 많은 발해 유민들이 요나라를 피해 고려로 도망쳐왔다.

마지막 발해 계승 국가는 1116년에 등장한 대발해국大渤海國이다. 이 나라는 발해 유민 고영창高永昌이 세웠다. 고영창은 요나라 군대에서 벼슬을 하고 있었는데, 여진족의 반란으로 쇠약해져가던 요나라를 보고 발해를 부흥시킬 때라고 여겨 8,000명의 군사들을 모아서 자신을 황제라 칭하고 동경을 다스리던 요나라 관리 소보선을 죽이고 대발해국을 세웠다. 대발해국의 기세는 열흘 만에 요동 50개 주를 점령하고 요나라 왕족 야율여도가 항복할 만큼 강성했다. 하지만 고영창이 황제 칭호를 고집한 것 때문에 금나라와 적대 관계가 되었고, 끝내 고영창이 금나라 군대에게 죽임을 당하면서 5개월 만에 무너진다.

거란족 난민의 마지막 침공과 백정의 기원

귀주 대첩으로부터 197년 후인 1216년 8월, 고려는 마지막으로 거란족과의 전쟁에 휘말린다. 그런데 침입자는 정규군이 아닌 난민들이었다. 요나라는 1125년 금나라에 멸망당했고, 이후 거란족은 금나라의 지배를 받으며 살아가던 상황이었다. 1211년 칭기즈칸의 몽골제국이 금나라를 공격하자, 거란족은 자신들의 나라를 다시 세울 기회라고 여기고 동쪽으로 도망쳐 압록강을 건너 고려 땅으로 들어왔다.

　당시 거란족 난민들은 결코 선량하지 않았다. 이들은 고려의 국경을 불법으로 넘어와서는 백성들을 죽이고 재물과 곡식과 가축들을 빼앗아 마구 먹어치우다가 먹을 것이 없어지면 다른 곳으로 옮겨가 그곳에서도 분탕질을 저지르는 강도떼였다. 당시 고려로 들어온 거란족 난민들의 수는 약 9만 명으로 추정되는데, 전투원 남자들만 온 것이 아니라 온 가족이 함께 왔다. 거란족 난민들의 고려 침입은 규모는 작았지만, 형식에 있어서는 로마를 멸망시켰다

거란족을 묘사한 그림.

고 알려진 게르만족의 대이동과 유사했다. 기마민족인 거란의 전투력은 난민이었음에도 만만치 않았다.

　고려의 실권자 최충헌은 개경에 사는 사람들 중 군인으로 삼을 만한 사람은 모두 군대에 소속시키고, 심지어 승려들까지 징발하여 군사로 삼았다. 나름대로 최선을 다해 대응을 했음에도, 고려는 거란족 난민들을 완전히 제압하지 못했다. 거란족이 일사불란하게 통제되는 상황이 아니라, 여러 무리로 나뉘어 곳곳에서 노략을 저지르는 상황이어서 어려움이 더 컸다.

　결국 1218년 12월, 몽골의 군사 1만 명이 개입한다. 고려를 도와 거란족을 토벌한다는 명분을 내걸고 고려 땅에 들어와 고려군과 합동으로 작전을 벌인 끝에 거란족 5만 명을 항복시킨다. 대부분의 거란족은 몽골로 끌려갔고 700명의 거란족은 고려에 남아 각 지역으로 보내졌다. 거란 토벌을 맡은 고려군 사령관 조충은 그들에게 땅을 나눠주고 농사를 지어 고려 백성이 되도록 하였다. 그러나 유목 생활에 익숙했던 거란족들은 정착하여 농사를 짓는 일에 거부감을 드러내는 등 어려움을 겪었다고 한다.

이들의 후손이 이후 백정白丁이 되었다는 주장도 있다. 〈세조실록〉에는 조선 시대의 백정들이 화척이나 재인, 달달이라고 불렸는데, 본래 조선인이 아니며本非我類, 조선 땅에 살게 된 지가 500년 가까이 되었지만 조선인과 섞여 살지 않고 자기들끼리만 따로 모여서 산다고 기록했다.

'달달'은 거란족과 여진족과 몽골족 같은 북방 유목민족을 뜻하는 단어인 '타타르Tatar'의 한자 음역이다. 따라서 고려로 넘어와 살던 거란족과 여진족 같은 유목민족이 바로 백정의 기원이라고 볼 수도 있다. 백정들은 한 곳에 정착하여 농사를 짓지 않고 이곳저곳으로 떠돌아다니면서 항상 모여서 도적질을 하고 소와 말을 도살했다고 한다. 이는 영락없이 정착 생활을 거부하고 유랑 생활을 즐기면서 가축을 도살해 먹고살던 유목민의 삶이다.

백정들은 말을 잘 타고 활을 잘 쏘면서 사납고 용맹스러우며, 조선 각 지역에서 강도와 살인 같은 흉악 범죄를 저지른 자들의 절반이었으며, 무리를 지어 도적이 되어 살인과 약탈을 일삼았다는 기

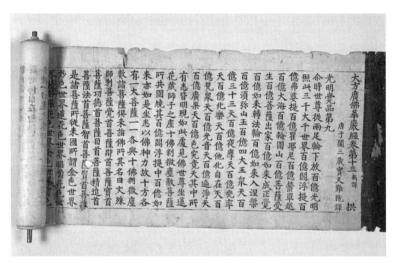

목판 인쇄한 초조대장경의 일부(초조본 대방광불화엄경 주본 권13). 국보 제256호로 지정됐다.

록이 〈조선왕조실록〉에 전한다.

초조대장경

요나라의 2차 침입이 있던 1011년, 고려 현종은 불교 경전 초조대장경初雕大藏經을 만들도록 명령하였다. 초조대장경은 부처의 가르침을 담은 내용들을 나무 판에 새긴 것으로, 훗날 몽골군이 침입했을 당시의 팔만대장경과 비슷한 것이라고 보면 된다. 부처의 힘을 빌려 거란족의 침입을 물리치려는 간절한 염원을 담은 것이었다.

그 분량은 정확히 알려지지 않았으나, 1087년에야 완성되었다는 점으로 볼 때 굉장히 방대한 분량이었을 것으로 추정된다. 아쉽게도 초조대장경은 1232년 고려에 쳐들어온 몽골군이 불로 태워버렸고, 일부 남은 것들은 국내외에 흩어져 있는 상황이다.

여진전쟁

실패했으나 결코 헛되지 않았던

(1104~1109년)

─────── 요약

지금의 중국 동북 3성과 러시아 연해주 및 한국의 함경도 지역에 널리 퍼져 살았던 여진족은 고구려와 발해 시절에 말갈족이라 불리며 복속되어 살았고, 발해가 거란족의 요나라에게 망하자 요나라와 고려 사이에 끼어 살았다. 그러다가 1085년 완안영가가 동부 여진족의 지도자가 되면서 점차 세력이 강성해져 1104년 2월 고려를 공격한다. 이때 고려군은 보병으로 싸웠고 여진족은 기병으로 싸웠으며 고려가 패배하였다. 고려 숙종은 여진족에게 복수하기 위해 특수부대인 별무반을 만들었고, 그의 아들인 예종은 1107년 여진 정벌을 위한 17만 대군을 일으켰다. 초반에 고려는 여진족을 손쉽게 물리쳤으나, 곧바로 전열을 가다듬은 여진족들이 맹렬히 반격해오자 이를 막느라 점차 국력을 소모하였다. 결국 전쟁 피로가 쌓인 고려 조정에서는 여진족들의 요구대로 '동북 9성'을 모두 돌려주고 말았다.

─────── 키워드

#숙종 #예종 #윤관 #척준경 #완안아골타 #동북9성 #별무반 #금나라
#화전양면 #요불

사납고 용맹했던 여진족 기병과 고려의 전쟁 준비

《고려사절요高麗史節要》에는 윤관이 "우리는 모두 보병이고 저들은 모두 기병이어서 패배했다"라고 주장했다고 실려 있다(1104년 전투 이야기다). 중국 북송 시대 역사서 《신오대사新五代史》를 보면, '거란 동북쪽의 말겁자는 다발 머리를 앞부분에만 하고, 삼베를 잘라 옷을 만들어 입었고, 안장을 하지 않고 말을 탔다. 큰 활과 긴 화살을 사용해 사냥을 잘했고, 우연히 사람을 만나면 번번이 죽이고 그들의 고기를 날로 먹어, 모두 그들을 두려워하였다. 거란 기병 다섯 명이 한 명의 말겁자를 만나면 모두 흩어져 도망갔다'라는 내용이 나온다. 말겁자는 대략 만주 북부의 흑룡강 주변에서 살았던 '흑수말갈족'으로 추정된다. 한족과 거란족들은 생여진이라고 불렀고, 고려인들은 그냥 여진족이라고만 불렀다.

《삼국지》위지 동이전에 의하면, 말갈족의 먼 조상인 읍루족들은 흑요석으로 화살촉을 만들고 거기에 독을 묻혀서 쏘아 사람과 동물을 단번에 죽게 했다는데, 이로 보아 아마 흑수말갈족이나 여진족도 독화살을 사용하지 않았나 싶다. 다만 글자가 없다는 것으로 보아서 흑수말갈족은 문화가 그리 발달하지 못한 부족 연맹의 단계에 머물렀던 듯하다.

여하튼 여진족 기병에 대항하기 위해 고려 조정도 기병을 양성했다. 우선 별무반別武班이라는 새로운 군대를 만들어서, 문관과 무관과 산관(예비역 혹은 전직 관리)과 이서(서리) 및 장사하는 사람과 심지어 종까지, 말을 가진 사람이라면 모두 별무반에 소속된 기병인 신기군神騎軍으로 삼았다.

말이 없는 20세 이상의 남자들은 별무반에 포함된 보병인 신보군이나 조탕躁蕩, 경궁梗弓, 정노精弩, 발화發火 부대에 소속되었다고 한다. 또한 고려는 항마군降魔軍이라는 불교 승려들로 구성된 승병을 여진 전쟁에 투입하였다. 고려는 온 나라의 국력을 기울여 무려 17만 명의 대군을 편성하였고, 이 군대를 북방 여진족과의 전쟁에 투입하였다. 1105년 12월의 일이다.☆

여진족을 제압하다

여진과의 전쟁에서 원수(총사령관)는 윤관, 부원수는 오연총이었다. 그밖에 병마판관 최홍정, 황군상, 김부필 등이 참가했다. 녹사 직위의 척준경도 있었던 것을 기억해둘 필요가 있다.

그런데 고려군은 여진족과 본격적인 전쟁을 벌이기에 앞서, 여

 ☆ 경궁은 활, 정노는 쇠뇌를 다뤘다. 조탕은 정확히 알 수 없는데, 한자로 미루어볼 때 '빠르게 쓸어 없애 흩어지도록' 하는 추격조 역할을 했을 듯하다. 발화는 불을 지른다는 것인데, 당시에는 화약이 발명되기 전이었기 때문에 몰래 불을 지르는 습격조 역할을 하는 부대였던 것 같다.

여진족 군대를 묘사한 그림. 병사와 말이 모두 갑옷을 입었다.

진족의 각 추장들에게 사람을 보내 "너희와 사이가 나빴던 부족장인 허정과 나불을 고려가 다시 돌려보내려고 한다"고 거짓으로 알리며 잔치에 초대했다. 이 말을 믿고 고라 등 400여 명의 추장들이 잔치에 참석했는데, 이들이 술에 취해 비틀거리는 동안 고려군은 미리 숨겨놓은 병사들을 풀어서 기습해 모두 죽였다. 고려군의 말을 의심하고 잔치에 참석하지 않았던 60명의 추장들도 척준경과 최홍정이 이끄는 기병과 복병에 의해 대부분 죽임을 당하거나 사로잡혔다. 지금 기준으로는 비겁하다고 말할 수도 있지만, 그 시절에는 흔하디 흔한 일이었다(항우가 유방을 죽이려고 했던 '홍문의 연' 같은 사건은 비일비재했다).

여하튼 여진족의 추장들 대부분을 제거하면서 고려군은 전쟁 초창기에 매우 신속하게 여진족을 제압할 수 있었다. 5만 3,000명의 군사들을 이끌고 정주 대화문大和門으로 윤관이 진출하자 여진족들은 고려군을 보고 모두 달아나 버렸고, 그들이 버리고 간 가축들이 들판에 가득했다고《고려사절요》는 전한다.

그러다 윤관은 여진족 요새 석성石城에 도착했는데, 공격을 하려고 해도 여진족들이 쏘고 던지는 화살과 돌이 빗발치듯 쏟아져 도저히 성을 공격할 엄두가 나지 않았다. 이때, 윤관 휘하에 있던 장교인 척준경이 갑옷을 입고 방패를 든 채로 석성 안으로 달려가 4명의 여진족 추장들을 죽였다. 이 모습을 보고 고려군도 사기가 올라가 목숨을 걸고 석성을 공격하여 마침내 함락시켰다.

이 밖에도 이위동을 공격한 부필과 이준양은 여진족과 싸워 이기고 1,200명을 죽였다. 고려군 중군은 35개의 마을을 점령하여 380명의 목을 베고 230명을 사로잡았으며, 고려군 우군은 32개의 마을을 점령하여 290명의 목을 베고 300명을 사로잡았으며, 고려군 좌군은 31개의 마을들을 점령하여 950명의 목을 베었다. 한편 윤관은 37개의 마을에서 2,120명의 목을 베고 500명을 사로잡았다.

윤관은 지금의 함경남도 부근 몽라골령蒙羅骨嶺 아래에 성을 쌓아 영주英州라 불렀고, 화관산火串山 아래에 성을 쌓아 웅주雄州라 불렀고, 오림금촌吳林金村에 성을 쌓아 복주福州라 불렀고, 궁한이촌弓漢伊村에 성을 쌓아 길주吉州라고 불렀다. 고려군이 여진족의 영토에 들어와 성을 쌓자 3,230명의 여진족들이 추가로 고려에 항복하였다.

전쟁에서 등장한 용장 척준경

그러나 1108년 무렵이 되자 전황이 바뀌기 시작한다. 패배의 충격에서 어느 정도 회복된 여진족들은 우야소와 그의 동생인 아골타를 중심으로 뭉쳐, 고려군을 몰아내기 위해 총반격에 나섰다.

1108년 1월 14일, 윤관과 오연총이 8,000명의 정예병을 이끌고 가한촌加漢村 병항甁項의 작은 길로 가던 와중이었다. 여진족은 풀숲에 미리 군사들을 숨겨놓았다가 기습을 감행하였다. 고려군은 여진족들의 예상치 못한 공격에 당황하여 대부분이 죽거나 달아나고 고작 10여 명만이 남는 위태로운 상태에 빠졌다. 부사령관 오연총은 여진족이 쏜 화살에 맞아 부상을 입었다. 여진족은 내친 김에 윤관과 오연총 등 고려군 수뇌부를 아예 끝장내려고 하였다. 그때, 척준경이 10여 명의 용사들을 이끌고 나타나 곧바로 여진족들을 향해 돌격하여 순식간에 10여 명의 여진족을 죽였다.

멀리 산골짜기에서 별도의 군대를 이끌고 있던 최홍정과 이관진 등이 척준경의 모습을 보고는 서둘러 달려와 여진족의 포위망을 뚫고 윤관과 오연총을 구해냈다. 고려의 잇따른 증원군이 도착하

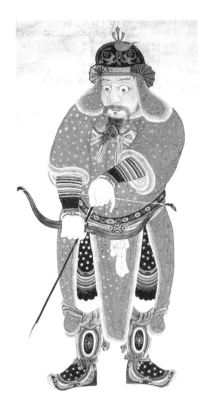

윤관을 상상하여 그린 초상화. 1910년대에 그려졌다.

자, 여진족은 포위를 풀고 달아났는데, 고려군이 쫓아가서 36명을 죽였다.

영주성으로 돌아온 윤관은 목숨을 걸고 뛰어들어 자신을 구해준 척준경의 손을 잡고 눈물을 흘리면서 "지금부터 나는 너를 아들처럼 대할 테니, 너도 나를 아버지처럼 여기라"고 감사를 표했다.

하지만 일단 기세가 오른 여진족들은 계속 고려군을 향한 격렬한 공세에 나섰다. 1월 26일에는 여진족들이 보병과 기병을 합해 2만 명으로 구성된 군대를 이끌고 영주성 남쪽에 쳐들어왔다. 이 모습을 본 척준경은 윤관에게 "우리가 성 안에 계속 틀어박혀 있으면, 군량이 줄어들어 굶어 죽고 말 것입니다. 오늘은 나가서 죽기를 각오하고 힘껏 싸워야 합니다"라고 말하고는 곧바로 결사대를 이끌고 성을 나가 여진족과 싸워 19명을 죽였다. 이에 여진족들은 북쪽으로 달아나 버렸다. 척준경은 북을 치고 피리를 불면서 성 안으로 돌아왔고, 윤관은 척준경의 용맹에 감탄하여 그의 손을 잡고 절을 하였다.

한편 권지승선 왕자지王字之가 공험성에서부터 군사를 이끌고 돌아오는 길에 갑자기 여진족 추장 사현의 군사를 만나 싸우다가 패배하고 타고 있던 말을 잃어버렸다. 이 소식을 접한 척준경은 재빨리 군사들을 이끌고 가서 여진족을 물리치고 왕자지를 구해내고, 여진족들이 타고 다니던 갑옷을 입힌 말(괴자마)을 빼앗아서 돌아왔다.☆

1108년 2월 11일, 이번에는 수만 명의 여진족 군사들이 몰려와 웅주성을 포위하였다. 이에 성을 지키던 최홍정은 성의 문 네 개를

TMI ☆ 괴자마 부대는 3명의 기병들이 서로가 탄 말을 쇠사슬로 묶어서 적에게 돌진하는 방식으로 싸웠는데, 그 연결이 매우 단단하여 웬만한 공격으로는 죽이거나 상처 입힐 수가 없었다. 한 명이 죽더라도 말은 쇠사슬로 연결된 상태이기 때문에, 나머지 병사들은 계속 말을 타고 적과 싸울 수가 있었다.

한꺼번에 열고 나가서 여진족을 향해 돌격하여 그들을 몰아냈다. 공방전에서 고려군은 여진족 80명을 죽이거나 사로잡았고, 여진족들이 성을 공격하는데 사용한 무기인 병거 50개와 중거 200개 및 40마리의 말들과 무기들을 빼앗았다. 공방전 당시 척준경은 밤중에 몰래 밧줄을 타고 성을 내려가서 정주로 달려가 군사들을 거느리고 길주로 향하여 그곳에 있던 여진족 군대와 싸워 물리치고 웅주성으로 돌아왔다. 척준경이 그들 앞에서 자신이 이룬 승리에 대해 말하자, 성 안의 사람들은 모두 감격하여 울었다고 한다.[*]

동북 9성을 설치하다

전투 직후인 1108년 3월부터 고려는 점령한 땅의 지배를 확고히 하기 위해서 의주宜州와 통태通泰, 평융平戎에 3개의 성을 추가로 건설하였다. 영주, 복주, 웅주, 길주, 함주, 공험진에 건설한 6개 성과 이 3개의 성을 합쳐 고려 9성 또는 동북 9성이라고 부른다. 고

TMI [*] 이 시기를 직접 다룬 대중예술 작품은 찾아보기 어렵다. 다만, 이 시기의 주요 인물 중 하나인 척준경으로부터 일종의 검신 모티프를 상상해 적용한 작품들을 찾아볼 수 있다. 2015년 SBS에서 방영한 〈육룡이 나르샤〉는 이성계와 정도전의 조선 건국을 배경으로 만든 퓨전 사극인데, 여기에서 고려를 지키고자 끝까지 저항하는 자객 척사광(한예리 분)이 '고려 최고의 무신이었던 척준경의 후예'로 설정되어 있다. tvN에서 2016년에 방영한 〈도깨비〉의 주인공 김신(공유 분)은 고려 시대의 무장으로 설정되어 있는데, 팬들 사이에서는 척준경으로부터 캐릭터에 대한 아이디어를 얻은 것으로 알려져 있다.

17세기 조선에서 윤관의 9성 개척을 상상하여 그린 그림인 〈척경입비도〉.

려는 남쪽의 본토에서 백성들을 9성으로 데려와 이주시키는 작업을 진행하였다.

  그러나 얼마 안 되어 1108년 4월 8일, 여진족들이 다시 몰려와 웅주성을 포위하였다. 목책까지 세워 포위할 만큼 만반의 준비를 다한 상태였다. 수도인 개경으로 개선한 상태였던 윤관과 오연총은 이 소식을 듣고 웅주로 돌아올 채비를 한다. 그동안 여진족이 웅주성을 포위한지 27일이 지나고, 성 안의 고려군은 모두 지치고 피로하여 언제 무너질지 모르는 위태로운 상태에 처한다. 5월, 오연총이 거느린 1만 명의 고려군이 오음지와 사오라는 고개 아래에 도착했다.

  두 고개 위에 여진족들이 진을 치고 있었으나, 고려군들은 앞을 다투어 올라가서 여진족들을 공격해 191명을 죽였다고 한다. 기세에서 밀린 여진족들은 달아나서 다시 진을 치려고 했지만 승세를 탄 고려군의 공격으로 결국 크게 패배하고 달아난다. 고려군은 그들을 쫓아가서 291명을 죽이고 제2차 웅주성 공방전이 일단락된다.

하지만 이후에도 여진의 공세는 계속되었다. 1108년 8월에는 병마판관 유익과 장군 송충 등이 여진족들과 길주에서 싸우다 한꺼번에 전사하는 등 고려군이 참패를 당했다. 해가 바뀐 1109년 5월에는 여진족이 길주성을 포위하였는데, 이때 그들은 길주성으로부터 10리 떨어진 곳에 작은 성을 쌓고 나무 울타리 6개를 세워 성을 철저하게 포위 공격하였다. 공방전에서 뜻밖의 불길한 사태가 벌어졌다. 오연총이 군사를 이끌고 가서 길주성을 구하려고 했는데, 여진족들이 도중에 길을 막고 기습을 하여 고려군이 크게 패했다. 《고려사절요》에서는 이때 여진족들한테 죽임을 당하거나 포로가 된 고려군 병사들이 셀 수 없이 많았다고 한다.

길주성도 여진족에게 함락당할 뻔 했으나, 마침 성을 지키고 있던 병마부사 이관진이 하룻밤만에 중성重城을 쌓고 성을 잘 지켜 여진족들이 끝내 물러났다고 전해진다. 중성이란 아마도 성의 무너진 곳을 나무나 돌과 흙으로 대충 메운 자리를 가리키는 듯하다.

9성을 여진족에게 돌려주고 전쟁이 끝나다

어쨌든 고려군은 여진족의 맹공격을 버텨내며 9성을 지켜냈다. 그러나 1109년 고려의 예종은 논의 끝에 결국 9성을 돌려주고 군사를 철수시키는 쪽으로 결정을 내린다. 고려 조정이 막대한 비용과 인력을 투입해가며 어렵게 정복한 영토를 모두 돌려주고 군사를 물리는 쪽으로 결정한 데에는 그럴 만한 이유가 있었다.

우선 영토를 지키기가 어려웠다. 애초에 여진전쟁을 벌일 무렵, 고려 조정은 "여진족 땅에는 산들이 벽처럼 서 있고 작은 길 하나가 겨우 통하고 있어서, 만일 그 길을 막으면 여진족의 침입을 간단히 물리칠 수 있다"는 정보를 믿고서 전쟁을 쉽게 이길 수 있으리라고 생각했다. 그런데 막상 여진족의 영토로 원정을 떠나니, 길들은 온통 사방으로 뚫려 있어서, 한 곳을 지킨다고 해도 다른 곳에서 쳐들어오는 형국으로 도무지 통제를 할 수가 없었다.

또한 여진족이 잠시도 쉬지 않고 계속 공격을 해옴으로써, 이를 막기 위해 고려는 계속 많은 병력을 9성에 주둔시키고 그곳으로 식량과 물자를 보내야 했는데, 무척이나 백성들한테 큰 부담을 주는 일이었다. 그래서 백성들 사이에서는 여진전쟁에 대한 원망이 매우 심했다. 심지어 9성으로 많은 식량을 보내는 바람에 고려 국내에서는 백성들이 굶주리기까지 했다.

여진족은 전투를 통해 고려를 계속 피로하게 만드는 한편, "9성을 돌려주면 다시 예전처럼 평화롭게 지낼 수 있다"라고 화친을 요구하는 사신을 끈질기게 보내왔다. 요즘 용어로 말하자면 화전양면和戰兩面 전술인 셈이다. 고려 조정을 방문한 여진족 사신 요불은 "고려는 우리의 뿌리입니다. 그러니 우리는 자손 대대로 고려와 평화롭게 지내기를 원합니다. 만일 고려에서 9성을 우리한테 돌려준다면, 하늘에 맹세컨대 기왓장 하나라도 고려의 땅에 던지지 않겠습니다"라는 간곡한 말로 호소하기까지 했다.

결국 1109년 7월, 예종은 3품 이상의 모든 문무백관들을 선정전에 불러서 9성을 여진족에게 돌려주는 일의 여부를 물었고, 모두 돌려주는 것이 좋다고 말하여 9성 반환이 결정되었다.

9성의 반환 소식을 들은 북쪽의 여진족 추장들은 고려 장수들이 보는 앞에서 "우리는 이제부터 나쁜 마음을 버리고 자손 대대로 고려에 조공을 할 것이다. 만약 이 맹세를 어기면 여진은 멸망하리라"고 맹세를 하였다고 한다. 그리고 약속대로 고려군이 9성에서 철수하자, 여진족들은 기뻐하며 늙거나 어린 고려 백성들을 소와 말이 끄는 수레에 실어서 고려로 돌려보내고 한 명도 해치지 않았다고 한다. 이렇게 하여 4년 동안 치열하게 벌어졌던 여진전쟁은 막을 내린다.

여진전쟁을 통해 고려가 얻은 것

그렇다면 애써 점령한 땅을 모두 여진족에게 돌려주고 군대를 철수시켰으니, 고려가 4년 동안이나 온 국력을 기울여 벌인 여진전쟁은 쓸모없는 헛된 일이었는가? 그렇지는 않았다. 비록 고려가 여

금나라를 세우고 나서 불과 20년 만에 여진족은 양자강을 건너 중국 대륙의 남쪽까지 파죽지세로 진격했다.

진전쟁을 통해서 얻은 물질적인 성과는 없었으나, 그 뒤에 벌어진 일을 보면 고려는 나름대로 훌륭한 소득을 얻었다고 평가할 수 있었다.

1109년 고려군이 물러나고 여진전쟁이 끝나자, 여진족은 완안부족을 중심으로 결집했고 5년 후 1114년 완안부의 아골타가 여진족을 통일하고 거란족의 요나라에 맞서 반란을 일으킨다. 그리고 1년 후인 1115년 아골타는 금나라를 세우고 황제가 되었으며(《요사》에서는 1117년), 연전연승하면서 1121년 12월에 요나라의 수도인 연경(현재 베이징)을 함락시켜 사실상 요나라를 멸망시켰다.

1123년 아골타는 죽었지만 그의 동생인 오걸매가 금나라 두 번째 황제 태종이 되어 송나라를 공격하여 1127년 3월 송나라의 수도인 개봉을 함락시키고 송나라의 전 황제 휘종과 당시 황제 흠종을 체포하였다. 그리고 회수淮水 북쪽의 모든 영토를 차지하였다. 송나라도 사실상 금나라에 의해 무너진 셈이나 마찬가지였다.

그런데 금나라는 단 한 번도 고려를 상대로는 전쟁을 일으키지 않았다. 어째서일까? 아골타를 비롯한 금나라 초기의 여진족 권력자들은 4년 동안 고려군을 상대로 치열하게 피를 흘리며 싸운 경험이 있었다. 그 과정에서 그들은 "고려군은 강하며 우습게 볼 상대가 아니다"라는 인식을 품었을 것이고, 따라서 가급적 고려와는 계속 원만한 관계를 유지하려는 속셈이 아니었을까 예상해본다.☆

그렇다면 고려가 1105년부터 1109년까지 벌인 여진 전쟁은 비록 목표 달성이라는 측면에서는 실패했으나, 전쟁 과정을 통해 금나라와는 싸우지 않게 됨으로써 100년 동안의 평화를 얻어냈다고 평가할 수도 있겠다.

TMI ☆ 여진전쟁 과정에서 여진족도 큰 피해를 입었으며, 그러한 경험으로 인해 여진족을 통일하고 금나라를 세운 완안아골타(금태조)는 고려를 상대로 결코 전쟁을 하지 말라고 부하들에게 신신당부하였다. 심지어 고려에서 무신 정권에 반대하는 조위총의 난이 일어났을 때, 조위총이 금나라에 도움을 요청하자 금나라는 이를 거부하고 고려에 이 사실을 알려줄 정도로, 고려의 내정에 간섭하지 않고 조정과 우호적인 관계를 맺었다.

금나라의 시조는 고려인

금나라의 역사를 기록한 책 《금사金史》를 보면, 금나라를 세운 완안아골타의 7대 조상인 함보가 고려에서 왔다는 내용이 언급된다. "금나라 시조의 이름은 함보函普다. 고려에서 처음 올 때 나이가 이미 60여 세에 이르렀다. 형 아고내阿古廼는 불교를 신봉했으며, 고려에 남아 따라오지 않았다. 아고내는 후세 자손이 유능하다면 반드시 서로 만날 것이며 자신은 떠날 수 없다고 하였다. 오직 아우 보활리保活里만이 시조와 행동을 함께 하였다. 시조는 완안부의 복간수 물가에 거주했고, 보활리는 야라에 거주했다. 그 뒤 호십문胡+門이 갈소관을 태조에게 바치며 귀부하였다. 그는 말하기를 조상세 분 형제가 서로 헤어져 떠나갔는데, 자신은 아고내의 후손이라고 하였다."

기록으로 본다면, 고려 출신의 세 형제들 중에서 아고내가 첫째이고 함보가 둘째이며 보활리는 셋째인 듯하다. 아고내는 불교를 믿어서 오지 못했다는데, 아마 불교 승려였던 것 같다. 그리고 마지막 부분에서 호십문이라는 사람이 등장하여 태조, 즉 함보의 후손인 금나라 태조 완안아골타한테 갈소관을 바치며 항복했다는 내용이 나오는데, 그는 "스스로 아고내의 후손"임을 말했다. 아골타가 자신과 친척이라고 생각한 것이다.

금나라 황실의 시조 인식은 말기까지도 계속되었다. "시조실록始
祖實錄을 살피건대 단지 (금나라의 시조가) 고려로부터 왔다고 일컬었
을 뿐이고 고신에게서 나왔다는 것은 아직 듣지 못하였습니다. (중
략) 왕회가 말한 것을 돌아보건대 다만 광망한 언어일 뿐입니다."

고신은 중국 한족漢族의 시조인 황제黃帝의 후손인 제곡고신씨帝嚳
高辛氏를 가리키며, 황제는 중국 한족의 전설적인 시조이자 신이다.
왕회는 금나라의 시조가 중국 한족이라고 말했고, 이에 "실록에
는 금나라의 시조가 고려로부터 왔다고 쓰여 있으며, 왕회의 말은
틀렸다"라는 반박이 있었고, 이를 금나라 선종도 수긍했다는 내용
이다.

다만 금나라는 백성들의 절대 다수가 한족이었고 태종 이후로 황
제들도 한족 문화에 동화되었다. 따라서 금나라는 중국 역사에 포
함시켜 보아야 적합하다. 러시아 여황제인 예카테리나 2세가 독일
에서 러시아로 건너간 독일인 귀족이었다고 해서, 러시아 역사가
독일 역사에 포함될 수 없는 것과 같은 이치로 볼 수 있다.

울릉도와 일본까지, 해적 여진족

고려 초기 여진족은 배를 타고 바다를 건너 고려의 영토였던 울릉
도는 물론 일본의 규슈에까지 쳐들어가 약탈을 저지르는 해적으로
도 활동했다.

《고려사절요》 현종 9년 기사에서는 "우산국이 동북면의 여진 침

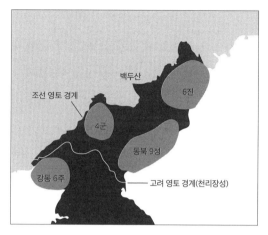

강동 6주(거란전쟁), 동북 9성 (여진전쟁), 4군 6진(조선 시 대)의 위치.

략을 받아 농사짓는 일을 그만두었으므로, 농구를 내려 주었다"라 고 하였다. 일본의 《소우기小右記》에 의하면, 관인寬仁 3년에 도이인 (여진족)들이 50척의 배를 타고 쓰시마에 쳐들어와 소와 말 등 가 축을 빼앗았으며, 이키섬을 공격했고, 일본 규슈에 상륙하여 하카 다와 나가사키까지 침략했다고 한다. 이때 여진족 해적들에 의해 460여 명의 일본인들이 죽임을 당했고, 약 1,300여 명의 일본인들 이 붙잡혀갔다고 한다.

여진족 해적들은 모두 방패를 들었으며, 제1열의 전투원들은 짧 은 칼을 사용했고, 제2열의 전투원들은 긴 칼을 사용했으며, 제3열 은 활을 쏘았다고 한다. 맹위를 떨친 여진족 해적들은 규슈의 지 방 호족들에 의해 격퇴당해 배를 타고 다시 바다를 건너 본거지로 돌아가던 도중 고려 해군의 공격을 받아 큰 타격을 받았다. 현종 10년 4월에 진명선병도부서鎭溟船兵都部署 장위남張渭男 등이 여진족 해적의 배 8척을 잡았고, 공역령供驛令 정자량鄭子良을 일본에 보내어 해적들이 사로잡은 일본인 259명을 돌려주었다고 한다.

여진족 해적들에 의해 울릉도가 완전히 초토화되어 사람의 흔적이 사라졌다고 보는 의견도 있다. 그러나 《고려사절요》를 보면, 충목왕 시절인 1346년 3월에 우릉도(울릉도) 사람이 조정을 찾아왔다는 기록이 실려 있다. 울릉도에서 정말로 사람들의 흔적이 사라진 때는 조선 초기, 태종이 울릉도가 왜구의 소굴로 악용될 것을 염려하여 주민들을 모조리 한반도 본토로 이주시키면서다.

1882년 고종이 울릉도를 일본이 빼앗아갈 것을 우려하여 주민 이주를 허용하면서 울릉도에 다시 사람들이 살기 시작했다. 사람이 살지는 않았을 때에도 독도와 함께 조선이 울릉도를 영토로 간주했던 것은 물론 당연한 사실이다. 조선 시대의 전국 지리지인 《세종실록지리지》에는 우산(독도), 무릉(울릉도) 두 섬이 경상도 울진현의 동쪽 바다에 있는데, 두 섬은 서로 거리가 가까워서 날씨가 맑은 날에는 볼 수 있다고 적혀 있다. 이 기사는 울릉도에서 눈으로 독도를 보는 일이 가능하다는 것을 조선 사람들도 알고 있었다는 뜻이며, 울릉도와 독도를 조선 영토로 간주했다는 증거 기록 중 하나다.

대몽항쟁

피로 버틴 42년

(1231~1273년)

─────── **요약**

대몽항쟁은 1231년부터 1273년까지 42년 동안 몽골의 침입에 맞서 싸운 고려인들의 무장투쟁을 가리키는 말이다. 몽골은 고려에 보낸 사신인 저고여가 1225년 압록강 근처에서 죽임을 당한 사건의 배후가 고려라고 판단하여 복수를 한다는 구실에서 침략을 감행했다. 그러나 진짜 이유는 몽골이 중국 대륙의 금나라와 송나라를 정복할 때 측면에 위치한 고려가 금나라나 송나라와 손을 잡고 몽골을 위협하거나 견제할 가능성을 차단하는 것이었다.

고려는 몽골에 맞서 치열하게 싸웠고, 특히 백성들이 적극 맞섰다. 하지만 무신 정권의 한계 때문에 갈수록 쇠약해졌다. 뿐만 아니라 당시 초강대국 몽골의 위세로 인해 고려는 국제적으로 고립되었다. 결국 고려 고종은 몽골 쿠빌라이칸에게 항복했고, 소기의 목적을 달성한 몽골은 고려를 멸망시키지 않고 그대로 존속시켰다.

─────── **키워드**

#박서 #김경손 #김윤후 #살리타이 #처인성전투 #최우 #최의 #김준 #임연 #임유무 #고종 #원종 #쿠빌라이칸 #원나라 #삼별초 #강화도 #제주도 #무신정권

1231년 8월 몽골 장수 살리타이가 이끄는 3만 명의 몽골군이 고려를 침입.

1231년 9월 3일 몽골군이 귀주성을 포위하나, 김경손이 격퇴.

1231년 10월 21일 안북성에서 고려군이 몽골군에게 크게 패배.

1231년 11월 자주성이 몽골군의 공격을 받으나 물리침.

1232년 1월 12일 살리타이가 고려에서 철수.

1232년 6월 16일 고려가 수도를 개경에서 강화도로 옮김.

1232년 8월 살리타이가 몽골군을 이끌고 두 번째로 고려를 침입.

1232년 12월 처인성에서 살리타이가 고려군이 쏜 화살에 맞아 죽음. 몽골군 철수.

1235년 7월 몽골군이 세 번째로 고려 침입.

1238년 10월 경주 황룡사가 몽골군에 의해 불타 없어짐.

1239년 4월 몽골군 철수.

1247년 아무칸이 이끄는 몽골군이 고려 침입.

1253년 7월 8일 야굴이 이끄는 몽골군이 고려 침입.

1253년 12월 몽골군이 70일 동안 충주성을 포위했으나 김윤후가 지휘하는 고려
　　　　　 군에게 패배하고 철수함.

1254년 7월 22일 차라대가 이끄는 몽골군 5,000명이 고려를 침입.

1254년 10월 상주산성에서 승려 홍지가 이끄는 고려군이 몽골군을 물리침.

1258년 6월 차라대가 다시 고려를 침입.

1259년 1월 고려 고종이 몽골에 항복 결정. 수도를 다시 개경으로 옮기는 문제로
　　　　　 몽골과 고려의 외교적 공방이 오감.

1270년 5월 몽골의 개경 환도 요구를 거절하던 고려의 무신 통치자 임유무가 특
　　　　　 수부대 삼별초에게 죽임을 당함.

1270년 6월 1일 삼별초 지휘관 배중손이 반란을 일으킴.

1270년 8월 19일 삼별초가 강화도를 떠나 진도에 성과 궁궐을 쌓고, 고려 왕족
　　　　　 인 승화후 왕온을 왕으로 추대하여 독자적인 정권 수립.

1271년 5월 15일 진도가 몽골군과 고려 정부군의 공격을 받아 함락.

1273년 4월 몽골군과 고려 정부군이 삼별초의 마지막 근거지인 제주도를 공격
　　　　　 하여 함락. 고려의 대몽항쟁 종료.

13세기 세계 최강의 군대, 몽골제국군

가장 먼저 짚어야 할 것은 몽골제국 군대다. 몽골군은 어떻게 조직된 군대였기에 13세기 유라시아 대륙을 재패할 수 있었을까?

사실 몽골군 관련 기록들은 셀 수 없이 많은 문헌들에 남아 있다. 그중에서도 가장 사실적으로 묘사된 자료인 남송 사람 팽대아彭大雅와 서정徐霆이 쓴 견문록《흑달사략黑韃事略》에 언급된 내용을 중심으로 몽골군의 전략 전술을 소개하고자 한다.

몽골은 백성들이 의무적으로 군사가 되는 징병제를 원칙으로 운영했다. 15세 이상의 남자는 군대에 징집됐다. 초원을 이동하며 살아가는 유목민족답게 말을 타고 싸우는 기마병만 있었고, 보병은 없었다. 몽골 군사들은 한 사람당 최소 2마리의 말을 가졌고, 가장 많은 경우 7마리의 말을 가졌다고 한다. 군사들이 많은 말을 가짐으로써 몽골군은 당대 다른 나라의 군대들보다 먼 거리를 훨씬 빨리 이동할 수 있었다.

몽골군은 소가죽으로 만든 갑옷 '카탕고델'과 '쿠데수투코야크'를 입었다. 쿠데수투코야크는 소가죽을 무려 6겹으로 겹쳐놓은 질긴 갑옷으로 방어력이 뛰어났다. 중국 정복 이후에는 비단 속옷을 추가했는데, 비단의 질긴 속성이 화살로 인한 피해를 줄였다. 몽골 병사들이 머리에 쓰던 투구는 쇠로 만들었는데, 식사할 때 음식을 담는 그릇으로도 사용했다. 군화 역시 소가죽으로 만들었는데, 안에 쇳조각들을 넣어서 적의 공격으로부터 발을 보호했다. (기마병이 적의 공격을 받을 때 가장 취약한 부분이 바로 두 발인데, 이 부분을 적의 공격에서 보호하기 위해 소가죽 군화 안에 쇳조각들을 넣어 적군 병사가 칼, 창, 도끼 같은 무기로 공격하더라도 군화 안 쇳조각에 부딪쳐 아군 병사의 발을 보호했던 것으로 여겨진다.)

몽골 병사들이 가장 많이 사용한 무기는 활과 화살이었다. 몽골군의 활은 두 번 꺾인 형태로 90cm 길이였으며, 화살에는 독수리의 깃털을 달았다. 몽골 병사들은 말 위 또는 말 아래에서 화살을 적에게 쏘는 것에 능숙했다. 특히 몽골 병사들이 말에서 내려 두 발로 땅을 디딘 상황에서 적에게 쏘는 화살의 위력은 적 대열을 무너뜨릴 만큼 매우 강력했다고 한다.

몽골 병사들은 칼도 즐겨 사용했다. 몽골의 칼은 흔히 아는 것처럼 초승달처럼 완만하게 휘어진 모습이었고, 달리는 말 위에서 사용하기 쉽도록 무게가 가볍고 길이가 짧았다.

몽골 병사들은 길이가 긴 창을 사용했다. 몽골군의 창은 끝부분 창날이 끌처럼 직각 형태로 생겨서 방패나 갑옷을 찌를 때 미끄러지지 않는 장점을 지녔다.

몽골 병사들은 방패를 썼다. 버드나무나 쇠로 만든, 대체로 둥근 모양이었고 길이는 135cm에 넓이는 $90cm^2$였다. 화살을 막아내는 용도로 주로 쓰였다.

사실 이러한 것들은 몽골 이외의 다른 유목민족들과 대체로 비슷

몽골 기병을 현대에 재현한 모습.

하다. 그러나 몽골은 다른 유목민족과 다른 특별한 강점이 있었는데, 바로 성을 공격하는 전투에도 매우 뛰어났다는 사실이다. 몽골제국을 세운 칭기즈칸은 1210년 금나라를 공격할 때부터 성을 공격하기 위한 공성 장비들이 필요하다는 사실을 깨닫고 금나라의 기술자들을 붙잡아 그들로 하여금 돌을 멀리 쏘아 보내는 투석기, 화약의 힘으로 커다란 창을 발사하는 비화창, 폭발하는 수류탄인 진천뢰 등의 각종 공성 장비들을 만들도록 지시했다. 그리고 병사들을 모집하고 공성전에 적합하게 훈련시켜 성을 공격하도록 앞세웠다. 그 결과 몽골군은 평지에서의 전투뿐만 아니라 공성전에서

중국을 공격하는 몽골군을 묘사한 1211년 그림.

도 막강한 실력을 지니게 되었다.

유목민족답게 몽골군은 소고기를 빻아서 말린 육포 보르츠, 우유와 양젖을 말린 아롤 같은 간편한 음식으로 군량을 해결했다. 이 점이 중요하다. 몽골군은 다른 나라 군대들처럼 식량을 잔뜩 실은 보급 부대를 거느릴 필요가 없어 이동 속도가 매우 빨랐다.✩

몽골군은 행군할 때 항상 기병 부대 일부가 정찰을 통해 매복과 기습을 확인했다. 가는 곳마다 현지 주민들을 붙잡아서 현지의 지형을 알아낸 다음 작전을 세웠다.✩✩ 적군이 나타나면, 일단 적군의 약점을 주도면밀하게 살폈다. 그리고 약점을 찾아내면 공격을 시작한다. 공격은 기병대가 맡는데, 적을 사방에서 포위한 다음, 지

몽골제국 건국자 칭기즈칸의 초상화.

휘관이 적을 가리키면 일제히 함성을 지르며 돌격한다. 대부분의 적들은 돌격에 무너지지만, 무너지지 않고 버티는 적이 있다면, 기마병들이 말에서 내려서 적을 향해 가까이 다가가 일제히 화살을 쏘아댄다. 그러면 적진이 무너지고 혼란에 빠지는데, 그때 다시 병사들이 말에 올라타서 돌격을 한다.

그래도 적들이 무너지지 않으면, 식량과 물자 운반용으로 데리고 다니는 소와 말 등 가축들을 채찍으로 때려 적진으로 뛰어들게 했

TMI
☆ 물론 몽골군은 정복 지역에서 강탈을 통해 식량 문제를 해결하기도 했다.
☆☆ 전쟁에 필요한 보병도 정복한 다른 민족들에게서 징발하여 운영했다.

이란에서 전쟁을 벌인 몽골군을 묘사한 14세기 그림.

다. 적진이 혼란에 빠져 우왕좌왕할 때 다시 공격했다.

만약 적들이 훈련이 잘 이루어진 보병으로 구성되어 기병대가 돌진하지 못하도록 창을 일제히 내밀어 방진을 형성하면, 몽골군은 적들을 에워싸고 계속 번갈아 화살을 쏘아대어 적들을 지치게 만들었다. 적들이 더 견디지 못하고 철수할 때 적들을 쫓아가 괴롭히며 타격을 입혔다.

적이 월등히 많고 몽골군의 수가 적으면, 몽골군 병사들은 말의 꼬리에 나뭇가지를 묶은 채로 좌우로 빨리 달리면서 흙먼지가 일어나게 했다. 적들을 기만하는데 성공하면 몽골군 기병대가 적들을 쫓아가서 공격했다.

몽골군은 붙잡은 포로와 투항자를 앞세워 "우리는 이미 패배했으니 너희도 우리처럼 몽골군에게 항복하라!"고 외치게 하여 사기를 떨어뜨리거나, 거짓으로 후퇴하여 적들을 미리 숨겨둔 부대의 근처로 유인하다가 그들과 합세하여 적들을 포위하고 역공을 가해 전멸시키는 전술도 즐겨 사용했다.

몽골군의 무기, 전략, 전술 체계는 그야말로 21세기 세계 각국의 정규군만큼이나 잘 조직되어 있었다. 이렇게 우수한 군대를 거느린 덕분에 몽골제국은 건국한 지 불과 73년 만에 동쪽의 연해주에서 서쪽의 이라크 및 러시아 크림반도, 남쪽의 중국 하이난섬에서 북쪽의 시베리아에 이르는 거대한 영토를 정복할 수 있었다.

몽골군은 분명 13세기 전 세계를 통틀어 최강의 군대였던 것이 확실하다. 그렇지만 무적의 군대는 아니었다. 이기지 못했던 경우도 있다. 1260년 몽골군은 팔레스타인 부근의 아인잘루트전투에서 이집트 맘루크 왕조의 군대에게 참패했다. 1288년 베트남의 백등강전투에서 베트남 군대에게 궤멸당했다. 이집트 맘루크 왕조의 군대는 몽골군과 비슷한 유목민족인 투르크족들로 구성되어 기마 전투에 능숙했고, 서유럽 십자군과의 전쟁에서 오랜 실전 경험을 쌓았기에 전투력이 우수했다. 몽고군은 수전에 매우 서툴렀기 때문에 베트남 군대에게 백등강전투에서 패배했다. 그리고 몽골은 1231년부터 고려를 집요하게 공격했으나 쉽게 승리하지 못했다. 무려 42년 동안 전쟁이 이어졌다.

고려를 침략한 몽골군

1231년 8월, 살리타이가 이끄는 3만 명의 몽골군이 고려를 공격했다. 몽골의 1차 침략이었다. 그리고 1256년 10월까지 몽골은 6차에 걸쳐 고려를 집요하게 침략한다. 6차 침략이 끝난 후에 고려는 몽골과 강화 협상에 들어갔으나, 몽골에 복속되기를 거부하는 고려 삼별초가 반란을 일으키면서 전쟁은 1273년까지 이어진다.

몽골의 1차 침입이 시작될 무렵, 고려의 상황은 좋지 않았다. 불과 13년 전 거란족 난민들이 쳐들어와 살인과 약탈을 일삼는 바람에 국력이 피폐해졌는데, 제대로 회복되지 않은 상태에서 거란보다 훨씬 더 막강한 외적이 쳐들어온 것이다.

하지만 불리한 상황에서도 고려는 나름대로 몽골에 잘 맞서 싸웠다. 1231년 9월부터 12월까지 몽골군은 평안북도 귀주성을 공격했으나, 당시 성을 지키던 장수인 박서와 김경손이 몽골군의 잇따른 공격을 물리쳤다.

박서는 몽골군이 소가죽으로 둘러싼 누거(수레 위에 높은 전망대를 설치한 공성 무기)와 목상(나무판자를 붙여 만든 전망대)을 앞세워서 성 밑에 다가오자 쇳물을 붓고 불을 붙인 가시나무 다발을 던져서 누거와 목상을 불태우고 30명의 몽골 병사들을 죽였다.

이 모습에 놀란 몽골군은 일시적으로 달아났다가 다시 공격을 해왔는데, 이번에는 15대의 대포차로 귀주성의 남쪽에 바윗돌을 쏘아 보냈다. 그러자 박서는 성 위에 포차를 설치하여 몽골군을 향해 바윗돌을 퍼붓는 방식으로 반격하여 물리쳤다.

두 번째 공격도 실패로 돌아가자 몽골군은 나뭇단에 기름을 붓고 불을 질러서 성에 던졌다. 기름을 부은 불이라서 고려군 병사들이 물을 부어도 꺼지지 않고 계속 타올랐다. 이에 박서는 흙에 물을 넣어 진흙을 만든 다음, 나뭇단에 던져서 불을 끄는 방법으로 몽골군의 세 번째 공격도 막아냈다.

네 번째 공격으로 몽골군은 수레에 풀을 싣고 불을 질러 귀주성의 문에 들이대 불태우려 했었다. 하지만 박서가 물을 끼얹게 함으로써 불이 꺼지는 바람에 실패했다.

다섯 번째 공격으로 몽골군은 구름사다리를 만들어 성벽에 대고 병사들을 올라가게 하여 넘어가는 전술을 폈다. 그 모습을 지켜보던 박서는 커다란 칼날이 달린 무기인 대우포로 사다리를 부숴 몽골군의 계획을 무산시켰다.

김경손의 용맹도 박서에 못지않았다. 그는 자신이 직접 몽골군의 선봉에 선 기병 1명을 화살로 쏴 죽이고 12명의 결사대를 이끌고 몽골군에 돌격하여 달아나게 만들었다. 또한 의자에 앉아서 전투를 지휘하던 김경손의 이마에 몽골군의 투석기에서 발사된 돌이 스치고 지나가면서 그의 뒤에 서 있던 병사를 맞추어 몸을 가루로 만드는 사건이 있었다. 그 광경을 지켜보던 주변 사람들은 혹시 김경손이 죽거나 다칠까봐 두려워 몸을 피하라고 권유하였으나, 김경손은 거부하면서 끝까지 전투를 지휘하였다.

귀주성 공방전은 잇따른 사상자의 발생과 공성의 실패에 지친 몽골군이 물러가면서 고려군의 승리로 끝났다.

승려 김윤후가 두 차례에 걸쳐 몽골군을 물리친 처인성전투 묘사 그림과 현재 처인성 터.

귀주성 공방전에 참가한 몽골군 중에서 70세가 된 장군 한 명은 "내가 어려서부터 군대에 들어가서 세상의 온갖 성과 요새들을 공격하는 일을 보았지만, 이렇게까지 공격을 당하고도 항복하지 않는 적은 처음 보았다. 성 안의 고려군 장군들은 반드시 모두 재상이 될 것이다"라고 감탄했다고 한다. 고려군의 저항이 무척이나 강력했던 것이다.

1232년 8월 몽골군이 감행한 2차 침입에서는 더욱 놀라운 결과가 발생했다. 같은 해 12월 16일, 경기도 용인의 처인성에서 몽골군 사령관 살리타이가 고려군이 쏜 화살에 맞아 죽고 말았던 것이다. 이때 고려군을 지휘하던 사람은 불교 승려 김윤후였다. (그는 자신이 활이나 화살을 갖고 있지 않았다고 말했다. 아마 처인성 전투 와중에 어느 고려군 병사가 쏜 화살에 맞아 살리타이가 죽었던 듯하다.) 사령관을 잃은 몽골군은 당황하여 서둘러 철수하였다. 처인성 전투에서 승리한 김윤후는 그로부터 21년 후인 1253년 10월 충청북도 충주성에서도 또 다시 고려군을 지휘하여 몽골군의 공격을 물리쳤다. 당시 몽골군은 고려에 대한 5차 침략을 감행하던 와중이었는데, 충주성을 함락시키기 위해 자그마치 70일 동안이나 화살과 바윗돌을 퍼부으며 공격했다. 하지만 김윤후는 성을 지키던 군사들의 대부분이 노비라는 사실을 감안하여 그들이 보는 앞에서 노비 문서들을 불태우고, 몽골군에게 빼앗은 물건을 즉시 나눠주었다. 그러자 노비들은 사기가 올라가 몽골군의 공격을 막아내면서 끝까지 성을 지키는 데 성공했다.*

1254년 10월 몽골군의 6차 침략 때에는 경상북도 상주의 상주산성전투에서 승려 홍지가 지휘하는 고려군이 몽골군의 장수 한 명과 몽골 병사들 중 절반 가까이를 죽이는 승리를 거두었다. 1년 후

TMI   ☆   전투가 미미했던 3, 4차 침략은 생략한다.

인 1255년 10월에는 충주와 문경시를 잇는 대원령에서 고려군이 기습을 하여 몽골군 1,000명을 전멸시키기도 했다.

범죄자인 초적草賊들도 나라를 지키기 위해 전쟁터로 나섰다. 1231년 9월, 무려 5,000명의 초적들이 고려의 실권자인 최이에게 몽골군과 맞서 싸우겠다고 먼저 제안했다. 최이는 기뻐하여 초적 지도자 두 명에게 상금을 주고, 그들을 정규군에 편성시켜 몽골군을 막도록 지시했다. 초적들은 뛰어난 활솜씨를 갖고 있었는데, 1231년 9월 13일 황해도에서 벌어진 동선역전투에서 초적의 지도자 두 명이 몰려오는 몽골군을 향해 잇따라 활을 쏘아 맞추어 그들을 달아나게 만들었다.

대몽항쟁을 주도하던 최씨 무인 정권이 1258년 무너진 후에도 특수부대 삼별초는 1270년 5월 다시 대몽항쟁을 주도할 것을 선언하고 그로부터 약 3년 후인 1273년 4월까지 진도와 제주도로 본거지를 옮기면서 끈질기게 몽골군과 맞서 싸웠다.

세계 최강의 몽골군을 상대로 나라를 지키기 위해 투쟁한 고려인들의 용기와 노력은 마땅히 높이 평가받아야 할 것이다.

강화도로의 수도 이전, 양날의 칼이 되다

몽골군의 1차 침입 이후인 1232년 7월 6일, 고려의 실권자 최이는 수도를 개경에서 서해 바다의 섬인 강화도로 옮겼다. 이 조치는 많은 반발을 샀지만, 나름대로 현명한 행동이기도 했다. 몽골족은 유목민족이라서 바다를 건너거나 싸우는 일에 매우 서툴렀으며, 한 동안은 제대로 된 해군조차 없었다. 그래서 고려가 수도를 강화도로 옮기자, 몽골군은 강화도를 직접 공격하려는 엄두를 좀처럼 내지 못했다.

대몽항쟁이 벌어지던 당시, 강화도는 외부 군대가 쉽게 들어갈 수 없었던 난공불락의 요새였다. 강화도 주변의 물살은 매우 빠르고 거세어서 배가 쉽게 항해하기 어려웠다. 강화도 해안가는 당시 간척 사업이 제대로 되어 있지 않아서 배에 탄 많은 군사들을 한 번에 상륙시킬 곳도 별로 없었다. 또한 고려 조정이 강화도 주변을 1,000척 함대로 수군을 편성해 굳게 지켰다. 그래서 강화도로 피난을 간 고려 대신들은 몽골군이 강화도 인근 육지에서 진을 치고 있어도 태평하게 풍악을 울리고 술을 마시며 여유를 부렸다. 강화도는 그만큼 안전한 피난처였다.

하지만 대몽항쟁의 양상은 1254년 몽골군의 6차 침입을 기점으로 달라지기 시작한다. 몽골군이 고려의 서남 해안 지역, 즉 전라도 일대를 집중적으로 공격하며 약탈을 일삼았던 것이다. 몽골군이 전술에 변화를 준 요인은 고려 내부에서 일어난 정보 누설이었다. 몽골에 사신으로 파견되었던 고려인 이현이 몽골군 사령관 야굴에게 "내륙을 집중 공격하여 강화도에 식량과 물자를 보내는 길목을 막으시오"라고 가르쳐주었던 것이다.

이현의 건의는 몽골군의 6차 침입에 그대로 반영되었고, 그 결과 전라남도 지역인 부용창, 해릉창, 해양(광주), 장흥창, 영광 등이 집

개경에서 강화도로 천도하면서 세운 궁궐인 강화 고려궁지(사적 제133호)와 삼별초가 저항
했던 제주 항파두리 유적지(사적 제396호)의 화살 맞은 돌.

중적으로 공격받는다. 이 지역들은 내륙에서 세금을 걷어 강화도
로 보내는 길목에 있었기에 몽골군의 공격 목표가 되었다. 1259년

까지 계속된 6차 침입에서 고려인 20만 명이 포로로 잡혔을 정도로 피해가 컸다. 또한 강화도로 향하는 고려의 세금 수송이 막대한 타격을 받았다. 강화도로 피난을 간 고위 관리들조차 녹봉을 받지 못했고, 그런 이유로 조정에 출사하여 벼슬을 받겠다는 사람들이 끊어졌다고 할 정도였다.

그럼에도 고려의 실권자이면서 강화도로 피난을 주도했던 최씨 무신 정권이 계속 강화도 방어를 고집하며 몽골과의 어떠한 평화 교섭도 하지 않고 강경책을 고수하자, 고려 조정에서는 최씨 무신 정권이 무모한 고집을 부리며 쓸데없는 피해만 늘린다고 불만이 커졌다.

결국 1258년 3월 26일, 최씨 가문의 충직한 장군인 김준이 반란을 일으켜 최씨 정권을 끝장내 버린다. 이로써 62년 동안 고려의 최고 실권자였던 최씨 무신 독재 정권은 무너졌다. 그와 동시에 고려 조정은 더 이상의 대몽항쟁을 포기하고 사실상 몽골제국의 종주권을 인정하며, 그들과의 교섭에 나섰다. 최씨 가문을 없앤 김준과 그 뒤를 이은 임연 등이 새로운 독재 정권을 만들었으나 힘은 약했다. 무신 정권이 무너지면서 고려 왕실은 몽골제국과 직접 연이 닿았고, 그들의 힘을 빌려 김준과 임연 제거에 성공했다. 이로써 고려 무신 정권은 완전히 막을 내렸다. 그리고 고려는 몽골의 간섭을 받게 되었다.

삼별초의 항쟁

대몽항쟁 무렵 고려군은 기본적인 편제인 중앙군, 지방군, 특수군 체제를 그대로 유지하고 있었다(별무반은 여진전쟁 이후 해체). 이때 고려 중앙군은 전투력이 매우 낮았다고 한다. 무신 정권이 자신들의 경호부대인 삼별초를 중심으로 군을 운영했기 때문이다.☆

　삼별초는 최씨 무신 정권의 2대 후계자 최이가 만든 군대였다. 좌별초, 우별초, 신의군이라는 세 부대로 이루어졌다. 특히 신의군은 몽골군에 포로로 끌려갔다가 돌아온 사람들로 구성했다. 원래 삼별초는 왕이나 나라가 아닌, 최씨 가문의 후계자들에게 충성을 하는 군대, 즉 사병이었다. 하지만 1232년 6월 16일, 최이가 몽골의 침입에 대비하여 고려의 수도를 강화도로 옮기자고 하자, 야별

TMI　☆　무인 정권기를 다룬 드라마로 가장 유명한 작품은 KBS에서 2003년에 방영한 〈무인시대〉다. '정중부의 난'부터 최씨 무신 정권 초기까지를 다룬 작품으로, 몽골과의 대립을 직접적으로 다루지는 않았지만, 권력 상층부의 이야기뿐 아니라 여러 민중항쟁까지 아울러 다뤘다(망이 망소이의 난, 만적의 난 등). 서인석(이의방), 박용우(경대승), 이덕화(이의민), 김갑수(최충헌) 등이 출연했다. 몽골과의 대립을 포함해 이 시기를 직접 다룬 작품으로는 MBC에서 2012년에 방영한 〈무신〉이 있다. 대장경 판각 1,000주년을 기념한 작품인데(시기상 팔만대장경이 아니라 초조대장경을 뜻한다), 최씨 무신 정권을 끝장낸 김준을 주인공으로 내세웠다. 김주혁(김준), 정보석(최우), 주현(최충헌), 박해수(김윤후), 안재모(임연) 등이 출연했다.

초 지유(중간급 지휘관) 김세충이 반대하기도 했다. 최이는 이를 괘씸히 여겨 그를 처형하고 천도를 진행한다. 삼별초가 맹목적으로 무신 정권에 충성을 바치지는 않았던 일화다.

대몽항쟁 말기 고려 조정은 관리와 병사들에게 월급조차 주지 못할 정도로 가난해진다. 삼별초 병사들도 마찬가지였고, 이는 최씨 무신 정권에 대한 불만으로 이어진다. 김준의 반란이 일어나는 배경이다. 이후 몽골에 고려가 항복한 후에도 삼별초는 항쟁을 이어간다.

아기장수 전설의 원형은 삼별초 장수 김통정

오늘날까지 겨드랑이에 날개가 달려 공중을 날아다니는 신비한 능력을 가진 아이가 악과 싸워 승리하고 세상을 구원한다는 이른바 '아기장수' 전설들이 전해 내려온다.

아기장수 이야기의 원형은 대몽항쟁 기간 동안 고려의 특수부대 삼별초三別抄를 이끌고 제주도에서 원나라와 고려 정부군에 맞서 최후까지 싸웠던 장군인 김통정金通精의 최후에서 비롯되었다.

제주도에서 전해지는 설화에 따르면 김통정의 어머니는 처녀(혹은 과부)였는데, 사람으로 둔갑을 한 지렁이와 자고 나서 아이를 낳았으니 그가 바로 김통정이었다. 통정이라는 이름 자체가 '정을 통한다'라는 말에서 비롯된 것이었다. 사람이 아닌 요괴 지렁이를 아버지로 둔 김통정은 지렁이의 신통력을 물려받아 태어날 때부터 용처럼 비늘이 돋아난 몸을 하고서 겨드랑이에 날개가 달려 하늘을 날아다녔고, 자라서는 안개를 피우는 도술을 부렸다. 다소 이상하게 보일수도 있으나, 한국의 민간 설화에서 지렁이는 곧 땅의 용인 지룡地龍이라고 불리면서, 거의 용처럼 취급됐다.

어른이 되자 김통정은 삼별초를 이끄는 장군이 되어 원나라와 고려 정부군에 맞서 싸웠는데, 제주도 항파두리에 흙으로 성을 쌓고 궁궐을 짓는 한편, 백성들에게는 돈이나 쌀이 아니라 재와 빗자루로 세금을 받았다. 그렇게 해서 거둬들인 재를 흙으로 만든 성 위에 쌓고서 말꼬리에다 빗자루를 매달고 성 주위를 돌아다니게 하여, 뿌연 연기를 피어오르게 만드는 방법으로 원나라와 고려 정부군의 눈을 속여 삼별초 군사들이 발각되지 않게 만들었다고 한다.

그런데 김통정의 아내(혹은 부하)인 '아기업개'가 고려 정부군 장수인 김방경金方慶에게 "김통정의 목에 난 비늘이 벌어진 틈새를 노려 공격하면 그를 죽일 수 있다"고 약점을 가르쳐 주었고, 김통정이 자고 있는 사이에 아기업개의 안내를 받고 몰래 다가간 김방경이 그대로 김통정의 목에 난 비늘이 벌어진 틈새를 노려 칼로 내리쳐 김통정은 목이 잘려 죽었다.

김통정이 죽고 김방경은 '혹시 아기업개가 김통정의 아기를 임신하고 있다면, 아버지의 복수를 하려 들지도 모르니 미리 후환의 싹을 잘라야겠다'고 생각했다. 김방경은 아기업개를 붙잡아서 죽이고 배를 갈라 보았다. 그러자 그녀의 뱃속에서 김통정처럼 온몸에 비늘이 달리고 날개가 돋은 아기가 튀어나오더니, 한참 동안 파닥거리고 뛰다가 그만 죽고 말았다는 것이다.

김통정과 아기업개의 죽음 이후에 제주도 주민들 사이에서는 "장차 세상이 어지러울 때, 날개가 달려 하늘을 마음대로 날아다니는 힘이 센 아기장수가 태어나서 백성을 구하고 세상을 바로잡을 것이다!"라는 이른바 아기장수 전설이 널리 퍼졌다. 이 아기장수 전설이 한반도 본토에 전해져서 각 지역마다의 아기장수 전설이 싹트게 된 것이라고 추측된다.

소주와 설렁탕과 타락죽의 탄생

폭력과 압제로 고려를 괴롭혔던 몽골이지만, 몇 가지 새로운 음식 문화를 전해주기도 했다. 바로 소주와 설렁탕과 타락죽이다.

소주는 중동 지역에서 약으로 쓰기 위해 마시던 도수가 높은 증류주 아라크Araq가 기원이다. 1240년 몽골군이 지금의 이란을 정복하면서 손에 넣었고, 몽골군 병사들이 중국과 고려로 가져왔다. 1273년 이후 고려가 몽골에 완전히 굴복하면서 많은 수의 몽골군 병사들이 주둔했는데, 이때 아라크가 고려인들에게도 전해졌고 고려인들은 아라크를 소주라고 부르며 마시게 되었다. 경상북도 안동의 특산물인 40도의 안동소주가 바로 당시 몽골인들과 고려인들이 마셨던 소주였다고 한다.

고려 시대에 마셨던 소주는 워낙 독하다 보니, 한 번 맛을 들이기 시작하면 중독이 되어 일상생활을 제대로 할 수가 없었다. 어쨌든 소주는 조선 시대에도 계속 사람들의 사랑을 받으며 살아남았다.

조선 성종 무렵에는 부자들뿐 아니라 평범한 서민들의 잔칫상에도 오를 만큼 널리 퍼졌다. 임진왜란 시기 일본군을 쳐부순 명장 이순신은 위장병을 고치기 위해 소주를 자주 마셨다고 전해진다. 숙종은 왕실 호위대인 금군과 훈련도감의 군사들에게 훈련을 마치면 상으로 소주 50병을 내주었다.

긴 시간이 지나 박정희 군사 정권 무렵에 한국의 전통 소주는 큰 타격을 받았다. 박정희 정권이 소주의 원료를 쌀 대신 값이 싼 밀가루나 고구마로 바꾸고 아스파탐 같은 단맛이 나는 화학물질을 넣도록 강요했다. 이를 시작으로 지금 우리가 마시는 값싼 희석식 소주들이 등장했다.

설렁탕도 이 시기에 생겨났다. 설렁탕은 몽골인들이 쇠고기에 야생 파를 넣어 끓인 요리인 술렝Sulen이 고려로 전해져서 유래한 음식이다. 설렁탕은 소주와 함께 조선 시대에 대중적인 음식으로 자리 잡았다. 우유에 찹쌀을 섞고 약한 불에 오랫동안 끓여서 만드는 타락죽도 몽골의 영향을 받아 고려 말에 등장한 음식이다. 몽골 병사들은 우유나 양젖을 단단히 굳혀서 만든 아롤을 휴대 식량으로 가지고 다니다가, 물이 많은 곳을 발견하면 아롤을 물에 넣고 일종의 죽처럼 만들어 마시며 한 끼 식사를 해결했다. 이것이 고려에 전해져서 탄생한 음식이 바로 타락죽이다. ☆

팔만대장경

이 기간 동안에 탄생한 찬란한 예술 작품으로 팔만대장경이 있다. 현재의 정식 명칭은 '합천 해인사 대장경판'이다. 팔만대장경은 1236년 제작을 시작해 1251년에 완성되었다. 최고 권력자 최이는 필요한 모든 비용을 자신의 재산으로 마련했다.

팔만대장경은 나무로 만들어진 두꺼운 판자 8만 장에 부처의 가르침과 그 해석, 승려들이 지켜야 할 규율들을 빠짐없이 적어놓은 것이다. 팔만대장경을 만들기 위해서 40cm 이상의 굵기를 가진 나무들을 최소 1만 그루 이상 베어 넓적한 직사각형 형태로 잘라내고 몇 년 동안 바닷물에 담가 놓아야 했다. 그래야 벌레들이 나무

합천 해인사 대장경판.

를 좀먹지 않기 때문이다. 바닷물에 담근 판자들을 다시 건져내 찐 다음 그늘에 말리고, 불교 경전들의 내용을 쓴 종이를 판자에 붙인 후 그대로 판자에 글자를 새겼다. 글자를 다 새긴 판자는 옻칠을 하고 네 귀퉁이를 청동으로 감싸서 손상되지 않도록 했다.[*]

　팔만대장경은 국가적 위기를 불교라는 종교의 힘을 빌려 극복하고자 하는 고려인들의 염원을 담은 예술 작품이었다. 팔만대장경은 국보 제32호로, 예전에는 해인사 대장경이라고도 불렸는데, 2010년에 현재의 명칭으로 확정되었다. 예술적 가치를 인정받아 1995년에는 장경판전(대장경을 보관하는 목조건물)이 유네스코 세계문화유산으로, 2007년에는 대장경판과 제경판이 세계기록유산으로 등재됐다.[**]

목호의 난

몽골은 고려 항복 이후 곧바로 일본 원정을 추진했는데, 이때 고려군과 원나라군의 병참 기지로 사용된 곳이 제주도였다. 제주도는

TMI
[*]　유네스코 홈페이지에서는 "대장경은 불교 경전 컬렉션을 뜻하며, 부처님의 가르침 자체를 그대로 실은 경장, 승단의 계율을 실은 율장, 고승과 불교 학자들이 남긴 경에 대한 주석과 논을 실은 논장으로 구성된다. 고려대장경은 아시아 본토에서 현전하는 유일하고 완전한 경전이다"라고 설명하고 있다.
[**]　대장경을 제작한 후 해인사에서는 이를 보완하기 위해 자체적으로 총 5,987개의 보조목판을 만들었는데, 이를 제경판이라고 부른다.

목초지가 많았기 때문에 기병이 주력인 원나라군이 사용할 말들을 키우는 목장으로 쓰기에 좋았고, 이런 이유로 쿠빌라이칸은 제주도를 고려로부터 빼앗아 원나라가 직접 지배하는 영토로 만들었다. 그리고 말들을 키우기 위해서 원나라에서 몽골인 목동, 즉 목호들이 제주도로 건너와 살게 된다. 이들은 제주도의 지배자로 군림한다. 충렬왕 시기인 1295년에 제주도가 다시 고려의 영토로 편입되지만, 목호의 힘은 막강했다.

이후 반원자주 정책을 폈던 공민왕이 새로 고려 국왕에 즉위하는데, 그는 원나라의 쇠락과 함께 제주도의 목호들을 제압할 것을 계획한다. 고려 조정은 중국의 새로운 지배자 명나라에 말을 보낸다고 목호들에게 알렸는데, 목호들이 이에 반발하고 난을 일으키면서 전쟁이 벌어진다. 이른바 목호의 난이다(1374년). 최영이 제주도에 투입된다.

목호는 몽골 특유의 전투 방식을 사용하였으나, 북방 전투 경험으로 이를 잘 알던 최영이 결국 승리한다. 목호들은 한라산으로 피신하지만, 최영은 이들을 추격해 모두 죽였다.☆☆☆

TMI ☆☆☆ 제주도에서 가장 심한 욕 중 하나는 '몽근놈'이라고 한다. 이는 몽골인을 욕하는 단어인 '몽골 놈'에서 유래했다. 제주도 주민들이 몽골인 목호들의 착취와 횡포에 오랫동안 시달렸던 일에 대한 증오심이 반영된 흔적으로 추측된다.

왜구의 침입

온 나라를 두렵게 만든 해적
(1350~1389년)

─────── 요약

14세기 중엽, 고려는 큰 위기를 맞았다. 동쪽 일본에서 바다를 건너 온 해적 집단 왜구가 끊임없이 해안가를 습격하여 사람들을 죽이고 식량을 빼앗아가는 행패를 부리면서 온 나라가 공포에 떨었다. 왜구 때문에 해안가 인근 주민들이 모두 내륙으로 도망쳐 영토가 황폐해지는 일까지 있었다.

당시 고려는 원나라의 내정간섭을 받고 있었던 터라, 원나라의 경계심을 살 군사력을 키울 수가 없었다. 그래서 왜구들의 침략에 속수무책으로 당하고 있었다. 하지만 원나라가 약해지기 시작하고, 고려 동북면에 신흥 군벌 이성계가 출현한다. 이성계는 자신의 사병 집단인 가별초를 이끌고 왜구들을 잇따라 쳐부쉈고, 그 과정에서 얻은 백성들의 지지를 바탕으로 고려 왕조를 무너뜨리고 새 나라인 조선 왕조를 세울 기반을 확보한다.

─────── 키워드

#공민왕 #우왕 #이성계 #최영 #이지란 #패가대만호 #아기발도
#가별초 #황산대첩 #관음포해전 #쓰시마 #화포 #최무선

✦ 주요 사건 연표 ✦

1350년 4월 100여 척의 배를 타고 온 왜구들이 순천을 노략질하고 남원과 영광의 곡식 운반선(조운선)을 약탈.

1352년 3월 왜구가 개경 인근에 쳐들어와 사람들이 크게 놀랐고, 부녀자들이 거리에서 통곡.

1357년 9월 왜구가 흥천사의 충선왕과 한국공주의 어진을 훔쳐감.

1360년 5월 왜구가 강화도를 노략질하고, 쌀 4만 석을 약탈.

1364년 3월 왜구들이 200여 척의 배를 타고 김해, 밀성, 양주를 노략. 고려군이 왜구에 크게 패함.

1371년 7월 왜구가 예성강을 노략질하고 고려 수군의 군함 40여 척을 불태움.

1373년 6월 왜구가 배를 타고 한양부에 쳐들어와 집들을 불태우고 노략질.

1374년 4월 350척의 배를 타고 쳐들어온 왜구들이 합포의 군사 기지와 군함을 불태움.

1376년 7월 최영이 홍산에서 왜구를 격퇴(홍산대첩).

1377년 5월 이성계가 지리산 아래에서 왜구를 격퇴. 강주 원수 배극렴이 왜구의 두목 패가대만호를 죽임.

1377년 9월 이성계가 해주에서 왜구 격퇴.

1378년 4월 최영과 이성계가 해풍군에서 왜구 격퇴.

1380년 8월 500척의 배에 탄 왜구들이 진포로 쳐들어오자, 최무선이 제작한 화포를 사용하여 배들을 불태움.

1380년 9월 이성계가 황산에서 아지발도가 이끄는 왜구를 궤멸(황산대첩).

1385년 9월 이성계가 함경남도 함주에서 150척의 배를 타고 쳐들어온 왜구들을 물리침.

1389년 2월 박위가 100척의 군함으로 대마도를 공격하여 왜구들의 배 300척을 모조리 불태웠고, 포로로 끌려간 고려 백성 100명을 구출.

왜구의 정체

1990년대 말엽까지 한국 사회는 민족주의가 강했고, 고려 말에 발생한 왜구들은 일본의 해적이라는 인식을 누구도 의심하지 않았다. 그러나 1997년 발생한 IMF 구제 금융 사태와 2002년 한일 월드컵의 개최로 인해 한국 사회에 탈민족주의 기류가 불면서, 고려 말 왜구에 대해서도 이전과 다른 주장이 서서히 퍼지기 시작했다. "고려 말에 발생한 왜구들이 사실은 고려인과 일본인의 연합 세력이다"라거나 혹은 "왜구들 중에는 고려인이 대다수고 일본인은 소수였다"라는 식의 주장들이었다.   이러한 주장들은 당시 주로 10~30대의 젊은이들 사이에서 많이 유포되었으며, 지금까지도 역사에 대해 토론을 하는 인터넷 커뮤니티 사이트들에서 심심찮게 자주 볼 수 있다.

하지만 그러한 주장에는 큰 문제가 있다. 바로 고려 말 왜구에 대해 기록을 한 역사서인 《고려사高麗史》나 《고려사절요高麗史節要》 어디에도 그러한 주장을 입증할 만한 근거가 없다는 사실이다.

우선 고려 말 왜구가 어떤 집단으로 구성되었는지를 정확히 보여주는 자료들을 보자. 《고려사》 우왕禑王 2년 10월자 기사를 보면, 1376년 10월 나흥유羅興儒가 일본에서 왔는데, 그가 가져온 일본 승려 주좌周佐의 글은 다음과 같았다. "우리나라(일본) 서해도의 한 지역인 구주九州는 난신들이 할거하고 있으며 공물과 세금을 바치지 않은 지 20여 년이 되었습니다. 서쪽 바닷가 지역의 완악한 백성들이 틈을 엿보아 노략질한 것이지, 저희들이 한 일이 아닙니다. 이 때문에 우리 조정에서도 장수를 보내 토벌하고자 그 지역 깊숙이 들어가 서로 대치하며 날마다 전투를 벌이고 있습니다. 바라건대 구주를 수복하게 된다면 하늘의 태양에 맹세코 해적질을 금지시키겠습니다."

만약 오늘날 탈민족주의적 역사관에서 말하는 것처럼 왜구가 고려인과 일본인의 연합 세력이었다면, 일본 승려가 보낸 글에서 "왜구들은 일본인 이외에도 고려인 같은 여러 종족이 섞여서 우리가 금지시킬 수 없다"라고 답변했을 것이다. 또한 왜구 중에 고려인이 일본인보다 더 많았다면 주좌는 "왜구들 중에는 고려인들도 많으니, 먼저 당신네 백성들 단속부터 잘 하라!"고 면박을 주었어야 한다. 그러나 위의 글에서 일본인 승려는 책임이 일본에 있음을 스스로 인정하고 있다.

1370년에 나온 일본 문헌 《태평기太平記》에서도 왜구는 일본인으로 언급된다. 책에서는 아부레모노라고 불린 도적 집단이 배를 타고 바다를 건너 원나라와 고려를 침략하여 노략질을 일삼고, 그들의 횡포를 두려워한 원나라와 고려의 백성들이 해안가를 버리고 떠나 황폐해졌다는 내용이 나온다. 고려를 침략한 왜구들이 한창 기세를 부리고 있던 때 나온 책이라, 매우 신빙성이 있다고 여겨진다. 또한 글에서는 "지금 나쁜 일을 저지르는 도적들이 원나라와 고려를 노략질하는 것은 다른 나라한테 나라를 빼앗기게 하는 괴상한 일이다"라는 글귀도 언급된다. 왜구의 침략에 분노한 원나라와 고려가 보복으로 일본을 공격하여 멸망시킬지도 모른다는 두려움을 나타낸 흔적이다.

고려 말 왜구에 고려인이 많았다는 증거로 이야기되는 것은 세종대왕 시절 이순몽이라는 관리의 발언이 사실상 유일하다. 1446년 10월 28일 〈세종실록〉에 실린 "들은 바에 따르면, 고려 말 왜구들 중 왜인들은 10명 중에 1, 2명에 지나지 않았는데, 본국의 백성들이 거짓으로 왜인의 의복을 입고서 무리를 지어 난리를 일으켰다"는 내용이다. 하지만 이는 조선 시대의 기록일뿐더러, 실록에서 그를 "광망한(경솔하고 성실하지 못한) 사람"이라고 평가했던 것을 보면 신뢰성은 높지 않다고 보여진다.

《고려사》에서는 가왜假倭라고 하여 왜구인 척 약탈을 벌이는 고려인들을 따로 다루고 있다. 1380년에 처음 나오고 총 세 차례 등장하는데, 이는 '왜구 고려인론'을 부정하는 근거다.

목은 이색이 남긴 《목은집牧隱集》에는 '부잣집 출신 자제들이 왜구에게 붙잡혀 그들의 위협에 못 이겨 길 안내하는 일'을 기록하고 있다. 이 역시 왜구와 고려인의 연합을 말하는 것은 아니다. 다만 이런 내용들을 보면 왜구 문제가 당대 고려에서 상당히 심각한 사회 문제였음을 알 수 있다.

왜구의 배후

《고려사절요》를 보면, 고려 장수 정지鄭地가 "왜국은 온 나라가 도둑이 된 것이 아니고, 그 나라에서 반란을 일으킨 백성들이 대마對馬와 일기一岐 두 섬을 나누어 점령하여, 합포合浦와 가깝기 때문에 수시로 들어와 도둑질하는 것"이라는 글을 올렸다고 한다.

대마와 일기는 쓰시마(대마도)와 이키 섬을 말한다. '반란을 일으킨 백성들'은 왜구가 고려를 노략하던 14세기 일본의 남북조 시대에 정통 정부였던 북조에 맞서 반란을 일으킨 남조 세력이 규슈를 중심으로 쓰시마와 이키 같은 일본 서부 지역을 차지한 상황에서 식량과 물자를 빼앗기 위해 왜구가 되어 고려를 침략했던 것을 말한다.

쓰시마는 일본에서 한반도와 가장 가까운 곳에 있어서 교류가 잦았고, 많은 주민들이 한반도의 언어를 구사하고 한반도 내부 사정에 밝았다. 유사시 종종 쓰시마 주민들은 왜구가 되어 해안으로 쳐들어와 약탈 행위를 벌이기도 했다.✡

14세기 무렵, 쓰시마는 쇼니 가문과 소 가문이 지배하고 있었다. 그 중에서 쇼니 가문이 강했는데, 특이하게도 고려 조정이 왜구 문

> **TMI** ✡ 　왜구는 보통 여름에 출몰했다. 겨울에는(10월부터 1월) 북서풍 때문에 항해가 어려워 일본에서 한반도에 오기 어렵기 때문이라 보여진다. 그런 이유로 겨울이 되면 왜구들의 침입 횟수가 크게 줄어들었다. 만약 왜구가 고려인이었다면, 계절에 상관없이 왜구가 나타나야 했을 것이다.

원나라가 고려와 일본을 공격했을 때를 묘사한 〈몽고습래회사〉 중 일부.

제를 해결하기 위해 쓰시마의 쇼니 가문에 사신을 보낸 와중에는 왜구가 전혀 나타나지 않았다(공민왕 16년 3월부터 공민왕 18년 11월까지). 이는 쓰시마의 쇼니 가문이 왜구를 통제할 수 있는 힘을 지녔다는 사실을 보여주는 증거다.

일본 규슈 서부의 고토렛토 지역 주민들 역시 왜구에 가담한 배후 중 하나였다. 고토렛토 주민들은 침몰한 무역선을 보면 작은 배들을 타고 몰려와 귀중한 물건들을 훔쳐가는 도둑 집단으로 유명했다. 이들은 항해에 능숙했다. 고토렛토 출신인 기요하라 고레가네는 1151년부터 고려를 상대로 해적질을 하였고, 1226년 6월에 고토렛토 해적이 고려를 노략질했으며, 1587년 조선 시대에도 고토렛토 출신 왜구들이 조선을 침략했다. 고려 말 왜구들이 많은 기마병을 거느린 일이 사서에 자주 언급되는데, 고토렛토 주민들이 말 타기에 능숙했었다.

이처럼 고려 말의 왜구의 침략은 규슈와 쓰시마와 이키와 고토렛토 같은 일본 서부 지역의 남조를 지지하는 세력들이 식량, 물자, 노동력을 탈취하기 위해 벌인 일로 볼 수 있다.☆

철갑옷을 입고 말에 올라탔던 왜구

왜구라고 하면, 훈도시(일본식 속옷)만 걸친 채로 거의 알몸뚱이 상태에서 일본도 하나만 들고 다니는 도적 떼를 떠올리기 쉽지만, 역사서에 나오는 왜구들의 진짜 모습은 이미지와는 정반대로 쇠로 만든 무거운 갑옷을 입은 병력이었다.

《고려사》 열전 제신諸臣의 박위 항목을 보면, 1377년 강주 원수 배극렴裵克廉과 싸우던 왜구 두목 패가대만호霸家臺萬戶가 큰 쇠 투구를 쓰고 손발까지 모두 덮은 갑옷으로 무장하고는 보병을 좌익과 우익에 따르도록 하면서 말을 달려 전진해왔다고 묘사되어 있다.

TMI ☆ 당시 왜구들은 사람을 제물로 바치는 의식을 지내는 등 미신적 요소에 빠져 있었다는 내용이 《고려사》 변안 열전에 있다. 왜구로 추정되는 14세기 일본의 남조 진영에 가담한 세력들은 산속에서 도를 닦는 수행자 등과 같이 주술과 미신에 익숙한 집단들이 그 주축을 이루었다.

14세기 일본 남북조 시대. 기병과 보병이 뒤엉켜 전투를 벌이고 있는 일본 무사들의 모습을 묘사한 삽화. 왜구들은 알려진 이미지와는 달리 갑옷을 입고 말을 탄 무사들이었다.

그런데 패가대만호가 탄 말이 진흙탕 속에서 머뭇대는 틈을 타 고려군이 맞받아 공격하여 그의 목을 베어 죽였다고 한다. 패가대만호는 지나치게 무거운 갑옷을 입은 탓에 말이 진흙탕으로 들어가자 그 무게로 인해 허우적거리다가 죽은 것이다.

왜구들 중에는 사람과 말이 모두 갑옷을 입은 철기 부대도 있었다. 《고려사》에는 1380년 왜구들 중에 철기병이 있었다는 증언이 나온다. 일본 야스쿠니 신사의 전쟁 관련 유물 전시관인 유취관에는 말의 갑옷이 보관되어 있다.

사무라이, 즉 일본의 무사들은 말을 타고 활을 쏘는 기마 궁수들이었다. 1274년 일본을 침공한 원나라와 고려 군대에 맞서 싸운 일본 무사들의 모습을 그림으로 남긴 〈몽고습래회사_{蒙古襲來繪詞}〉를 보면, 일본 무사들이 말을 타고 화살을 쏘는 모습이 드러난다. 1370년 당시 일본 집권 세력인 가마쿠라 막부군과 그에 맞선 막부 토벌군의 무사들이 말에 탄 채로 태도와 장도를 쥐고서 백병전을 치열하게 벌였다고 언급된다.

《고려사절요》에 보면, 훗날 조선을 세우는 이성계의 1380년 황산대첩 이야기가 나온다. 당시 나이가 16세 정도로 보이는 왜구 장수가 있었는데, 그가 하얀 말을 타고 창을 휘두르며 돌격하자 고려 군사들이 이기지 못하고 달아나 아지발도_{阿只拔都}라고 불렀다는 것이다. 아지발도가 온몸에 갑옷 무장을 하여 공격할 틈이 안 보였는데, 이성계가 아지발도의 투구 끈을 화살로 쏘아 끊고 그 틈을 타서 이지란이 아지발도의 이마를 화살로 쏘아 죽였다고 한다. 여기에 나오는 아지발도가 바로 중무장을 한 기마 무사였다. ☆

TMI ☆ 아지발도는 고려인들이 그를 보고서 '아기(아지) 같은 얼굴을 한 젊은 장사(발도)'라는 뜻으로 부른 별명이지, 본인의 진짜 이름은 아니다. 다른 왜구들이 그를 대할 때면 언제나 무릎을 땅바닥에 붙인 채로 기어갔다는 점에서 상당히 높은 신분이었던 것으로 추정된다. 참고로 발도는 원래 힘이 센 장사를 뜻하는 몽골어 '바토르'에서 유래한 말인데, 당시 고려는 원나라와 교류를 했기 때문에 발도 같은 몽골어가 일상에서 자주 쓰였다.

왜구를 제압한 이성계의 정예부대, 가별초

그러나 왜구들이 영원히 고려 땅에서 설치고 다닐 수는 없었다. 대략 1367년부터 고려 북쪽 변방 동북면(현재의 함경남도) 출신의 군벌 이성계는 가별초家別抄라는 자신의 사병들을 이끌고 왜구들과의 전투에 투입되어 많은 공을 세웠다.☆☆

가별초는 그 수가 2,000명 내외로 추정되는데, 고려인과 여진족의 혼성 부대로 이루어졌던 듯하다. 이들은 거친 북방에서 말을 달리며 활을 쏘는 전투에 익숙했던 뛰어난 기마병들이었고, 중무장 기병들도 일부 포함되었을 것으로 여겨진다. 1362년 7월《고려사》의 기사에 의하면, 원나라의 장군이었으나 원나라 조정의 통제에서 벗어나 독자적인 군벌이 된 나하추가 병사 수만 명을 이끌고 고려 국경을 침범하자 이성계가 그들과 싸워 이겼는데, 나하추의 군대가 달아나자 이성계가 철갑을 입은 기병들을 돌진시켜 짓밟게 하니 나하추의 군대 중 죽거나 포로가 된 자가 매우 많았다고 한다. 가별초의 전투력과 구성을 엿볼 수 있는 대목이다.

가별초는 원나라의 오랜 내정간섭을 받으며 허약해진 고려 관군보다 전투에서 훨씬 우수한 능력을 발휘했다. 가별초가 가장 용맹

TMI ☆☆　1350년부터 1363년까지 고려는 왜구의 침입에 제대로 대처하지 못했는데, 이는 고려가 원나라와 홍건적 등의 압박과 침략에 대비하기 위해 군대의 대부분을 북쪽 국경 지역에 배치했기 때문에 남쪽에서 쳐들어오는 왜구들을 막아낼 여력이 부족했던 탓이다.

을 떨친 전투는 1380년 9월의 황산대첩이다.

이때 왜구들은 황산荒山에 올라가 진을 굳게 쳤고 그 수가 고려군보다 10배나 많아서, 용감한 장수인 이성계도 공격하기가 쉽지 않았다. 왜구들은 이성계가 고려군의 지휘관이라는 사실을 알고서, 그를 죽이려고 계속 화살을 쏘아댔다. 왜구들이 쏘는 화살에 이성계가 탄 말이 계속 맞아 쓰러지는 바람에 이성계는 두 번이나 말을 바꿔야했으며, 이성계 자신도 왼쪽 다리에 화살을 맞았으나 이를 알리면 군사들의 사기가 떨어질까봐 화살을 뽑아 버리고 계속 싸웠다고 한다. 왜구들은 이성계를 여러 겹으로 포위하였는데, 이 위기를 이성계는 몇몇 기병들과 함께 포위망을 뚫고 나와 겨우 모면하였다.

앞에서 언급한대로 왜구들의 두목인 아지발도가 백마를 타고 돌격했으나, 이성계와 이지란이 각자 화살을 쏘아 죽이자 왜구들은 사기가 떨어졌고, 이 틈을 노려 이성계가 앞장서서 돌격을 하자 왜구들이 도망치면서 울부짖는 소리가 마치 소들이 우는 것과 같았으며, 그들을 쫓아가는 이성계와 가별초들이 외치는 함성과 울리는 북소리가 땅을 흔들어서 사방이 무너지는 것 같았다고 《고려사절요》는 기록하고 있다. 황산대첩에서 죽은 왜구들의 수가 어찌나 많았던지, 왜구들이 흘린 피로 시냇물이 붉게 물들어서 6~7일이 지나도록 색이 변하지 않았다고 한다.

전투를 승리로 이끈 가별초의 용맹함은 적장 아지발도도 인상 깊게 보았던지, 왜구들한테 포로로 잡혔다가 구출된 고려 백성은 "아

최영 사당(통영). 이성계와 더불어 고려 말기를 대표하는 무장으로, 홍산대첩 등 여러 전투에서 왜구를 물리쳐 백성들로부터 큰 인기를 얻었다.☆

지발도가 생전에 이성계의 군대 전열을 보고는 여태까지 싸웠던 고려 장수들과는 비교할 수 없으니, 부하들한테 조심하라고 말했습니다"라고 알렸다.

이 전투에서 이성계는 무려 1만 명으로 추정되는 왜구들과 일대 격전을 벌인 끝에 그들을 모조리 궤멸시켰다. 황산대첩 승리 소식을 듣고 고려의 명장 최영은 이성계에게 "그대가 나라를 살렸소!"라고 감사를 표현했다고 전해진다. 그만큼 매우 중요한 전투였다.

이성계가 이끄는 가별초는 황산대첩으로부터 5년 후인 1385년 9월, 함경남도 함주咸州에 150척의 배를 타고 쳐들어온 왜구들을 물리쳤을 때에도 투입되었다. 당시 이성계는 전투에 앞서 소라로 만든 나팔인 차거라琩磲螺를 크게 불게 했는데, 이 소리를 듣고 왜구들이 "이성계가 왔다!"고 겁에 질려 떨었다고 한다. 그런 내용으로 보아서 차거라를 부는 의식은 가별초들의 전쟁 방식이었는지도 모르겠다.

가별초는 조선 건국 후, 태종 이방원이 1411년 사병을 모두 혁파하면서 사라졌다.

왜구를 막기 위한 고려와 조선의 대마도 정벌

왜구를 근절시키기 위해서는 그들이 육지로 올라오기 전에 해군을 만들어 바다에서 그들이 탄 배들을 침몰시키는 편이 더 나았다. 고려 조정은 이 사실을 깨닫고, 화약 기술자인 최무선을 통하여 화포火砲와 화통火桶 등의 무기들을 만들고 해군 양성에 돌입한다.

화포란 지금의 대포처럼 포탄이 날아가 폭발하는 무기가 아니라,

1389년 박위의 쓰시마정벌을 묘사한 그림.

화약의 힘으로 화살이나 돌을 날려 보내는 것이었다. 화통은 화약을 나무통에 가득 싣고서 불을 붙인 다음, 적을 향해 던지는 커다란 폭탄이었다. 화통은 접근전에서 매우 강력한 위력을 발휘하였다.

새롭게 탄생한 고려 해군은 나세와 심덕부의 지휘 아래 1379년 진포에서 100척의 배와 3,000명의 병력으로 500척의 함대를 거느리고 쳐들어온 왜구들과 싸워 크게 이겼다. 2년 후 정지가 지휘하는 고려 해군은 커다란 배 50척으로 구성된 왜구 함대를 역시 해전을 통해 쳐부수었다. 다시 2년 후인 1383년 정지가 거느린 47척의 고려 해군은 커다란 배 120척으로 이루어진 왜구 함대와 남해 관음포에서 격전을 벌여 그들을 물리쳤는데, 이때 왜구의 시체가 바다를 덮을 만큼 많았다고 한다.

관음포해전은 사실 매우 어려운 전투였다. 120척의 배를 타고 온 왜구들이 경상도 남쪽 바닷가에 나타나자, 인근 고을의 주민들이 크게 놀라서 합포를 지키는 고려 원수 유만수柳曼殊가 서둘러 지원 요청을 하자 해도원수인 정지鄭地가 직접 배의 노를 저으면서 밤낮으로 행군을 독려해 서둘러 진군했다. 배의 노를 젓는 병사들도 힘을 내서 서둘렀다. 관음포에 나타난 왜구 함대는 그 기세가 매우 등등했는데, 정지가 이끈 고려 수군이 나타나자 왜구들은 큰 배 20척에 배마다 정예병 140명을 태워서 선봉으로 삼았다. 이 전투에서 고려 수군은 병마사 윤송尹松이 화살에 맞아 죽었을 만큼 위기에 몰리기도 했으나, 결국 전세가 뒤집혀서 고려 수군이 선봉에 선 왜구 선단 20척을 화포와 화통으로 집중 공격하여 17척을 불태웠다. 나머지 왜구들이 탄 배들은 달아났고 고려 수군이 승리하였다.

관음포해전에서 6년 후인 1389년 박위朴葳가 1만 명의 군사와 100척의 배로 이루어진 군대로 왜구의 본거지 쓰시마(대마도)를 공격하여 왜구들이 타고 다니던 배 300여 척을 불태우는 대승리를 거두었다. 쓰시마 원정은 조선 왕조 초기에도 계속되었다. 1419년 이종무가 쓰시마를 공격하여 왜구들의 배 15척과 집 68곳을 불태우고 조선인 포로 8명과 명나라 사람 15명을 구출해냈다. 잇따른 쓰시마 정벌로 인해 왜구들은 큰 타격을 입었고, 조선에 굴복하여 그로부터 약 100년 동안 조선의 해안에서는 왜구의 침입이 중단

된다. 일본이 다시 조선 역사에 등장하는 것은 임진왜란인데, 이는 해적이 아닌 국가적 규모의 첫 번째 침략이었다.

토막 상식

황산대첩비

전라북도 남원시 운봉읍 화수리에는 황산대첩비荒山大捷碑가 있다. 글자 그대로 1380년 이성계가 이끄는 고려군이 아지발도가 지휘하는 왜구들을 무찌른 황산대첩을 기념하고자 세운 비석이다. 조

전라북도 남원에 있는 황산대첩비.

선 선조 즉위 10년인 1577년에 세워졌다. 비석의 높이는 4.25m이고, 비문의 내용은 고려군이 10배나 많은 수의 왜구들을 무찔러 나라를 평안케 했다는 것이다.

그런데 이 황산대첩비를 일제 강점기 막바지였던 1945년 1월 16일, 일본인 형사들이 그만 부숴버리고 말았다. 이유는 자신들의 조상인 왜구들을 조선인들의 조상인 이성계가 무찌른 일이 자칫 조선인들의 반일 감정을 자극할까봐 우려했기 때문이었다.

그러나 1945년 일제가 패망하고 조선이 독립하면서 12년 후인 1957년에 다시 복원되어 오늘날까지 전해지고 있다.☆

설운 장군 전설

경상남도 통영시 수우도樹牛島에는 설운雪雲이라는 영웅에 얽힌 홍미로운 전설이 전해 내려온다. 옛날 수우도에서 설운이라는 아이가 태어났는데, 자라면서 몸에 물고기 비늘이 솟아나고 허파에는 아가미가 달렸다. 그래서 설운은 15일 동안 바다 속에 들어가 수영

☆ **TMI** 2014년 KBS 드라마 〈정도전〉에서는 초반부에서 황산대첩을 크게 다뤘으며, 특히 이성계와 아지발도의 전투를 매우 극적으로 묘사했다(이성계가 화살로 아지발도를 쓰러뜨림). 유동근이 이성계 역을 맡았다. 이성계의 정예무력 가별초는 려말선초를 다룬 드라마들에서 대부분 언급되는데, 비교적 최근의 2019년 JTBC 〈나의 나라〉에서는 주요 인물들의 소속 배경으로 설정되었다. 김영철(이성계), 장혁(이방원), 양세종(서휘), 우도환(남선호), 김설현(한희재) 등이 출연했다.

을 하는 초인적인 힘을 지녔다. 당시 수우도에 왜구들이 쳐들어와 주민들을 괴롭히자, 설운은 수우도의 은박산에 올라가서 왜구들을 태운 해적선을 보고 부채를 꺼내 흔들었고, 그러자 태풍이 일어나 해적선들은 모조리 바다 밑으로 침몰해 버렸다. 그런데 얼마 후 한양의 조정에 설운이 수우도의 주민들을 괴롭힌다는 헛소문이 퍼져 조정에서는 많은 수의 관군을 보내 설운을 죽이거나 붙잡아 들이도록 명령했다.

하지만 설운이 부채를 흔들면 곧바로 태풍이 불어 관군이 탄 배를 모두 침몰시키니 관군은 도저히 이길 수가 없었다. 그런 후에 설운은 호주판관이 머무는 관아로 쳐들어가, 판관을 힘으로 제압한 다음 그의 아내를 납치해 달아났다.

하지만 판관의 아내는 무서운 여자였다. 그녀는 마음속으로 설운을 '미개한 도적놈'이라고 업신여기면서도, 겉으로는 설운을 향해 "판관은 자기 아내도 못 지킨 못난 남편이니, 저는 이제부터 장군님을 섬기겠습니다"라고 하며 호감을 샀고, 설운과의 사이에서 두 명의 아이까지 낳았다.

그러자 설운은 그녀에 대한 경계심을 완전히 풀어버렸는데, 판관의 아내는 설운에게 "장군님한테도 약점이 있는지 궁금해요"라고 집요하게 물어본 끝에 설운으로부터 "내 목을 자르고 거기에 메밀가루를 뿌리면 죽는다"라는 답을 듣게 된다. 설운의 약점을 알게 된 판관의 아내는 설운이 깊은 잠에 빠진 사이, 먼저 두 아이를 통나무로 만든 배에 실어 바다로 띄워 보냈고, 몰래 관군에게 자신과 설운의 위치를 알려서 그들을 불러들였다. 들이닥친 관군은 설운의 목을 칼로 베었고, 설운의 목이 다시 몸과 붙으려 하자 판관의 아내가 메밀가루를 뿌려 끝내 목은 몸과 붙지 못하고 죽고 말았다.

하지만 설운이 죽자 왜구들의 침략은 다시 계속 되었고, 수우도 주민들은 설운이 지켜주어 왜구가 없던 때를 그리워하며 설운과 판관의 아내와 두 아이들을 신으로 섬겼다고 한다. 아직도 수우도 주민들은 매년 10월 보름마다 지령사至靈祠에서 설운을 신으로 모시는 제사를 지낸다.

설운의 전설이 만일 실제 역사에서 비롯된 일이라고 가정한다면, 모델이 된 인물은 누구일까?《고려사절요》에는 1265년 7월 왜구가 남해안의 고을들을 침략하자, 안홍민安洪敏이라는 장군이 삼별초를 거느리고 막았다는 기록이 있다. 아마도 수우도의 군관들은 무신 정권과 연계가 깊었던 듯하다. 그러다가 무신 정권이 무너지고 왕정이 다시 힘을 되찾으면서 수우도의 군관들은 역적으로 몰려 고려 정부군에 죽임을 당했다고 한다. 14세기에 왜구의 침략이 더욱 극심해지자 수우도의 주민들은 옛날 왜구를 막아주던 군관들을 떠올리며 그가 마치 바다를 누비며 신기한 요술을 부렸던 것처럼 미화하여 설운 장군이라 부르며 신으로 숭배했던 것이 아니었을까?

고려 말과 조선 초의 북벌

한반도를 국경선으로

(1356~1467년)

─────── 요약

1350년대로 접어들면서 원나라가 흑사병과 경제난 그리고 농민 반란으로 점차 쇠약해졌다. 고려는 이를 기회로 삼아 원나라의 내정간섭에서 벗어나고자 했다. 고려는 쌍성총관부(현재 함경남도)를 되찾는 일에서 시작하여 과거 고구려와 발해의 땅이었던 요동과 만주를 회복하려는 시도에 나서게 된다.

공민왕은 쌍성총관부를 격파하고 두 차례에 걸친 요동 원정을 시도하여 1차 원정에서 요동을 점령하였으나 통치가 어려워 군사를 철수시켰다.

고려를 무너뜨리고 건국된 조선도 초기에 북벌을 계속 시도했다. 태조 이성계 시기 정도전은 북벌을 계획했으며, 세종대왕은 최윤덕, 김종서, 이징옥 등 우수한 장군들을 북쪽으로 보내 4군 6진을 개척하였다.

─────── 키워드

#공민왕 #이성계 #쌍성총관부 #요동원정 #정도전 #세종대왕 #최윤덕
#김종서 #이징옥 #세조 #이만주 #범찰 #4군6진 #한반도

원나라의 몰락과 공민왕의 자주 정치

1350년대로 접어들면서 원나라는 황실의 지나친 사치, 내부의 권력 다툼, 흑사병의 창궐과 기근으로 인한 민심의 이반과 농민 반란 등 왕조 말기 현상들이 잇달아 벌어지면서 점차 국력이 쇠퇴하고 있었다. 특히 장사성과 주원장 등 원나라에게 억압을 받던 한족들이 반란을 일으켜 지방 군벌이 되면서 원나라는 양자강 남쪽을 통제할 수 없는 지경에까지 이르렀다. 이러한 시대의 흐름을 유심히 지켜보고 있던 고려의 공민왕은 반원 자주 정치를 시작한다.

1356년부터 반원 자주는 본격화되었다. 공민왕은 첫 번째로 원래 고려의 영토였으나 1258년 몽골(원나라)이 차지한 쌍성총관부雙城摠管府를 동북면병마사 유인우와 동북면부병마사 공천보로 하여금 되찾도록 지시하였다. 쌍성총관부에는 원나라의 관리 조소생이 있었으나, 쌍성총관부에 살던 고려인 이자춘과 그의 아들 이성계가 고려군에 성문을 열고 항복함으로써 너무나 쉽게 무너져 버렸다. 조소생은 여진족의 땅으로 도망쳤다가 여진족들에게 죽임을 당했고, 쌍성총관부는 폐지되고 함경남도 일대가 다시 고려의 영토로 편입되었다.

두 번째는 고려에 설치된 원나라의 기관인 정동등처행중서성征東等處行中書省의 폐지였다. 정동등처행중서성, 즉 정동행성은 원나라가

1274년과 1281년 두 차례에 걸쳐 일본 원정을 추진하면서 고려의 백성과 물자를 동원하기 위해 설치한 기관이었는데, 1281년 두 번째 일본 원정이 태풍으로 실패한 후에도 여전히 계속 고려 땅에 남아서 원나라의 고려 내정간섭에 이용되고 있었다. 역대 고려 왕들은 정동행성을 무척이나 불쾌하게 여겼으나 원나라의 눈치를 살피느라 함부로 건드릴 수가 없었다. 하지만 당시 원나라가 혼란스러운 상황에 빠졌다는 점을 노린 공민왕은 1356년 신속한 조치로 정동행성을 폐지해 버렸다.

하지만 아직 고려가 원나라의 간섭으로부터 완전히 자유로워진 것은 아니었다. 비록 쇠퇴하고 있었지만 여전히 원나라는 강대국이었다. 6년 후인 1362년 12월, 원나라는 공민왕을 쫓아내고 고려 왕족 덕흥군 왕혜를 고려의 새로운 왕으로 세우겠다고 고려에 알렸다. 덕흥군은 원래 충선왕과 궁녀(이름은 안 알려짐) 사이에서 태어난 왕자로 서자이기 때문에 왕위 계승권이 없었으나, 공민왕의 잇따른 반원 자주 정책에 분노한 원나라가 그를 고려의 새로운 왕으로 세우려고 한 것이다.

원나라에서 공민왕을 폐위하겠다는 방침을 발표하자, 고려 조정은 당혹스러웠다. 이러한 조치는 원나라가 고려에 대한 내정간섭을 계속 하겠다는 신호였기 때문이었다. 아울러 원나라가 십중팔구 군대를 보낼 것이 거의 확실했기 때문에 자칫하면 고려가 원나라를 상대로 전면전에 들어갈 위험성도 있었다. 고려 조정에서는 1363년 3월과 1363년 4월에 각각 찬성사 이공수와 밀직상의 홍순을 사신으로 원나라에 보내 공민왕 폐위 방침을 취소해달라고 건의를 했으나, 원나라는 거부하였다.

고려에게 위험한 소식이 하나 더 있었는데, 고려 사람으로 원나라에 들어가 동지추밀원사를 지내던 최유가 원나라 황제한테 원나라 군대를 자신에게 주면 그 군대를 가지고 고려로 쳐들어가겠다고 발언한 사실이었다(1363년 5월 《고려사절요》). 최유는 평소에도 부녀자들을 겁탈하는 등의 행위로 엄청난 원성을 산 인물인데, 이제는 외세의 앞잡이가 되어 조국을 침략하는 매국노까지 되겠다고 한 것이었다.

1364년 1월 최유와 덕흥군이 원나라 군대 1만 명을 끌고 와서 압록강을 건너 고려를 침략하였다. 비록 군사의 수는 적었으나 세계 최강대국 원나라의 군대였으므로 공민왕이 남쪽으로 피난을 가야 하느냐를 놓고 조정에서 논쟁이 벌어졌을 만큼 긴장하는 분위기가 감돌았다.

하지만 막상 달천에서 전투가 벌어지자 원나라 군대는 별로 힘을 쓰지 못했다. 고려 군사들은 단 한 명도 원나라 군대에 항복하지 않았고, 모두가 성을 굳게 지켰으며, 결국 원나라 군대가 도저히 고려의 영토 안으로 진격할 수가 없었다. 또한 방어를 맡은 도지휘사 안우경이 원나라 군대와 일곱 번 맞서 싸워서 모두 승리하였고, 원나라 군대의 척후 기병대를 이끈 장군인 송신길을 사로잡아 베어 죽이자, 원나라 군대의 사기가 떨어졌다.

공민왕의 명령을 받고 1,000명의 정예 기병들을 이끌고 이성계가 도착하자, 전쟁의 흐름은 완전히 고려 쪽으로 기울어졌다. 이성계가 원나라 군대의 장수 여러 명을 활로 쏴 죽이자, 원나라 군대는 겁에 질려서 황급히 달아나 버렸다. 그들을 고려군이 추격했고, 결국 살아서 원나라 수도인 대도(베이징)까지 살아 돌아간 원나라 병사는 고작 17명에 불과했다고 한다. 한 때 세계를 제패했던 몽골군이 이토록 굴욕적으로 몰락했던 것이다.

　원나라의 군대까지 물리침으로써, 공민왕의 반원 자주 정책을 가로막을 것은 없었다. 고려는 원나라의 내정간섭에 시달릴 필요가 없어졌다.

고려 장군 시절 이성계의 요동 정벌

잘 알려지지 않은 사실이지만, 조선을 세운 태조 이성계는 고려의 장군이던 시절 요동을 정벌하여 점령한 일이 있었다. 1370년 1월, 이성계는 약 1만 5,000명의 군대를 거느리고 압록강을 건너서 옛 고구려의 수도인 졸본으로 추정되는 오로산성五老山城을 공격했다. 고려군이 성을 에워싸자 성을 지키던 원나라 관리들은 도망치거나 항복했고, 그리하여 1만 호가 넘는 성의 주민들과 땅이 손쉽게 고려의 수중에 들어오게 되었다.☆

　1370년 11월에도 이성계, 이인임, 지용수가 이끄는 고려군이 압록강을 건너서 요동성으로 쳐들어갔다. 이때 요동성을 다스리던 원나라 관리는 고려 권신 기철의 아들 기새인첩목아奇賽因帖木兒였

이성계의 북벌 당시 오로산성전투를 상상한 그림.

다.^{☆☆} 그는 부패와 탐학을 부리던 아버지가 고려의 공민왕에게 처단당한 일로 고려에 앙심을 품고 있었다. 하지만 막상 전투가 벌어지자 군사들은 이성계가 지휘하는 고려군의 상대가 되지 못했다. 고려군의 기세에 밀린 기새인첩목아는 원나라 군사들과 함께 도망

☆ 최영과 함께 요동 정벌에 나섰다가 4불가론을 외치며 군을 돌리고 조선 건국의 실질적인 깃발을 올린 '위화도 회군' 18년 전의 이야기다. 그만큼 당시 요동 정벌은 실질적인 사안이었다.

☆☆ 2012년 작품 〈신의〉는 이 시기를 배경으로 한 판타지 사극이다. 이민호(최영), 김희선(유은수), 유오성(기철), 류덕환(공민왕) 등이 출연했다.

쳤고, 요동성을 고려군이 점령한다. 고려군은 요동과 심양의 백성들을 상대로 "이 두 지역은 원래 고려의 영토였다"라는 내용이 들어간 벽보를 붙여 원정의 정당성을 알렸다고 한다. 이는 고려가 과거 요동과 심양을 다스렸던 고구려와 발해를 계승한 나라라고 스스로를 여겼다는 인식을 드러낸 증거이기도 하다.

하지만 고려군의 요동 점령은 오래가지 못했다. 고려군이 요동성을 공격하는 사이 식량 저장 창고에 불이 붙어서 타버리는 바람에 식량이 너무 부족했던 것이다. 고려군은 요동성을 포기하고 고려 본국으로 철수하였다.

1388년 5월 22일 이성계가 고려 우왕의 명령으로 요동을 정벌하려던 위화도 회군은 역사상 실제로 북벌이 이루어졌던 마지막 사건이었다. 위화도 회군은 정벌의 총책임자인 이성계 본인이 도중에 진군을 중단하고 돌아와서 우왕과 그 보호자인 최영을 숙청한 사건을 일컫는다. 1370년에 요동을 점령했던 이성계가 위화도 회군을 벌인 것은 그때와 1388년의 정세가 달랐기 때문이었다. 1370년에는 요동을 차지한 원나라가 혼란스러웠고 아직 명나라도 세력을 확장하지 못했지만, 1388년에는 이미 요동이 명나라의 영토로 편입된 상태였다. 만약 정말로 요동을 공격하면 이는 고려가 명나라와 전쟁을 하겠다는 뜻으로 명나라에 받아들여져 고려가 명나라와 전면 전쟁에 돌입하는 위험을 초래할 가능성이 높았다는 것이다.*

여하튼 역사상 요동을 마지막으로 차지했던 것은 고려 시대다.

이 사실을 조선을 세우는 데 큰 공헌을 한 정도전도 잘 알고 있었는지, 명나라 태조 주원장과 사이가 벌어지자 "요동을 다시 조선이 차지하겠다!"라고 외치며 요동 정벌을 추진하는 계기가 되기도 했다. 이 문제를 두고 1399년 8월 3일자 〈정종실록〉의 기사에서는 "정도전이 천자에게 죄를 얻으면서부터 남은과 결탁하여 요동을 치자고 꾀해서 한 몸의 화를 면하려 하였다"라고 부정적으로 기록하고 있다. 이는 정도전이 1차 왕자의 난에 연루되어 간신으로 몰려 억울하게 죽었던 탓에 그를 부정적으로 폄하하려는 사관의 개인적인 의도가 반영된 흔적으로 판단해야 옳다.

실제로 고려 말에 벌어졌던 요동 점령과 위화도 회군 같은 사건들을 본다면, 조선 초기까지도 요동에 대해서 어느 정도 '우리 영토'라는 인식이 지배층들 사이에 존재했던 것으로 보인다. 1398년 7월 11일자 〈태조실록〉의 기사에서는 "남은이 정도전과 더불어 친근하여 몰래 요동을 공격하자는 의논이 있었다"라고 했으며, 1398년 8월 9일자 기사에서도 정도전과 남은이 조준을 만나서 "요동을 공격하는 일은 지금 이미 결정되었으니 공은 다시 말하지 마십시오"라고 말하는 부분이 나오기 때문이다. 정도전이 정말로 요동을 공격하려 했는지, 아니면 그저 주원장을 상대로 한 공갈에 불

TMI ☆ 당시 이성계는 '4불가론'을 내세웠는데, ① 작은 나라가 큰 나라를 칠 수 없고 ② 여름에 군사를 일으킬 수 없고 ③ 왜구에 대비할 수 없고 ④ 장마철에 활의 아교가 풀리고 전염병이 돌 수 있다는 내용이었다.

과했는지의 여부는 알 수 없다. 어쨌든 요동 정벌을 구상했던 정도전이 왕자의 난에서 태종 이방원에게 살해당하는 바람에 조선의 계획은 취소되었고, 그 뒤로 영영 이루어지지 못했다.

이성계의 여진족 부하들

1395년 12월 14일자 〈태조실록〉을 보면, 조선을 세운 태조 이성계를 따른 여진족 추장들 29명의 출신 부족과 이름이 언급된다. 많은 수의 여진족 추장들이 이성계를 따랐다는 사실을 알 수 있다. 이들은 이성계를 고려의 장수이던 시절부터 섬기면서 항상 전쟁터에서 싸웠다고 한다. 이성계도 임금이 된 후에 이들에게 벼슬과 관복을 하사하며 조선 대신들처럼 우대하였다고 한다. 그래서 이들은 자식들을 조선의 궁궐에 시위侍衛로 보내고, 토산물을 선물로 바쳤다.☆ 이성계가 동북면으로 와서 조상들의 묘를 참배하면 일제히 몰려와서 이성계를 만났고, 조선의 북방 국경 파견 장수들에게 이성계를 이야기하며 눈물을 흘렸다고 전해진다. 그들에게 이성계는 위대한 영웅이었던 것이다.

이들 중 주목해야 할 인물로 맹가첩목아猛哥帖木兒가 있다. 그는 훗날 청나라를 세우는 청나라 태조 누르하치의 6대 조상이다. 누르하

TMI ☆　시위는 궁궐에서 임금을 지키는 경호원을 말한다.

조선 태조 이성계 어진. 국보 제317호로 전
주 어진박물관에서 볼 수 있다.

치의 조상이 이성계의 부하였다는 말이다. 혹시 이 때문에 조선은
훗날 여진족이 세운 청나라를 우습게 여기고 그들에게 굴복하기를
거부했던 것은 아니었을까?

　이성계가 아직 살아있었지만 왕위에서는 물러났던 1405년, 맹
가첩목아를 두고 조선과 명나라 사이에 흥미로운 외교전이 벌어
졌다. 1405년 3월 11일자 〈태종실록〉의 기사를 보면, 명나라의
세 번째 황제인 영락제가 맹가첩목아에게 사신을 보내 조선이 아
닌 명나라한테 복종하라고 회유하는 내용이 나온다. 태종 이방원
은 이를 따르지 말라고 사신을 보냈다. 결국 그로부터 한 달 후인

1405년 4월 20일 맹가첩목아는 명나라 사신에게 "우리들이 조선을 섬긴 지 20여 년이다. 조선이 명나라와 친하게 지내기를 형제처럼 하는데, 어찌 따로 명나라를 섬길 필요가 있겠는가?"라며 거부한다. 맹가첩목아는 이성계와의 우호의 끈을 오랫동안 기억했던 모양이다.

이성계를 도운 여진족의 지도자 중에는 이지란李之蘭이 있다. 그의 본명은 퉁두란佟豆蘭이었는데, 이성계가 자신의 성을 하사해 이지란이라는 이름을 지어주었다. 이지란은 어린 시절에 이성계와 만나 의형제를 맺고 그를 따라다니며 무수한 전쟁터에서 함께 싸웠다. 그러한 전쟁들 중 가장 결정적인 사건이 바로 황산대첩이었다. 아지발도는 얼굴을 포함한 온몸에 두꺼운 갑옷을 입고 있어서 도저히 화살이 들어갈 자리가 보이지 않았는데, 이성계가 이지란에게 "내가 화살로 저 자의 투구 끈을 쏘면 투구가 떨어질 테니, 자네가 저 자의 이마를 쏴라"고 말하고 그대로 하여 이지란이 아지발도를 죽이게 된다. 이 일화는 두 사람의 활 솜씨가 뛰어났다는 점과 함께 그만큼 두 사람이 절묘하게 서로 손발이 맞아 움직이는 사이였다는 사실을 알려준다.☆

조선 초기의 4군 6진 개척

이성계의 명성이 여진족 사이에서 드높았지만, 모든 여진족이 이성계와 조선을 따른 것은 아니다. 엄연히 조선에 적대적인 여진족이 존재했다. 그들은 조선의 국경을 넘어와 가축을 빼앗고 조선 백성들을 죽이거나 납치하는 식으로 행패를 일삼았다. 조선은 그들의 공격을 막기 위해서 북방 일부를 자국 영토로 편입시키는 방안을 추진했는데 그것이 바로 4군 6진 개척이다.

4군四郡은 중국 지린성과 국경을 맞대고 있는 지금의 자강도 북쪽에 설치된 여연, 자성, 무창, 우예 등의 마을들이다. 6진六鎭은 중국 지린성 및 러시아 연해주와 국경을 맞대고 있는 함경북도 북쪽에 설치된 경원, 경흥, 종성, 회령, 온성, 부령 등 여섯 곳의 군사 요새들이다.

4군 6진은 세종대왕 시절의 정책으로 알려져 있지만, 사실 태조 이성계 시절부터 이루어진 국책 사업이다. 현재의 함경북도 경원군에 1398년 파견된 정도전이 성을 쌓아 여진족의 침략에 대비한 일이 있었다. 태종 이방원은 현재의 강계군과 여연군 및 갑산군을 설치하였다. 4군 6진은 세종대왕 이전부터 조선이 꾸준히 추진해

TMI ☆ 고려 말부터 조선 초를 다루는(이른바 '려말선초') 작품들에서는 기본적으로 북벌에 관한 내용을 나름대로 상세하게 다루고 있다. 다만 대부분 조선 건국에 초점이 맞춰져 있기 때문에, 핵심 내용으로 다뤄지지는 않는다. 이 시기를 다룬 가장 유명한 작품은 1996년에 KBS에서 방영한 〈용의 눈물〉이다. 김무생(태조 이성계), 유동근(태종 이방원), 최명길(원경왕후 민씨), 이민우(양녕대군), 안재모(세종대왕) 등이 출연했는데, 당대의 전형적인 정치 사극의 요소들을 갖추고 있으며, 왕실을 중심으로 이야기가 전개된다. KBS에서 2014년에 방영한 〈정도전〉은 제목에서처럼 당대의 정치가를 통해 왕실을 벗어난 정치를 다루려던 역사극이었으며, 조재현(정도전), 유동근(태조 이성계), 안재모(태종 이방원), 박영규(이인임), 임호(정몽주) 등이 출연했다.

세종대왕은 4군 6진 개척을 통해 한반도 북방을 조선 영토에 편입했다.

서 세종대왕이 완성한 것이다.

세종대왕 때의 4군 6진 개척 역시 여진족의 습격이 촉발했다. 1433년 1월 8일자 〈세종실록〉에 의하면 건주여진족 추장 이만주가 300명을 거느리고 강계를 습격하여 조선 백성 48명을 죽이고 75명을 납치했다고 한다. 세종대왕은 변경 일대의 영토 편입을 확고히 하려는 목적으로 평안도 절제사 최윤덕에게 1만 5,000명의 군사를 주어 이만주 토벌에 나서도록 명령했다.

조선군의 1433년 여진족 공격으로 236명의 여진족들이 사로잡혔으며, 184명이 죽임을 당했다. 여진족의 피해가 적었던 이유는 조선군이 출동하자 이만주를 비롯하여 많은 수의 여진족들이 겁을 먹고 달아나 버렸기 때문이다.☆ 이 전투의 결과로 현재의 자강도에 자성군을 세운다. 3년 후에는 무창군, 5년 후에는 우예군이 세워졌다.

세종대왕은 1432년에 현재 함경북도 종성에 세운 영북진을 종성군으로 이름을 고쳤고, 회령진을 새로 세웠다. 또 1442년에는 다온평에 온성군을 세우고 두만강을 따라 길게 늘어선 장성을 설치하였다. 그리고 1449년에는 부령군을 세운다. 이렇게 하여 4군 6진이 완성된다. 현재 한반도의 경계선이 조선의 이때 국경선과 거의 동일하다고 보면 무리가 없다.

세조, 조선을 괴롭히던 이만주를 죽이다

오랫동안 조선을 괴롭혀 왔던 건주여진족의 지도자 이만주를 제압한 것은 세조다. 이만주는 세종대왕 시절부터 조선의 골칫거리였다. 여러 차례 조선인을 습격했던 이만주는, 조선의 토벌군을 교묘히 피해나갔다. 4군 6진이 설치된 후에도 그러했다.

TMI ☆ 최윤덕은 다음과 같은 군령을 내렸다고 한다. ① 적의 마을에 들어가서 늙고 어린 남자와 여자는 해치지 않으며, 젊은 남자라도 항복하면 죽이지 말라. ② 적의 마을에 들어가서 명령을 내리기 전에 재물과 보화를 거두는 자는 목을 벤다. ③ 소, 말, 닭, 개 등 여진족들이 키우는 가축을 죽이지 말고, 집을 불태우지 않는다. ④ 만약 늙은이나 어린이를 잡아서 죽이고, 여진족에게 납치당한 명나라 사람을 죽여서 공을 세운 것처럼 꾸미는 병사는 모두 군법에 의하여 처벌한다.

여진족 전사의 모습. 이들의 후예들이 청나라를 세운다.

　헌데 그로부터 34년 후인 1467년, 이만주는 뜻밖의 봉변을 당하고 말았다. 조선의 일곱 번째 임금 세조가 1467년 9월 26일 강순康純과 남이南怡 등의 장수들에게 명나라 군대와 함께 이만주를 토벌하라는 명령을 내렸다. 이 전투에서 이만주는 아주 손쉽게 사로잡히고 만다.

　1467년 10월 10일자 〈세조실록〉의 기사에서는 강순이 거둔 전과를 기록하고 있다. 이만주 등 24명의 건주여진족 지도자들을 죽였고, 24명을 사로잡았으며, 175명을 활로 죽였다. 명나라 군대가 오기를 기다렸으나 오지 않아서 철수했다고 덧붙였다. 세조는 이

만주와 그 일당들을 토벌한 것이 너무나 기뻤던 나머지 축하의 뜻으로 반란죄와 부모와 남편과 주인을 죽인 살인죄를 제외한 모든 범죄를 사면해준다고 발표하였다.

조선이 끝내 만주를 정복하지 못했던 까닭은?

고려와 조선은 집요하게 북진을 추구하였으며, 만주 지역에 대한 영유권 및 영향력을 확보하려 노력하였다. 그러나 결론적으로 만주 지역은 고려와 조선의 지배권에 들어가지 못했다. 오히려 17세기에 들어서 만주의 여진족들은 통합에 성공하여 그들의 왕조인 후금을 세우고, 조선의 압박으로부터 완전히 벗어났다. 그 이후엔 청나라까지 세우게 된다.

건국 초기부터 만주 지역에 나름의 영향력을 가졌던 조선은 왜 끝내 만주를 놓치고 말았을까? 여기에는 당시의 시대적 상황이 작용하였다.

첫째로 만주는 조선이 마음대로 점령하여 지배할 수 있는 땅은 아니었다는 사실이다. 조선 서쪽의 초강대국인 중국 명나라가 건국 초기 영락제 시절부터 현재 흑룡강 하구에 누르칸도사奴兒干都司를 설치하고 만주의 여진족들이 사실상 명나라의 속민임을 선언했기 때문이었다. 물론 명나라의 만주 지배는 어디까지나 명나라의 관직을 받은 여진족 지도자들을 통제하는 간접적인 형태에 그쳤으나, 형식적이라도 명나라의 신하였기 때문에 조선이 그들을 함부로 다룰 수도 없었다. 만약 조선이 대규모의 군대를 동원하여 여진 부족들의 영토를 모조리 점령하고 그들의 땅을 직접 지배하려 했다면, 명나라가 조선의 힘이 지나치게 커지는 것을 경계하여 조선에 압력을 가할 우려가 있었기 때문이다.

둘째는 조선 시기의 만주는 옛 고구려나 발해 시절보다 훨씬 날씨가 추웠다. 그래서 조선의 세종대왕이 4군 6진을 개척하고 그곳에 살 주민들을 남쪽에서 이주를 시키자, 춥고 황량한 날씨 때문에 많은 주민들이 괴로움을 호소했다. 일설에 의하면 조선 후기에 만들어진 예언서인《정감록鄭鑑錄》에 언급된 이상향이 '남조선', 즉 남쪽의 조선인 이유는 바로 추운 날씨에 시달리며 고통스럽게 살게 된 북쪽 주민이 따뜻한 남쪽 지방을 그리워했기 때문이라고 한다. 사정이 이러하니, 조선이 여진족의 땅을 점령했다고 해서 그곳으로 옮겨가 살려는 조선 백성들이 몇 명이나 되었을지 의문이다. 점령지에 들어가 살려는 주민들이 거의 없는데, 어떻게 그 땅을 계속 유지할 수 있겠는가?

셋째는 조선이 외부로의 군사 원정이나 영토 지배에 부적합한 체제였다는 점을 들 수 있다. 송나라는 반란이 일어날 것을 두려워하여 젊고 건강한 병사는 수도를 지키는 중앙군에 보내고 늙고 허약한 병사는 지방을 지키는 지방군에 보냈다. 또한 지휘관이 병사들과 인간적인 유대 관계가 강해져 반란을 일으킬 것을 막기 위해 일부러 지휘관들의 권한을 심하게 억제했는데, 조선도 딱 그러했다. 송나라 군대는 중국 역대 왕조들 중에서 가장 약하다는 평가를 받았는데, 조선군 역시 그러했다.

조선은 반란을 지나치게 두려워하여 군사력 자체를 가급적 최대한 억제하는 방침으로 일관했다. 왜구를 토벌하기 위한 대마도 원정이나 여진족의 약탈에 대한 보복 원정의 경우에도 목표를 달성하면 곧바로 철수해버리는 것이 관례였다. 여진족 영토의 일부라면 몰라도, 조선이 여진족 영토의 대부분을 정복하고 지배하는 정책을 펼치기에는 조선의 체제가 알맞지 않았다고 판단된다.

토막 상식

여진족이 두려워한 조선의 무기, 편전

조선 시대에 사용된 군사 무기들은 매우 많지만, 그중 가장 뛰어난 위력을 지녔다고 평가할 수 있는 것이 편전片箭이다. 다른 말로 통전筒箭이나 애기살이라고 부른다. 보통 화살보다 그 길이가 매우 짧은 1척 2촌(약 25cm) 길이의 화살을 대나무로 만든 통아筒兒에 넣고 발사하기 때문에 그런 이름이 붙었다. 편전에 쓰이는 화살은 짧고 가벼워서 상대적으로 훨씬 멀리 나가는데, 사정거리는 약 200보(약 252m)에서 300보(약 378m)다. 편전은 비행 속도가 매우 빠르기 때문에, 적이 피하기 무척 어려웠다. 1491년 1월 24일자 〈성종실록〉

의 기사를 보면, 편전을 여진족들이 두려워했다는 별시위別侍衛 강효복姜孝福의 발언이 인용된 구절이 있다. "처음에 장전長箭으로 쏘았더니, 저들 중 갑옷을 입은 자는 뛰면서 휘두르기도 하고, 혹은 (그 화살을) 주워서 도로 쏘았습니다. 그래서 편전으로 쏘았더니 저 사람들이 피할 수가 없어서 두려워했습니다. 다만 변유에 보관되어 있는 편전의 수가 적은 것이 염려스럽습니다."

조선 후기의 학자 이익도 그의 책인《성호사설星湖僿說》에서 편전을 변전邊箭이라고 부르면서 그 위력을 칭송했다. "군대에서 쓰는 전쟁용 도구 중에 편전이란 화살이 있는데 길이가 매우 짧아서 활을 잔뜩 당겨서 쏠 수 없다. 그러나 대나무 통에 끼워서 쏘면 힘껏 당길 수 있는데, 그 힘은 먼 거리에 미치고 뚫고 들어가는 힘도 매우 억센 바, 적들은 이 편전을 두려워하면서, '조선 애기 화살'이라고 했다 한다."

간혹 편전이 무게가 가벼워서 멀리 나가긴 하지만 위력이 약하다는 주장도 있다. 그러나 광해군 시절 강홍립을 따라 후금과의 전투에 참가한 이민환의《자암집自菴集》에 의하면, 당시 후금의 군인들은 편전을 멀리서 쏴도 갑옷을 뚫는다면서 두려워했다고 한다. 후금에서도 경계했고 그 외 다양한 기록이 남아 있는 만큼 편전을 위력이 약한 무기라고 볼 수는 없을 것 같다.*

물론 편전이 만능의 무기는 아니었다. 대나무통 속에 화살에 넣고 쏘는 사용법을 익히기가 매우 어려우며, 잘못 쏘면 팔뚝에 화살이 꽂히는 부상을 당할 위험성이 컸다. 범용성이 떨어진다는 말인데, 군을 전반적으로 억제했던 조선의 상황에서 대규모로 편전을 사용하는 병력을 양성하기는 어려웠을 것으로 생각된다.☆☆

백두산정계비

4군 6진 개척을 통해 한반도 북쪽으로의 국경선이 일단 확정된다. 하지만 북방 국경에서는 여진족이 청나라를 세운 17세기 이후까지 사건 사고가 이어졌다. 특히 압록강과 두만강 지역에 살던 조선 백성들이 인삼을 캐기 위해 몰래 국경을 건너 청나라 땅으로 들어갔다가 청나라 관리나 백성들과 충돌을 일으키고 심지어 사람까지 죽는 일이 발생하자, 청나라에서 조선 조정에 자주 항의를 했다. 당시 청나라는 '봉금령'을 통해 여진족(만주족)만 간도 일대에서 거주하도록 했다.

조선 시대에는 민간인이 시장에서 조총 같은 무기를 사서 가지고 다닐 수 있었다. 산에 호랑이와 멧돼지 같은 맹수들이 많았기 때문

TMI ☆ 그 외에도 편전의 위력을 다룬 많은 역사적 증언들이 기록으로 남아 있다.
☆☆ 덧붙이면, 유명한 무기인 신기전神機箭은 세종대왕 시절인 1448년 개발된 화약무기이자, 원시적인 로켓이었다. 고려 말기, 최무선이 만들었던 화약 무기들 중 하나인 주화走火를 세종대왕 시절에 더욱 개량한 무기가 바로 신기전이었는데, 그 크기에 따라 대신기전, 산화신기전, 중신기전, 소신기전으로 나뉜다. 모든 신기전의 기본 원리는 화약에 불이 붙었을 때의 힘으로 화살을 날려 보내는 것인데, 이를 집단적으로 운용하면 마치 기관총이나 발칸포와 같은 형태로 사용할 수 있었다. 신기전은 임진왜란 때, 행주산성전투에서 일본군을 격파할 때 큰 도움이 됐다.

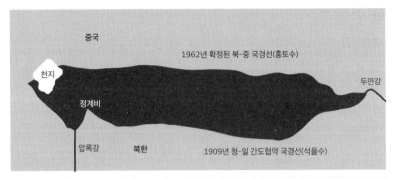

중국

1962년 확정된 북-중 국경선(홍토수)

천지

두만강

정계비

압록강　　북한

1909년 청-일 간도협약 국경선(석을수)

〈조중변계협약〉에 의한 북한과 중국의 국경선. 일제가 청나라와 맺은 〈간도협약〉과 차이가 있다.

에, 몸을 보호하기 위한 무장이 가능했던 것이다. 문제는 당시 인삼을 캐려는 심마니들이 백두산 근처로 들어갔다가 인근 청나라 관리들에게 발각되면 인삼을 빼앗기고 감옥에 갇히는 일이 많아지자, 아예 조총으로 무장을 하고 청나라 관리들한테 들키면 무조건 쏴버리고 달아다는 식으로 행동했던 것이다.

　이 문제를 해결하기 위해 조선과 청나라는 1712년 2월 관리들을 백두산에 파견하여 두 나라 간의 국경을 확실히 정하기 위한 회담을 가졌다. 청나라 대표인 오라총관 목극등穆克登과 조선 대표인 접반사 군관 이의복李義復은 서로 만나서 백두산 정상의 호수인 천지天池의 동남쪽 아래 약 4km에다 백두산정계비白頭山定界碑를 세웠다. 백두산정계비의 내용은 "서쪽의 압록강과 동쪽의 토문土門강을 경계로 청나라와 조선의 국경을 정한다"는 것이었다.* 천지를 기준으로 북쪽을 청나라의 영토로, 남쪽을 조선의 영토로 정하는 내용으로 볼 수 있다.

그러나 1880년대로 접어들면서 백두산 인근의 간도를 둘러싸고 청나라와 조선 사이에 마찰이 빚어졌다. 청나라가 봉금령을 풀고 만주에 관리와 백성들을 적극적으로 보내 개척하려고 하자, 조선 고종도 간도에 관리들을 보내고 간도가 조선의 영토라고 청나라에 주장했다(물론 청나라는 이를 묵살하였다). 또한 백두산정계비의 '토문'을 어떻게 해석할 것인지에 대해서도 양측이 충돌했다. 조선은 백두산 산정에서 가장 가까운 두만강 지류인 홍토수를 기준으로 주장한 반면, 청나라는 백두산정계비에서 가장 가까운 지류인 석을수를 주장했다

그러던 와중 1909년 일제가 만주에 철도를 부설하는 대가로 간도 지역의 관할 권한을 청나라 조정에 넘겨주고, 국경선 역시 청나라의 의견을 따라 석을수를 기준으로 삼는다. 그러다가 1931년 9월 일제가 만주를 침략하고(만주사변), 1932년 관동군이 '괴뢰국가' 만주국을 세우면서 국경선의 의미가 희미해진다. 이 시기 즈음에 백두산정계비 자체가 사라진 것으로 추정된다.☆☆

TMI ☆　여기에 언급된 토문강은 두만강으로 해석하는 것이 일반적이다.
　　☆☆　일제 패망 후 그 일대의 국경은 1962년 북한과 중국 사이에 체결된 〈조중변계협약朝中邊界條約〉에 의해 홍토수를 기준으로 확정된다. 홍토수와 석을수 사이의 면적은 약 280km²다.

임진왜란

불멸의 영웅들이 탄생하다

(1592~1598년)

──────── 요약

1592년 4월 일본군이 부산에 상륙하면서 임진왜란이 시작
된다. 20일 만에 수도 한양이 함락당하고 선조가 의주까
지 피신한다. 그러나 이순신이 이끄는 조선 수군과 권율이
지휘하는 조선 육군이 일본군을 한산도대첩과 행주대첩에
서 쳐부수고, 수많은 의병들이 전쟁에 참가하며, 명나라 군
대가 조선을 도우러 오면서 일본군은 물러났다. 전쟁은 약
4년 동안 휴전 상태에 놓여 있다가 1597년 일본군이 다시
조선을 침공하면서 정유재란으로 이어진다.

　조선 수군은 원균이 칠천량해전에서 대패하여 위기를 맞
지만, 돌아온 이순신이 명량대첩에서 일본군을 격파하여 위
기를 극복했다. 또다시 수많은 의병이 싸웠고 명나라 군대
가 도움으로써 일본군의 육로 진격을 막아냈고, 전황이 지
지부진하자 절망한 도요토미 히데요시는 조선에서 철수하
라는 유언을 남기고 죽었다. 추격전을 벌이던 이순신은 마
지막 해전에서 일본군의 총탄에 전사한다.

──────── 키워드

#이순신 #거북선 #한산도대첩 #명량해전 #절이도해전 #권율 #원균
#김시민 #곽재우 #진주성전투 #의병 #행주대첩 #정문부 #북관대첩
#선조 #신종만력제 #이여송 #유정 #사명당 #비차 #도요토미히데요시
#고시니유키나가 #가토기요마사 #조총

조선의 구세주, 이순신

임진왜란이라고 하면 결코 빼놓을 수 없는 인물이 바로 조선의 수군 장수인 이순신李舜臣이다. 이순신은 1589년 12월까지 전라도 정읍현감이라는 낮은 벼슬에 머물러 있었으나, 1591년 2월 13일 선조가 일본과의 전쟁에 대비하여 전라좌도수군절도사라는 고위 관직에 임명하면서 인생이 변하기 시작했다. 그가 남긴 《난중일기》에 의하면, 당시 조선 수군의 기강이 무척 해이했는데 이순신은 엄격하게 이를 바로잡았다.☆

　1592년 4월 13일 임진왜란이 일어나자 이순신은 자신이 그동안 훈련시킨 전라좌수영의 수군 함대를 이끌고 일본군을 상대로 전쟁에 나섰다. 그리고 육지에서 조선군이 패배하는 동안, 일본군과 싸워 항상 이겼다. 이러한 공로를 인정받아 1593년 8월 1일 이순신은 조선 수군의 총사령관인 삼도수군통제사에 임명되었다.

TMI ☆ 　우리는 보통 임진왜란과 정유재란을 합쳐서 '임진왜란'이라고 인식하고 있지만, 동일한 것은 아니다. 임진왜란은 1592년 4월 13일 일본군이 부산을 침입한 시점부터 1595년 4월 명나라와 일본 사이에 휴전이 맺어져 부산을 제외하면 일본군 대부분이 본국으로 철수한 시기까지를 가리킨다. 정유재란은 1596년 9월 2일 명나라와 일본의 강화 협상이 깨짐에 따라, 1597년 1월 23일 일본군이 150척의 배를 타고 다시 조선을 침입했는데 이때부터 1598년 11월 24일 일본군이 조선에서 완전히 철수하는 기간 동안을 가리킨다.

이순신 장군 초상화. 동아대학교 박물관에
있다. 널리 알려진 '표준영정'보다 이 그림이
현실에 가깝다는 평가가 최근 나오고 있다.

    그러나 너무 큰 공을 세웠기 때문에 선조는 그를 경계하였고, 동
료 장수인 원균 또한 그를 시기하여 모함하였다. 그리하여 1597년
1월 23일 일본군이 150척의 배를 타고 조선에 쳐들어왔을 때, 이순
신이 겁을 먹고 싸우러 나가지 않는다는 거짓 정보를 믿은 선조는
그를 파직하고 원균을 삼도수군통제사로 삼았다. 하지만 1597년
7월 1일 칠천량해전에서 원균이 이끄는 조선 수군이 궤멸되자, 선
조는 이순신을 다시 삼도수군통제사에 임명하였고, 같은 해 9월
16일에 벌어진 명량해전에서 이순신은 불과 13척의 배로 133척이
넘는 일본 수군을 물리치는 대승을 거두었다.
    임진왜란에서 이순신이 위대한 장군이라고 평가받는 이유는 단

이순신의 상징 거북선. 형태에 대해서 여러 고증이 엇갈린다. 판옥선 위에 덮개를 씌워 돌격선으로 쓰였다고 알려져 있다.

지 그가 많이 이겨서가 아니라, 일본의 전략 자체를 무산시켰기 때문이다. 임진왜란을 기획한 도요토미 히데요시는 함대에 병력과 물자를 싣고서 조선의 남해와 서해를 돌아 보급할 계획이었는데, 이순신의 연승으로 인해 일본군의 해상 수송로가 위협받아 계획을 쓸 수 없게 되었고, 그로 인해 병력 보충과 보급에 차질을 빚은 일본군은 평양에서 더 이상 진격하지 못하다가 철수할 수밖에 없었기 때문이었다. 그래서 이를 두고 류성룡은 그의 저서인 《징비록》에서 '우리나라를 살린 것은 이순신이었다'고 극찬을 하였다.

전쟁의 막바지인 1598년 11월 19일 이순신은 철수하는 일본군을 쫓아가 노량에서 크게 무찌르다가 그만 날아온 총탄에 맞아 전사했다. 이순신은 조선을 구한 영웅으로 열렬히 칭송을 받으며 일제 강점기와 해방을 거치면서 현재까지 한국인들이 가장 존경하는 인물 중 하나로 기억되고 있다.✩

이순신의 무기와 전술

이순신의 전술은 먼저 조선 수군이 가진 막강한 무기인 총통(대포)과 불화살을 일본 수군을 향해 퍼부어 그들이 탄 배를 불태우거나 침몰시키는 것이었다. 임진왜란 당시 일본 수군의 주력은 조선 수군의 주력 전함인 판옥선보다 크기와 위력이 떨어지는 세키부네였다. 세키부네는 대포를 거의 싣지 않아서 판옥선의 강력한 화력에 대응하기 힘들었다. 일본 수군에도 아다케부네나 니혼마루 같은 대형 전함들이 있었으나, 대장이 탑승하여 지휘하는 기함 용도로 한정되었으며, 판옥선처럼 주력 전함으로는 사용되지 않았다. 우리에게 널리 알려진 거북선은 판옥선을 개량한 것으로, 위에 덮개를 씌워 적이 진입하지 못하도록 무장한 돌격선으로 사용했다고

TMI ✩ 임진왜란을 다룬 대중예술 작품들은 이순신을 주인공으로 삼은 것들이 많은데, 김훈의 소설 〈칼의 노래〉와 김탁환의 소설 〈불멸의 이순신〉 및 이를 원작으로 만든 2004년 KBS 드라마 〈불멸의 이순신〉이 큰 인기를 끌었다. 또한 2014년 개봉된 영화 〈명량〉은 이순신의 명량해전을 다룬 작품으로 1791만 명의 관객들이 관람했다. 각각 김명민, 최민식이 이순신을 연기했다. 또한 이순신을 천거한 서애 류성룡의 《징비록》을 모티프로 드라마가 2014년에 방영됐다. 김상중(류성룡), 김석훈(이순신) 등이 출연했다.

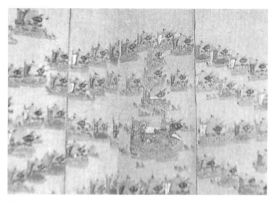

학익진을 묘사한 병풍. 조선 후기 화가 정효현의 그림 일부. 〈수조병풍도〉라는 작품으로, 고종의 어명으로 병풍에 그려졌다.

알려져 있다.

조선 수군이 가진 총통은 주로 100~200개의 작은 탄환들을 한꺼번에 쏘는 식으로 운용되었다. 이는 배의 갑판 위에서 판옥선에 올라타려고 기다리던 일본 수군에게 치명적인 피해를 입혔다. 또한 조선 수군이 쏘는 불화살은 화살촉 주위에 작은 화약통을 매단 것으로, 쏘면 날아가 적에게 꽂힌 후에 불이 화약통에 붙어 저절로 폭발하였다. 그래서 조선 수군의 총통과 불화살로 공격을 받은 일본 수군의 배들은 불에 휩싸여 가라앉기 일쑤였다.

한산도대첩 등 조선 수군이 승리한 해전들은 대부분 포위섬멸전으로 진행되었다. 한산도대첩에서 이순신은 일본 수군을 보자 조선 수군에게 거짓으로 후퇴하라고 지시를 내렸고, 일본 수군은 조선 수군이 도망가는 줄 알고 쫓아오다가 두 쪽으로 갈라져 양 측면을 감싸고 포위하여 공격을 퍼붓는 조선 수군의 이른바 학익진 전술에 걸려 대패하였다. 이순신이 지휘하는 조선 수군이 이러한 전술을 해상 실전에서 사용할 수 있었던 것은 수군 병사들이 강도 높은 훈련을 통해 전투 능력을 구비하고 있었기 때문이다.

의병들의 활약

의병義兵은 정규군이 아니지만, 개개인이 나라를 지키기 위해 무기를 들고 일어선 이른바 민병대를 말한다. 임진왜란 내내 활약했던 의병들이 워낙 많기 때문에 그들을 일일이 소개하다가는 이 책의 지면이 모자랄 정도다. 전쟁에 중요한 역할을 했던 의병장 중 정문부와 곽재우만 간략히 소개해보겠다.

정문부鄭文孚는 1592년 7월 24일 반역자 국경인鞠景仁이 함경도 회령으로 피난을 온 왕자인 임해군과 순화군을 붙잡아 일본군 장수 가토 기요마사한테 넘겨주었을 때, 함경도의 군사 업무를 담당하던 함경북도병마평사의 관직에 있었다. 처음에 일본군이 함경도를 장악하자, 그는 잠시 민가로 피신해 있다가 용기를 내어 은밀히 편지를 돌리며 의병을 모집하였다. 그리고 우선 국경인에 맞서 싸웠다. 1592년 9월 16일, 정문부가 이끄는 의병들이 경성을 탈환했다. 성에 있던 국세필과 국경인을 도왔던 정말수 등의 반역자 13명은 정문부에 의해 처형당했다. 길주에 있던 일본군이 경성을 공격

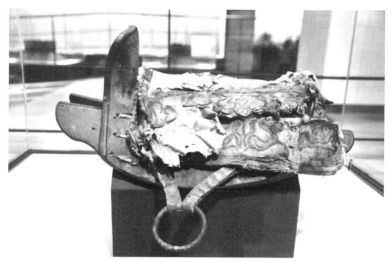

홍의장군 곽재우의 말안장 유물.

하자 강문우姜文佑가 기병으로 구성된 결사대 20여 명을 이끌고 나가 적을 격퇴시켰다. 이 승리를 정문부는 북관대첩비北關大捷碑에 기록해 놓았다.

북방의 혹독한 추위와 보급의 단절로 난감해하던 일본군은 의병이 몰려오자 함경도에서 철수했다. 가토는 퇴각하기 전에 국경인에게 회령 수비의 책임을 맡겼다. 그러나 한낱 양아치에 지나지 않던 국경인은 그런 임무를 수행해낼 역량이 없었다. 국경인은 회령의 유생인 신세준申世俊과 오윤적吳允迪에게 붙잡혀 죽임을 당했고, 그의 목은 잘려져 정문부에게로 보내졌다. 다음 해인 1593년 1월

28일에는 정문부가 이끄는 조선 의병들이 백탑교白塔郊에서 가토 기요마사가 이끄는 일본군과 치열하게 싸웠다. 이 전투 이후 일본 군은 사기가 떨어져 함경도에서 철수했으며, 이 전투를 후대 사람 들은 함경도에서 일본군을 몰아낸 북관대첩이라고 불렀다.★

북쪽에 정문부가 있었다면, 남쪽에는 곽재우가 있었다. 곽재우 는 본래 과거 시험에 낙제한 유생이었으나 일본군이 쳐들어오자 1592년 2월 22일 직접 나서서 의병을 일으켰다.★★

곽재우는 경상감사 김수의 무능을 미워하여 그에게 "네가 조금 이라도 신하된 도리를 안다면 스스로 목을 잘라 죽어 세상에 사죄 를 해야 한다. 만약 네가 안 하면 내가 직접 너를 죽이겠다"고 위협 하는 내용의 편지를 보냈다. 이 편지를 읽고 분노한 김수는 곽재우

TMI ★　북관대첩을 기록한 '북관대첩비'는 러일 전쟁 중 '치욕적인 역사를 남겨둘 수 없다'는 일본군에 의해 강탈되어 야스쿠니 신사로 옮겨졌다가, 남북 협력(한일불교복 지협회, 조선불교도련맹)에 의해 2005년 환수되었다. 2005년 국립중앙박물관에 전시 했고 2006년에 북한에서 인계했다. 현재는 원래의 위치인 북한 함경북도 김책시에 복원되어 있다. 북한 '제193호 국보유적'이다.
★★　이순신과 곽재우 같이 일본군에 맞서 나라를 지키기 위해 싸운 관군 장수와 의병장들은 거의 양반이었다. 노비들 중에는 일본군이 쳐들어오자 궁궐에 불을 지르 고 왕들의 무덤을 도굴했으며 일본군의 길잡이 노릇을 하는 경우도 있었다. 오늘날 조선 시대를 다룬 드라마나 영화에서 양반들은 대부분 악역으로 나오고 노비들은 선량하게 묘사되지만, 양반이라고 모두가 나쁜 인물들은 아니었고 노비라고 모두가 선한 인물들은 아니었다. 참고로, 드라마 〈불멸의 이순신〉에서는 이순신의 할아버지 인 이백록이 기묘사화에 연루되어 사약을 받고 죽는 것으로 묘사되고, 인터넷에 돌 아다니는 이순신 어록에서는 이순신이 가난한 집안 출신이라고 나오지만 사실이 아 니다. 이백록은 기묘사화 이후에도 살아서 '평시서봉사'라는 벼슬을 했다. 또한 이순 신의 집안은 부유했으며, 이순신의 아내인 방씨의 친정도 부잣집이었다.

를 역적이라고 조정에 알렸으나, 곽재우의 재능을 귀하게 여기던 김성일이 곽재우가 자신의 재산을 털어 의병을 모집한 충성스러운 사람이라고 변호하여 처벌을 받지 않았다.

곽재우는 홍의장군紅衣將軍이라 불렸는데, 그가 붉은 옷을 입고 일본군과 싸웠기 때문이었다. 곽재우는 자신과 비슷하게 생긴 부하 10명에게 붉은 옷을 입히고, 여러 군데에 매복하여 일본군을 활로 쏴 저격하거나 일본군이 쫓아오면 재빨리 달아나다가 그들이 멈추면 다시 공격하는 식의 게릴라 전술을 즐겨 사용했다.

곽재우가 거둔 전공에 대해서는 《조선왕조실록》이나 《난중잡록》 같은 문헌들에 많이 나오는데, 1592년 6월 19일자 《난중잡록》에는 이런 내용이 있다. 일본군이 낙동강에 띄운 배가 떠내려 와서 곽재우가 부하들과 함께 그 배를 공격하여 빼앗았는데, 뒤져보니 그 배에는 조선을 세운 태조 이성계가 신었던 신발 등 왕실의 보물들이 가득 실려 있었다고 한다. 아마 한양을 점령한 일본군이 왕실의 창고를 약탈하여 빼앗은 보물들을 가져가고자 배에 실어서 보내다가 곽재우한테 걸린 것이었다.

정문부가 일본군에 협조한 반역자를 죽인 것처럼, 곽재우에게도 비슷한 일이 있었다. 1592년 7월 1일자 〈선조수정실록〉의 기사에 의하면, 경상북도 영산 사람 공휘겸이 일본군의 앞잡이 노릇을 하면서 자신이 장차 경주를 다스리는 관리가 될 것이라고 거드름을 피웠는데, 이 소식을 듣고 분노한 곽재우가 군사들을 매복시켜 공휘겸을 붙잡아서 그의 목을 베었다.

곽재우는 일본군을 경상도 현풍과 창녕 사이에서 주로 물리쳤다. 정문부와 곽재우처럼 탁월한 성과를 거둔 의병은 흔치 않다.

승병과 산척군

임진왜란 무렵 일본과 조선의 군대는 크게 달랐다. 일본은 100년 넘게 내전이 계속되다 보니 하루도 전쟁이 끊이지 않았고, 전문적인 무사인 사무라이 이외의 농민들도 전쟁에 동원되어 싸우다보니 전투 경험이 풍부했다. 반면 조선은 건국 이후 약 200여 년 동안 여진족이나 왜구를 상대로 한 전투를 제외하면 큰 전쟁이 없었고 오랫동안 평화가 지속되면서 군사들의 훈련과 군기가 부족하여 전투력이 약했다. 또한 임진왜란 무렵 일본의 군대는 기본적으로 한마을에 살던 주민들이 그 지역을 다스리는 영주 밑에서 함께 군대를 이뤘다. 반면 조선 군대는 제승방략, 즉 중앙에서 지방으로 지휘관을 보내면 그 인근 지역의 병사들을 모아서 군대를 편성했는데, 중앙에서 파견된 지휘관이 현지의 사정을 알지 못했고 병사들도 지휘관을 처음 보기 때문에 잘 따르려 하지 않아서 군대의 사기와 전투력이 낮았다.

하지만 임진왜란 시기 조선에서는 앞서 살펴본 것처럼 자발적으로 무기를 들고 일어선 민병대가 조직되었고, 큰 성과를 냈다. 이들은 게릴라전을 벌이고 관군과 함께 싸우며 활약했다. 여기에는 승려와 산척도 합류했다.

사회적으로 낮은 대우를 받던 승려들은 임진왜란이 일어나자 승병僧兵이 되어 일본군에 맞서 싸웠다. 대표적인 예로 1592년 8월 16일 의병장 조헌趙憲이 거느린 의병들이 승병장 영규靈圭가 거느린 승군과 합세해 일본군과 싸운 금산전투와 1593년 2월 12일 행주산성전투에서 승병들이 관군과 함께 일본군을 물리친 일을 들 수 있다. 행주산성전투에서 승병들은 일본군을 상대로 석회가루를 뿌렸다고 전해진다.

산척山尺들도 병사가 되어 일본군과 싸웠다. 산척은 백정들의 후손인데, 산에서 짐승을 사냥하며 살아가던 계층이었다. 이들은 사냥꾼이어서 활과 칼 같은 무기들을 사용하는데 익숙했고 사기가 높아서 일본군을 상대하며 뛰어난 공을 세웠다. 1592년 8월 7일자 〈선조실록〉을 보면 일본군이 점령했던 고성과 사천성을 조선군이 공격했을 때, 산척들이 매복했다가 활을 쏘자 일본군이 접근하지 못했다고 한다.

일본이 조선을 침략한 목적은 세계 정복

도요토미 히데요시豊臣秀吉는 단순히 조선 정복을 위해 임진왜란을 일으킨 것이 아니었다. 1591년 3월 9일, 히데요시는 오사카에서 일본의 모든 영주들을 모아놓고 '우선 조선을 공격하여 점령한 다음, 곧바로 명나라로 들어가 그 곳의 400개 주를 정복하여 여러 영주들과 무사들에게 영지로 나눠주고, 인도까지 쳐들어갈 것'이라고 자신만만하게 선언했다.

히데요시가 세운 세계 정복 계획의 개요는 다음과 같다. ① 육군을 조선에 상륙시킨 다음 신속하게 조선의 수도를 비롯한 주요 거점 등을 점령한다. 동시에 수군을 띄워 육군에게 보급품과 증원 병력을 보낸다. ② 조선 전역을 완전히 점령하고 조선에서 징발한 군대를 앞세우고 거두어들인 식량을 군수 물자로 삼아 곧바로 명나라에 상륙하여 파죽지세로 점령한다. 동북쪽의 여진족들과 중원 내륙의 농민들이 반란을 일으킬 가능성이 높으므로 명나라는 멸망한다. ③ 그 다음 동남아시아와 인도까지 같은 방식으로 침공한다. 일본이 아시아를 통합한 대제국의 주인이 된다.

당시 세계에서 가장 부유한 지역은 명나라가 통치하고 있던 중국과 무굴 제국이 지배하던 인도였으니, 이 두 지역을 정복하면 사실상 세계를 정복하는 것과 다름없었다. 실제로 그는 조선 이외에도 1591년에 인도, 1593년에는 필리핀과 대만 등지에 사신을 보내어 "일본에 항복하라"고 엄포를 놓았다.

이 같은 사실을 명나라의 수뇌부들도 잘 알고 있었다. 1597년, 칠천량전투에서 원균의 무능한 지휘로 조선 수군이 궤멸하자, 명나라에서는 "이 여세를 몰아 일본 수군이 천진까지 직접 쳐들어와 북경을 위협할 지도 모른다"며 난리법석을 떨기도 했다.

비록 히데요시의 계획은 이순신이 이끄는 조선 수군과 의병들의 활약 및 명나라의 원병으로 실패하였지만, 그가 세운 아시아 침략 계획은 약 330년 후 일본 제국주의자들에 의해 그대로 실현되었

선조의 피난 행렬을 그린 그림. 그는 전쟁이 발발하자 한양을 버리고 북쪽 끝 의주로 피신했다.

다. 실제로 일본은 1895년 대만을 점령하고 1910년 조선을 병탄한 후, 1931년 만주사변과 1937년 중일전쟁을 일으켜 중국을 침략하였고, 1942년에는 필리핀을 점령했으며, 1944년에는 인도까지 공격하려고 작전을 세웠다. 도요토미 히데요시의 구상은 단순한 개인의 망상이나 내부의 위기를 외부로 돌리기 위한 책략 수준의 것이 아니었으며, 이후 일본이 국가적 차원에서 세운 대전략의 기틀이 되었다는 점을 알 필요가 있다.

명나라가 보낸 흑인 용병과 원숭이 부대

임진왜란 때 활약했던 의병장 조경남趙慶男이 쓴《난중잡록亂中雜錄》
에 의하면, 조선을 도우러 온 명나라 군대에는 흑인 용병과 원숭이
부대가 있었다고 한다. "명나라 장군 유정劉綎이 친히 수만 명의 군
사를 거느리고 임실에 도착하였다. 이튿날 유정이 용두채에 이르니,
군대가 총합 4만 7,000여 명이었고, 그 가운에 우지개牛之介 3명이 있
었는데, 키와 몸뚱이가 보통 사람의 10배요, 해귀海鬼 4명이 있었는
데 살찌고 검고 눈이 붉고 머리카락이 솜털 같았고, 초원楚猿 4마리
가 있었는데 말을 타고 놀리는 것이 사람과 같고, 몸뚱이가 큰 고양
이를 닮았고, 낙타와 노루와 여러 가지 물건들을 가지고 왔다."

여기서 언급된 해귀는 '흑인'을 가리키는 것이라고 학자들은 해
석하고 있다. 1598년 〈선조실록〉을 보면, 명나라 장수 팽신고가 선
조에게 자신의 군대에 해귀라고 불리는 용병이 있다고 소개한다.
팽신고의 말에 의하면 해귀는 중국 호광湖廣의 먼 남쪽에 있는 파랑
국波浪國 사람으로 조선으로부터 15만여 리나 떨어진 곳에서 왔으
며, 노란 눈동자에 얼굴과 몸 전체가 검고 턱수염과 머리카락은 곱
슬이고 검은 양의 털처럼 짧게 꼬부라졌다고 묘사된다.* 바다 밑에
잠수하여 적의 배를 공격하고, 며칠 동안 물속에서 물고기를 잡아
먹어 스스로 양식을 해결하며, 조총도 잘 쏘고 여러 가지 무예를 지
닌 가히 초능력을 가진 존재로 묘사됐다.

초원은 '원숭이'로 해석된다. 원숭이 부대는 말을 탔다고 하는데,
오늘날 중국의 서커스를 보면 실제로 원숭이가 말을 타는 묘기를

흑인 용병과 원숭이 부대를 묘사한 그림. 〈천조장사전별도〉의 일부로 《세전서화첩》에 수록되어 있다(한국국학진흥원−풍산김씨 오미동 참봉댁 기탁).

부리는 경우가 있다. 아마 명나라 군대에서 일본군을 놀라게 하기 위해 잘 길들인 원숭이들로 하여금 말을 몰고 돌진하게 하였던 것으로 추측된다.

일본군의 서해 횡단 계획을 좌절시킨 명량해전

1597년 7월 16일, 칠천량해전에서 조선 수군을 궤멸시킨 일본군은 1592년 1차 침공 때 실패했던 수륙 병진 전략을 다시 시도한다.

TMI ☆ 현재의 동남아시아 또는 아프리카의 어떤 나라를 말하는 것으로 추정된다.

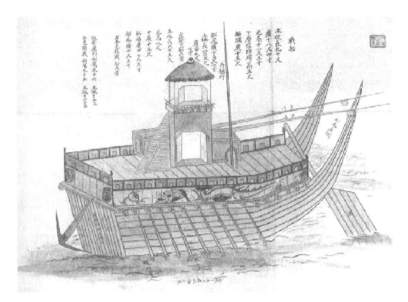

당시 조선의 주력 전함 판옥선을 묘사한 그림. 세키부네보다 훨씬 강력한 전투력을 지녔다. 앞에서 본 것처럼, 판옥선과 거북선은 다른 배다. 판옥선은 배 윗부분이 열려 있는 형태고, 거북선은 배 위에 나무 뚜껑을 덮고 그 위에 못을 박은 형태다..

'먼저 명군과 대치하고 있는 육군 병력을 일부러 후퇴시켜 명군을 깊숙이 끌어들인다. 그런 다음 330척 이상의 함대에 수군이 아닌 육군 소속 병사들을 별도 탑승시켜 명군의 배후에 상륙시킨 다음 명군을 포위하여 섬멸한다. 그리고 한양으로 신속히 북진하여 점령하고 선조와 대신들을 사로잡아 조선을 손에 넣는다.' 이것이 일본이 세운 서해 횡단 계획이었다.

이 전략이 성공하려면 일본 함대가 반드시 명량 해협을 통과해야 했다. 그리고 이 사실을 잘 알고 있던 조선의 삼도수군통제사 이순신은 명량에서 일본 함대를 막았다. 당시 조선 수군이 가진 배들 중에서 쓸 만한 전력은 고작해야 판옥선 13척이 전부였으며, 나머지는 연락용으로나 쓰는 작은 배인 협선 32척과 어선 100여 척이 고작이었다. 이 사실은 이미 일본군도 첩보를 통해 알고 있었다. 그들은 "이순신에게 10여 척의 전함밖에 없으니, 조선 수군을 몰살시킨 후에 곧바로 한강으로 쳐 올라가자"는 계획까지 세웠다.《난중일기》에 나오는 이야기다.

　만약 수백 척의 일본 함대가 북쪽으로 올라가 한양에 상륙했다면 조선의 운명은 그대로 끝장나고 말았을 것이다. 일제 강점기가 312년 앞서 시작될 수도 있었을 것이다. 그러나 1597년 9월 16일 명량에서 벌어진 조선 수군과 일본 수군의 전투는 전혀 예상치 못한 결과로 마무리되었다. 최소한 133척에서 최대 300척으로 추정되는 일본 함대가 13척의 판옥선으로 이루어진 조선 함대의 반격에 참패를 당하고 물러났던 것이다. 그것도 주요 지휘관 구루지마 미치후사来島通總가 전사하여 목이 잘려 이순신이 탄 판옥선의 장대에 걸리고, 도도 다카도라藤堂高虎가 화살에 맞아 크게 다쳐 후퇴했고, 후쿠하라 나오다카福原直高는 배가 침몰되어 바다에 빠졌다가 겨우 구조된 참패였다. 일본군의 서해 횡단과 한강 상륙 작전은 완전히 실패하고 말았다.

진주성에서는 임진왜란 중 두 번의 치열한 전투가 있었다. 1차 전투를 묘사한 그림.

조선의 비행기, 비차

조선 후기의 학자인 신경준申景濬이 쓴 《여암전서旅庵全書》와 이규경李圭景이 쓴 《오주연문장전산고五州衍文長箋散稿》에 의하면, 임진왜란 무렵 전라북도 김제의 정평구鄭平九라는 사람이 비차飛車를 만들어서 제2차 진주성전투에 사용했다고 한다.

정평구는 무관 출신으로 제2차 진주성전투에서 일본군의 숫자가 많고 조선군의 수가 적어 불리하자, 위태로운 상황에서 벗어나기 위해 고심을 하다가 비차를 만들었다. 비차는 뜨거운 불을 연료 삼

비차를 현대에 복구한 모습.

아 하늘을 날아다니는 기구였고, 심한 바람이 불면 제대로 날지 못
하고 땅에 떨어질 위험이 있었다고 한다.

정평구는 비차를 이용해서 일본군에게 포위된 경상도의 성에서
사람을 구출하고, 바깥에서 식량을 가지고 와서 진주성 사람들에
게 나눠주었으며, 돌이나 화약을 싣고 다니며 일본군을 공격했다.
그러다가 그만 조총에 맞아 비차는 추락하고 정평구도 죽고 말았
다. 전투가 시작된 지 7일 후에 진주성은 일본군의 맹공격을 받아
함락되고, 조선 군사와 백성들 약 6만 명이 모조리 죽임을 당했다.

충청도 출신의 윤달규尹達圭라는 사람 역시 백조와 비슷하게 생긴
비차를 만들었다고 하며, 최대 4명까지 탈 수 있고, 바람을 타고 하

늘을 날면 무려 100장(약 300m)을 갈 수 있지만, 바람이 너무 거세지면 땅에 떨어질 우려가 있다고 하였다.

비차들이 어떤 형태였는지 구체적인 내용이 없어서 지금도 비차의 복원을 두고 서로 다른 의견들이 엇갈리는데, 대략 원시적인 열기구나 글라이더와 같은 모습이었을 것이라고 추정하고 있다. 불로 하늘을 난다는 점에서는 열기구라고 볼 수도 있고, 바람을 탄다는 점에서는 글라이더와 비슷하다.

아마 정평구가 만든 비차는 열기구와 비슷했던 듯하고, 윤달규가 만든 비차는 글라이더와 비슷했던 것 같다.

이순신의 숨겨진 승리, 절이도해전

명량해전이 벌어진 지 1년 10개월 후인 1598년 7월 16일, 이순신은 또 다시 일본 수군과 싸워 대승을 거둔다. 그 장소는 전라남도 절이도折爾島였다.

조경남의 《난중잡록》에는 이런 내용이 있다. "1598년 7월 16일 통제사 이순신이 적병을 고금도에서 크게 무찔렀다. 하루 앞서 이순신이 진인과 같이 연회를 벌였는데, 문득 탐선이 달려와 적의 침범이 매우 절박하다고 보고하니, 곧 연회를 정지하고 제장에게 분부하여 복병하고 망을 보라하고, 엄한 방비를 두 배로 더하고 군기를 정돈하고 기운을 가다듬고서 기다렸다. 한밤중에 바람결에 삐걱삐걱하는 소리가 귀에 들려오더니 동틀 무렵에 적의 배가 많이 이르렀으므로 곧장 앞으로 나가 교전하였다. 이순신이 진인으로 하여금 높은 곳에 올라가 내려다보게 하고 자신이 여러 배를 거느리고 적중으로 뚫고 돌입하였다. 한 번 바라 소리가 나자, 고함치는 소리가 하늘을 덮고 살과 돌이 섞여 떨어지고, 화포가 함께 발사되어 50여 척을 잇달아 불태우고 100여 명의 머리를 베니, 왜적이 도망쳐 본진으로 돌아갔다. 진인이 크게 기뻐하며 칭찬하기를, '임금을 호위하는 울타리라고 이를 만합니다. 옛 명장이라도 어찌 이보다 더하겠소'라고 하였다." 〈선조수정실록〉에도 이 전투에 대한 내용이 있는 것을 보면 실제로 있었던 해전은 분명해 보인다.

그런데 정작 당사자인 이순신 장군이 남긴 《난중일기》에는 절이도해전에 관한 내용이 전혀 언급되어 있지 않다. 이유는 아직 알 수 없다. 그래서 절이도해전은 오랫동안 사람들에게 알려지지 않았고, 50여 척을 불태운 엄청난 전과에도 불구하고(명량대첩보다 더 큰 전과!) 아직까지 조명 받지 못하고 있다.

토막 상식

《달천몽유록》과 《임진록》

선조 33년, 윤계선이라는 선비가 23세의 나이로 한문 소설 《달천몽유록達川夢遊錄》을 지었다. 충주 달천에 암행어사로 온 파담자라는 사람이 꿈속에서 임진왜란 때 전사한 장수들의 영혼을 만나 이야기를 나누는 형식으로 진행되는데, 그는 이순신에게 최고의 추앙을 바치고 칭송한다. "수군통제사는 진실로 하늘이 낸 거룩한 분으로, 일선 장수에 임명되자, 변경에 크게 자리 잡고 한산 섬에서 적의 바닷길을 끊으면서 여섯 돌의 세월을 보내었습니다. 장수를 바꾼 일은 본디 적의 꾀에서 나온 것이지, 장군이 군사를 내는 시기를 그르친 것은 아니었습니다. 원균이 싸움에 패한 뒤에 아홉 척의 배와 남은 군졸로써 여러 번 벽파진에서 싸워 이겼으니 그 공은 종에 새겨 길이 남길 만한 일이요, 노량 싸움에서 공이 임종할 때에 죽음을 숨기고 깃발을 흔들고 북을 쳐 싸움을 계속할 것을 분부하매 아들이 그 명령대로 하여 산 중달을 달아나게 한 것처럼 하였으니, 그 꾀가 더욱 기이하다 하겠습니다."

반대로 원균은 조롱의 대상이 되었다. "긴 시냇가에서 여러 귀신들이 손뼉을 치며 웃으므로 그 까닭을 물으니 통제사 원균을 희롱하고 있다는 것이었다. 배는 불룩하고, 입은 삐뚤어지고, 얼굴빛은 흙빛이 되어 기어 왔으나 퇴짜를 맞고 참여하지 못하였다. 언덕에 의지하여 두 발을 죽 뻗고 주저앉아 주먹을 불끈 쥐고 한숨 쉴 뿐이다. 파담자 역시 크게 웃고 조롱하다가 기지개를 켜고 깨어나니, 한바탕 꿈이었다."

임진왜란을 다룬 소설인《임진록壬辰錄》은 그 저자와 연대를 알 수 없다. 본문 중 광해군 시절에 명나라를 돕기 위해 조선군을 이

사명대사가 왜장을 감화하는 모습을 상상한 그림.

끌고 만주로 출정했다가 후금 군대에 항복한 강홍립이 등장하는
것으로 보아 최소한 1619년 이후에 나온 것으로 여겨진다. 소설에
서는 일본 장수 가토 기요마사가 조선을 지배하고 왕이 되려고 시
도하는 등 비중 있게 등장하는데, 아마 함경도까지 쳐들어 간 점으
로 인해 그리 설정이 된 듯하다. 이 소설에서는 조선의 영웅으로
승려 사명대사가 나온다. 일본으로 건너가 온갖 도술을 부려 일본
인들을 굴복시키는 역할을 맡았다. 소설의 저자는 불교를 믿었거
나 최소한 불교에 호의적이었던 사람으로 추측된다.

빨간 김치의 시작

임진왜란 때 조선에 전해진 음식이 바로 고추다. 중남미의 멕시코가 원산지인 고추는 1542년 스페인 군대가 멕시코를 침략하면서 해외에 널리 퍼졌고, 스페인과 교역하고 있던 일본에 전해지면서 전쟁 중 조선에도 퍼지게 되었다.

임진왜란 이후에 나온 이수광의 《지봉유설芝峯類說》에는 고추는 "일본에서 처음 전파되어 왜겨자倭芥子라 이름 붙였다. 지금은 그 종자가 주점에 이따금 보이며, 맛이 맵고 독하여 많이 먹는 사람은 죽는다"라고 나온다.

이 시기 이전 우리 조상들은 아마 고추가 들어가지 않은 백김치와 동치미, 짠지 등을 지금 우리가 먹는 김치 대신 먹었을 것이다. 그런데 고추가 들어오자 많은 것이 바뀌었다. 김치를 비롯하여 거의 모든 음식에 고추나 고춧가루, 고추장 등이 첨가되기 시작했다. 이는 지금까지도 이어지고 있다.☆

임진왜란을 예언한 전설들

1592년 4월 30일자 〈선조실록〉을 보면, 조선을 세운 태조 이성계의 스승이었던 승려 무학無學이 지은 《도참기圖讖記》라는 예언서의 임진년에 '악용운근岳聳雲根 담공월영潭空月影 유무하처거有無何處去 무유하처래無有何處來'라고 적혀 있다는 내용이 나온다. 이것이 신립의 탄금대 전투 패배를 예언했다는 것이다.☆☆

고니시 유키나카가 지휘하는 일본군 선발 부대가 부산을 공격하자, 조정에서는 당시 명성 높던 장수 신립申砬을 보내 방어하도록 하였는데 신립은 1592년 4월 28일 지금의 충청북도 충주의 탄금대전투에서 일본군에 패배하고 목숨을 잃었다. 글자를 보면 악岳은 곧 유악강신維岳降申이며, 용聳은 입立이며, 운근雲根은 돌石이니, 악용운근이 '신립'이라는 말이다. 담공월영은 곧 '달이 여울에 떨어진 것'이니 '물에 빠져 죽는다'는 말인데, 신립은 탄금대에서 패배하고 강에 몸을 던져 죽었다.

또한 임진년 1월부터 "자리봉사고리첨정自利奉事高利僉正, 경기감사 우장직령京畿監司雨裝直領, 대월을마기大月乙麻其"라는 동요가 도성에 퍼졌는데, 임진왜란이 끝난 후에 노래의 뜻을 이렇게 해석하기도 했다. 자리고리는 방언으로 '냄새나고 더럽다'는 뜻인데 이것은 난리 뒤에 생긴 납속군공納粟軍功을 의미하며, 봉사첨정은 낮고 미천함을 의미하니, 왜란에서 천하고 낮은 자리에 있던 사람들이 공을 세워 벼슬을 받는다는 뜻이다. 또한 대월을마기는 큰달의 끝인데, 선조

TMI ☆ 약 400년 전에 전파된 고춧가루가 어떻게 민족의 식성을 바꿔버린 것일까? 추측해보면 첫째, 매운 맛의 묘한 중독성이 이유일 수 있다. 처음에는 거부감이 들지만 점차 먹을수록 그것에 빠져드는 성질이 고추에 있다는 것이다. 둘째, 평소부터 마늘과 생강 같은 독한 양념을 즐겼던 조선인들에게 고추는 이질적이지 않았기 때문에, 쉽게 고추를 활용하여 음식을 하게 되었다고 생각할 수도 있다.
☆☆ 예언의 아래 구절은 한양의 백성들이 피난을 가고 왜구가 들어온다는 뜻이라고 한다.

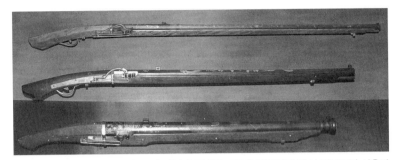

일본에서 쓴 조총. 포르투갈을 통해 일본에 전해진 조총은 임진왜란 당시 일본군이 사용하면서 조선에 알려졌다.

임금이 4월 그믐날에 피난을 떠났다는 뜻이며, 경기감사우장직령은 경기감사가 우장(비옷)과 직령(도포)을 입고 임금을 따라 피난을 간다는 것이다.

　1873년 고종 때 서유영徐有英이 쓴 야담집《금계필담金溪筆談》에도 임진왜란 관련 예언이 담겨 있다. 신묘년에 선조가 잠을 자다가, 여자 한 명이 손에 볏짚을 쥐고서 남대문에서 궁궐로 들어오는 꿈을 꾸었다고 한다. 그녀가 궁궐로 들어올 때마다 피가 땅으로 잔뜩 흘러 내렸고, 그녀는 하늘이 울리도록 크게 울더니 잠시 후 궁궐에 큰 불이 나서 모조리 잿더미가 되는 것이었다. 나중에 선조는 그 꿈이 재앙을 예견한 흉조라고 생각했는데, 다음 해 1592년 임진왜란이 일어나자 사람들은 "일본을 뜻하는 한자 왜倭는 벼禾와 여자女가 들어간 글자이니, 곧 일본이 쳐들어와 궁궐을 불태운다고 하늘이 선조에게 미리 가르쳐 준 것이었다"라고 풀이했다는 것이다.

명나라 만력제가 조선에 쌀 100만 석을 보내다

임진왜란 당시 명나라의 황제 만력제萬曆帝는 30년 동안 조정의 회의에 나오지도 않았다며 많은 비난을 받았던 인물이었으나, 조선에서는 하늘이 내린 구세주처럼 열렬히 칭송을 받았다. 거기에는 그럴 만한 이유가 있었다.

《난중잡록》의 1598년 기사를 보면 "하늘과 같은 황제의 은혜로 인해 (중국) 산동성의 쌀 100만여 석을 우리나라에 운송하여 각처에 나누어 구제하게 되어 굶주린 백성이 많이 의지하여 생명을 연장하였다"는 내용이 나온다. 일본이 다시 쳐들어온 정유재란 무렵, 일본군의 약탈 때문에 농사를 지을 수가 없어서 기근이 들어 조선 백성들이 굶주렸는데 만력제가 중국 산동성의 쌀을 조선에 보내줘 조선 백성들이 살아났다는 내용이다. 아무리 명나라가 크다고 하더라도 쌀 100만여 석이면 많은 양이고, 이를 조선에 보내준 점은 대단한 일이라고 생각된다. 이러한 사실 때문에 조선에서는 지배층인 사대부나 피지배층인 양민과 노비들까지 만력제를 칭송하였고, 병자호란의 위기에서도 명나라를 편들었으며, 훗날 명나라가 망하고 조선이 망한 이후인 1937년에까지 화양동서원의 만동묘에서는 만력제를 추모하는 제사를 지냈다. 명나라를 섬겼던 조선의 사대주의에는 단순한 어리석음 말고도 이런 역사적 이유가 있었다고도 볼 수 있다.

병자호란

가장 짧았으나 가장 굴욕적이었던
(1636~1637년)

─────── **요약**

병자호란丙子胡亂은 1636년 12월 청나라가 조선을 침략한 전쟁을 말한다. 청나라 군대를 피해 왕실과 조정 대신들은 강화도로 도망갔지만, 강화도가 함락되고 패배한다. 인조와 조정 대신들은 남한산성에서 버텼지만, 식량이 바닥나면서 결국 항복한다. 이 과정에서 인조가 청나라 황제 홍타이지에게 아홉 번 절을 하며 항복을 하는 삼전도의 굴욕을 겪었다.

　비록 기간은 짧았으나 조선이 패배했고 청나라 군대가 조선 백성 수십만 명을 포로로 끌고 가는 바람에 피해는 임진왜란에 비교해야 할 정도로 컸다. 이후 조선에서는 청나라에 복수를 하자는 북벌론이 나왔지만, 계속되는 전란으로 조선의 국력이 워낙 허약했고 청나라는 계속 강성해지는 바람에 이루어지지 못했다.

─────── **키워드**

#인조 #김경징 #김자점 #임경업 #홍타이지 #남한산성 #강화도
#삼전도의굴욕 #홍시 #소현세자

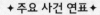
1636년 12월 2일 청나라군 12만 명이 압록강을 건너면서 병자호란 시작.

1636년 12월 17일 인조와 소현세자 및 대신들은 한양을 떠나서 남한산성으로
　　　　　　피난. 다른 왕실 사람들과 대신들의 가족들은 강화도로 피난.

1636년 12월 29일 남한산성의 조선군이 성 밖으로 나가 청군과 싸웠으나 패배.

1637년 1월 3일 쌍령전투에서 조선군이 청군에게 패배.

1637년 1월 6일 광교산전투에서 청군 장수 양구리가 조선군에게 죽임을 당함.

1637년 1월 22일 강화도가 청군에게 점령당함.

1637년 1월 30일 인조가 남한산성에서 나와 항복. 청태종 홍타이지한테 머리
　　　　　　를 숙여 절을 하는 삼전도의 굴욕을 겪음. 병자호란이 끝남.

병자호란을 일으킨 청나라의 속사정

병자호란이라고 하면 강력한 청나라를 나약한 조선이 무모하게 도발하다가 패전을 자초한 사건으로 생각하는 경우가 많다. 하지만 속사정을 알고나면 그렇게만 생각할 수는 없다. 사실 조선이 청나라에 최대한 머리를 숙였다고 하더라도 청나라는 조선을 공격해야만 하는 상황에 놓여 있었기 때문이다.

당시는 이른바 '명청 교체기'였다. 명나라와 청나라의 세력 전이가 진행되던 시기였다는 말이다. 명나라는 오랜 흉년으로 인해 굶주린 농민들이 반란을 일으켜 국내 상황이 무척이나 혼란스러웠다. 특히 이자성과 장헌충 같은 농민 반란 지도자들이 각각 대순과 대서라는 나라를 세울 만큼 세력이 강성했다. 명나라는 자국 내의 농민 반란을 진압하는 것이 우선이어서 조선이 청나라에게 공격을 받아도 군대를 보내 도울 형편이 아니었다.

그런데 청나라 역시 명나라로부터 무역 단절을 당해서 피해가 매우 컸다. 청나라의 영토인 만주 지역의 기온이 낮아지고 거센 추위가 몰아닥치는 바람에 흉년이 들어 식량이 크게 부족했고 굶어죽는 사람들의 수가 매우 많아졌다.

그래서 청나라는 자신들의 세력 확장을 지속하기 위해 외부에서 많은 양의 식량과 물자를 가져와야만 했고, 그 대상이 바로 조선이

었던 것이다. 조선은 청나라와 바로 국경을 맞대고 있을뿐더러 군
사력도 매우 약했고 '친명' 정책으로 일관했기 때문에, 청나라로서
는 그야말로 안성맞춤인 상대였다. 청나라는 반드시 조선을 쳐야
하는 상황이었다.

광해군과 인조는 무엇이 달랐는가?

이러한 갈등의 시기를 살았던 광해군과 인조는 시대 인식 자체가
매우 달랐다. 광해군은 당시 조선이 놓인 상황이 마치 요나라와 금
나라가 송나라와 대치하던 상황과 같다고 보았다. 그렇기에 광해
군은 조선이 명나라에만 너무 쏠리지 말고, 명나라와 청나라 사이
에서 적당한 균형을 잡으며 두 나라와 모두 친밀한 관계를 맺어 조
선의 안정을 도모하는 이른바 균형 외교를 해야 한다고 믿었다.

　인조는 달랐다. 애초 인조는 반정으로 광해군을 몰아내고 왕이
되었기에, 광해군과 달라야 한다는 강박관념이 강했다. 이는 명에
대한 사대를 부정한 광해군에 대한 뒤집기였고, 인조의 외교 정책
은 자연히 명나라에게만 무게 중심이 쏠리고 청나라는 소홀히 하
는 방향으로 갈 수밖에 없었다.

　1636년 4월 청나라의 홍타이지가 황제에 즉위하면서 몽골 왕족
들을 조선에 사신으로 보냈는데, 이는 자신을 명나라 황제와 동등
한 위치의 황제로 인정해줄 것을 조선에 요구하기 위해서였다. 명
나라를 섬기는 것을 외교의 중심으로 삼던 인조는 홍타이지의 요

청나라군의 대포.

구를 거부하였다. 청나라 조정은 크게 분노했고, 조선을 응징한다
는 명분으로 군사를 일으킨다. ☆

TMI ☆　　인조를 다룬 작품들(보통 광해군을 쫓아낸 인조반정도 다룬다)에서는 병자호란
이 기본적으로 언급되는데, 2013년 JTBC 〈꽃들의 전쟁〉(인조 역 이덕화)과 2015년
MBC 〈화정〉(광해군 역 차승원, 인조 역 김재원)에서는 직접적으로 삼전도의 굴욕이 묘
사된다. 2010년 KBS 〈추노〉 역시 이 시기, 즉 '병자호란 후 청나라에 끌려갔다가 돌
아와 개혁 정치를 펼치려 했던 소현세자의 의문스러운 죽음 이후 모순의 누적으로
혼란스러운 조선의 상황'을 배경으로 하고 있다. 오지호(송태하), 장혁(이대길), 이다
해(언년), 공형진(업복), 성동일(천지호) 등이 출연했다.

오직 인조만 노렸던 청군의 고속 기동 전략

1636년 12월 2일, 조선을 침입한 청군은 고려를 공격했던 몽골과는 달랐다. 몽골은 고려의 중요한 군사 기지들을 하나씩 일일이 공격했으나, 청나라는 조선의 산성이나 기타 요새들을 모두 무시해 버리고 곧장 한양으로 진격하였다.

병자호란의 전체적인 전황을 정리하자면 청군의 고속 기동 전략에 조선이 일방적으로 농락당했다고 요약할 수 있다. 청군은 임진왜란의 일본군처럼 조선의 국왕을 잡으려 전속 진격했다. 다만 청군은 일본군이 없던 기병이 많았고, 일본군은 주요 거점도 공격한 반면 청군은 다 무시하고 인조에게만 접근했다는 것이다.

결론부터 이야기하면 이러한 청군의 고속 기동 전술은 대성공을 거두었고, 침략 두 달 만에 인조가 스스로 청나라에게 항복하였다. 남한산성에 보관된 식량이 다 떨어진 상황에서 청군에게 포위되어 있었던 탓도 있으나, 그보다는 인조를 구출하러 온 조선군 대부분이 청군과의 전투에서 패배했기 때문이다.

여기엔 여러 가지 사정들이 있었는데, 우선 청군도 급하게 왔고 당시 경제 상황이 좋지 않아 식량이 그리 넉넉하지 못해서 전쟁을 빨리 끝내야 했다. 본국을 오래 비워두고 있으면 반란이 일어날 수도 있고 명나라의 위협을 받을 수도 있었기에(청나라가 성장하던 시기지, 국력이 최절정인 시기가 아니다), 청군은 최대한 빨리 조선의 국왕인 인조를 사로잡아 전쟁을 일찍 끝내야 했다.

또한 병자호란 당시 조선의 군사력은 임진왜란 이후 이괄의 난으로 인해 매우 약화된 상태였고, 각 산성이나 요새에 주둔한 조선의 군사 수 또한 적어서 청군에 별다른 위협이 되지 못했다. 청군은 다른 조선군을 무시하고 오직 인조만 붙잡으려 달려갔다.

추위와 굶주림으로 가득 찼던 남한산성

청군이 공격해오자 인조, 소현세자, 조정 대신들은 남한산성으로 피난을 갔다. 봉림대군, 인평대군, 일부 조정 대신들의 가족들은 강화도로 피난을 갔다.

그런데 인조가 피난처로 선택한 남한산성의 조건이 영 좋지 못했다. 남한산성에 보관된 식량은 대략 쌀 14,300섬에 잡곡 3,700섬과 된장과 간장 220독, 소금 90섬이었는데, 성에 주둔한 병사들은 13,800명이고 여기에 왕실과 조정대신들 및 그들이 거느린 노비들까지 합치면 14,500명이었다. 보관된 식량으로는 아무리 길어도 두 달이었다.

게다가 인조 일행이 남한산성으로 피신했을 당시, 연일 계속 눈이 내리고 바람이 거세게 부는 등 추운 날씨에 병사들이 지치고 사기가 떨어졌다. 지친 병사들이 싸우기를 거부하면서 두 달도 버티지 못하고 47일 만에 인조는 결국 성 밖으로 나와서 항복을 하고 말았다.

어처구니없는 패배, 쌍령전투

지금의 경기도 광주시 쌍령동에서 병자호란 당시 조선군이 당한 가장 어처구니없는 패배인 쌍령전투가 벌어졌다. 쌍령전투는 1637년 1월 3일에 일어났는데 4만 명의 조선군이 그보다 훨씬 적은 수의 청군에게 참패했다. 패배의 원인은 조선군의 훈련 부족이었다. 조선군 병력의 대부분은 보병이었고, 임진왜란 이후 많은 보병들이 조총을 갖고 있었다. 그런데 병자호란 무렵 조총은 지금의 자동소총처럼 1분에 수십발씩 자동으로 총알을 쏘는 구조가 아니라, 병사가 총알을 한 발씩 장전하는 방식이어서 아무리 빨라야 1분에 2~3발을 쏘는 정도가 고작이었다. 따라서 총알을 장전하는 사이에 적이 공격해오면 조총을 든 병사들은 속수무책으로 당하기 십상이었다. 게다가 명중률이 그리 좋지 못해서, 가급적 가까이에서 쏘아야 그럭저럭 맞는 편이었다. 그런 이유로 조총 부대를 지휘하는 장군들은 적이 가까워지면 총을 쏘라고 허락하는 방식으로 통제했다.

그런데 청군이 전진해오자 흥분한 병사들이 아직 사정거리 밖인데도 불구하고 마구 총알을 쏘아대는 바람에 총알이 바닥나 버렸다. 그 사이에 청군 기병대 300명이 돌격하자 조선군 병사들은 그들을 피해 이리저리 달아나다가 그만 전열이 무너지고 말았다. 허완과 민영을 비롯하여 조선군의 지휘관 대부분이 청군에게 죽임을 당했고, 이로 인해 쌍령전투는 조선의 참패로 끝나고 말았다.

조선군이 청나라 황제의 사위를 죽인 광교산전투

개중에는 잘 훈련된 조선군 부대가 청나라 군대와 싸워 두 번이나 물리친 승리도 있었다. 조선군이 청나라 황제의 사위를 전사시킨 광교산전투다.

병자호란이 이미 벌어진 1637년 1월 5일, 전라병사 김준룡은 2,000명의 군사를 이끌고 용인과 수원 사이 광교산에 도착했다. 김준룡은 광교산에 진을 치고 산과 골짜기의 곳곳에 복병을 설치했다. 김준룡은 전군에게 명을 내려 제1선에는 포수를, 제2선과 제3선에는 각각 사수와 살수를 배치했다. 이윽고 산기슭에 수천 명의 청군이 당도했다. 광교산으로 진군한 청군을 지휘한 장수는 청태종 홍타이지의 사위인 양구리였다. 그는 청태종으로부터 초품공이라는 직위를 받았으며, 6,000명의 기병을 휘하 병력으로 거느리고 있었다.

청군은 산에 진을 친 조선군을 보고는 단숨에 짓밟을 기세로 말을 몰아 올라왔다. 그 모습을 지켜보고 있던 김준룡은 북을 울리고 기를 흔들며 1선의 포수들에게 사격을 명령하였다. 포수들이 일제히 조총을 쏘는 것과 동시에 사수들이 활을 쏘아대자 청군은 당황했다. 여태까지 그들이 상대해 온 조선군은 자기들이 돌격을 하면 지레 알아서 겁을 먹고 도망을 갔는데, 이 군대는 사뭇 달랐다.

조선군의 총탄과 화살이 퍼붓자, 말들이 쓰러지고 기수들이 말에서 떨어졌다. 청군이 돌격을 계속하지 못하고 주춤거리자, 이 틈을 타 3선의 살수들이 앞으로 나와서 청군을 향해 창과 칼을 휘둘렀다. 조선군의 맹렬한 공세에 놀란 청군은 더 이상의 전투를 포기하고 산 아래로 퇴각했다.

조선군은 승리를 거두었다. 그러나 김준룡은 아군들의 진열을 재정비하고 진형을 굳게 갖추라고 엄중하게 명령했다. 청군의 주력 부대는 손상을 입지 않았고, 조선군이 승리에 도취하여 방비를 허술히 하면 청군이 기습을 할 우려가 있었기 때문이었다.

다음 날 청군의 공격이 다시 시작되었다. 이번에는 총사령관인 양구리 본인이 직접 남은 병력을 모두 이끌고 공격해왔다. 산 곳곳에서 조선군과 청군의 격렬한 전투가 벌어졌다. 전투가 한창 전개될 무렵, 조선군의 동남부 진영이 수적으로 우세한 청군 기병의 공세를 이기지 못하고 무너져 내렸다. 그런데 이때, 뜻하지 않은 일이 발생했다. 청군을 통솔하던 양구리가 매복해 있던 조선군 포수가 쏜 총탄에 맞아 전사하고 말았던 것이다. 갑작스럽게 지휘관을 잃은 청군은 당황하여 물러났고, 미처 퇴각하지 못한 청군 병사들은 조선군에 몰살당하고 말았다.

광교산전투는 조선군의 승리로 끝났다. 이 전투에서 청군의 총사령관이자 청태종의 사위 양구리를 포함해 2명의 청군 장수가 전사했다. 훗날 영의정 채제공이 광교산에 기념비를 세워 김준룡의 공적을 찬양했다고 한다.*

TMI ☆ 지금도 남아 있기는 한데, 비문을 후대에 고친 게 확실시되어 논란이 많다.

강화도의 김경징, 전쟁을 말아먹다

1637년 12월 17일 인조는 도성을 버리고 남한산성으로 피신하면서 두 아들인 봉림대군, 인평대군, 조정 대신들의 가족을 강화도로 보내 피신시켰고 그들을 지키는 임무를 김경징金慶徵에게 맡겼다. 그런데 그는 반정공신이자 체찰사인 김류金瑬의 아들로, 아비의 권세를 믿고 평소 안하무인으로 행동하여 많은 사람들로부터 지탄을 받았다.

병자호란의 상황을 기록한 사서 《병자록》에 따르면 김경징은 강화도에 들어갈 때 자신의 어머니와 아내를 각각 덮개 있는 가마에 태웠다. 또한 집에서 싣고 나온 짐 보따리가 50여 개나 되어 이를 운반하기 위해 경기도의 인부와 말이 거의 다 동원될 정도였다고 한다.

이긍익의 《연려실기술燃藜室記述》에 따르면 김경징은 배를 모아서 그의 가족과 절친한 친구들만 먼저 강화도로 건너가게 하고 다른 사람들은 가지 못하게 하였고, 그 때문에 배를 타지 못한 피난민들의 행렬이 수십 리에 뻗쳐 있었으며, 심지어 세자의 아내인 빈궁 일행이 나루에 도착했을 때 배가 없어서 건너지 못한 채 이틀 동안 밤낮을 추위에 떨며 굶주릴 지경이었다고 한다.

이런 참담한 광경을 보다 못한 세자빈이 가마 안에서 "김경징아, 네가 차마 이런 짓을 하느냐!"하고 소리를 지르자, 장신張紳이 듣고 김경징에게 부탁하여 간신히 배로 건너도록 하였다.

그때 양반집 아녀자들이 온 언덕과 들에 퍼져서 구해달라고 울부

청나라 해군을 묘사한 그림. 인조는 청나라 군대가 바다를 건너오지 못할 거라고 여겨 왕실과 조정 대신의 가족들을 강화도로 피신시켰으나, 막상 청나라 군대는 아무런 어려움 없이 배를 만들고 바다를 건너 강화도를 점령했다.

짖다가 청군 기병대가 갑자기 들이닥쳐서 순식간에 말발굽에 차이고 밟히거나 혹은 끌려갔고, 이를 두려워한 나머지 바닷물에 뛰어들다 빠져 죽는 등, 참혹함이 차마 말할 수 없을 정도였다고 한다.

청군의 추격을 뿌리치고 간신히 강화도에 도착하고 나서도 김경징은 정신을 차리지 못하고 행패를 부렸다. 당시 강화도에는 봉림대군과 빈궁 일행 등을 비롯하여 많은 고위급 인사들이 피난을 온 상태였다. 하지만 김경징은 혼자서 섬 안의 모든 일을 지휘하려 하여 장신이나 김상용 같은 대신들과 마찰을 빚었다.

최소한의 전략적 식견도 없었던 김경징은 청군은 결코 강화도를 건너지 못하고 따라서 강화도는 절대 함락되지 않을 요새라 여기고 태평스럽게 방종하며 날마다 술만 마셔댔다. 인조가 머무는 남한산성이 청군에게 포위되었다는 소식을 들었지만 그는 여전히 술독에 빠져 흥청망청하며 임금의 신변을 전혀 걱정하지 않았다.

보다 못한 봉림대군과 다른 대신들이 간혹 명령이나 건의를 하려고 오면 "나라가 어떻게 될지 모르는 위태로운 이때를 당하여 대군이 어찌 감히 나와 말하려 하며, 피난 온 대신이 어찌 감히 나를 지휘하려고 하는가"하고 건방지게 굴었다. 아무리 아버지가 임금을 왕위에 옹립하는데 공을 세운 반정공신이라고 해도, 신하가 왕자에게 저렇게까지 오만 무례하게 굴 수 있는지 이상할 정도였다.

김경징은 김포와 통진에 보관되어 있던 곡식을 피난민을 구제한다는 명목으로 배로 실어왔으나, 정작 자신의 가족과 친구들 이외에는 한 사람에게도 나눠주지 않아 많은 사람들로부터 원성을 샀다. 그는 고주망태가 되도록 술을 잔뜩 퍼마시고 "아버지는 체찰사요 아들은 검찰사니 국가의 큰일을 처리할 게 우리가 아니고 누구겠느냐" 하고 큰소리 치기를 일삼았다.

김경징은 방비와 수비에는 마음이 없어 정탐도 하지 않았다. 갑곶에서 연미정 이북 사이에 아무도 무기를 들고 경계를 서는 사람이 없을 정도였다. 그러다가 나루터에 주둔한 청나라 군대가 강화도를 향해 홍이대포紅夷大砲를 쏘니 그 소리가 천지를 진동하였고, 포탄이 강을 넘어서 육지 몇 리 밖에 떨어지니 파괴하지 않는 것이 없었다고 한다. 김경징은 포탄 소리에 겁에 질려서 정신을 잃고 창고 밑으로 피하니 온 군사가 요란하여 열을 이루지 못하였다. 그리고 얼마 후에 청나라 군사들이 탄 배가 날아오는 것처럼 빠르게 바다를 건너왔고, 곧바로 청나라 군사들이 강화도에 상륙하여 쳐들어왔다. 그러자 김경징은 서둘러 배를 빼앗아 달아났는데, 어머니와 아내, 며느리를 전혀 챙기지 않았고 그 바람에 김경징의 어머니, 아내, 며느리가 모두 죽게 된다.

손쉽게 강화도는 청군에게 점령당했다. 봉림대군을 비롯한 왕실 인사들과 수많은 조정 대신들과 그 가솔들이 포로가 되었고, 많은 군사와 백성들이 죽임을 당했다.

병자호란이 끝난 직후, 김경징은 대간으로부터 강화 수비의 실책에 대한 탄핵을 받았는데, 인조가 공신의 아들인 점을 감안하여 용서하려 했으나 그의 한심한 추태를 똑똑히 기억하고 있던 많은 사람들로부터 탄핵 요구가 빗발치는 바람에 결국 사약을 받고 죽었다.

강화도 함락으로 왕실과 조정 대신들의 가족이 청나라 군대한테 포로가 되는 바람에 남한산성에 갇혀 있던 인조가 끝내 청나라에 항복한 점을 본다면, 강화도를 지키거나 왕실 식구들을 피신시키지 못한 김경징의 잘못이 결정적으로 병자호란의 패배를 불러왔다고 볼 수도 있겠다.☆

TMI ☆ 남한산성의 전투는 당시 중요하지 않았다. 식량 부족과 강화도 함락이 결정적인 영향을 끼쳤다.

포로로 끌려간 조선인 수십만 명

병자호란은 비교적 짧게 끝났으나, 조선 백성들이 겪었던 고통은 임진왜란 때보다 덜하지 않았다. 청나라 군대가 철수하면서 한양과 황해도와 평안도 등지에서 수많은 조선 백성들을 붙잡아 청나라로 끌고 갔기 때문이다. 이때 끌려간 조선 백성들의 수가 정확히 얼마인지는 확실치 않으나, 많이 잡으면 무려 60만 명이나 된다고 한다. 그렇게 청나라로 끌려간 조선 백성들은 청나라에서 온갖 힘든 노동을 하는 노예가 되어 비참한 삶을 살아간 것으로 전해진다.☆☆

조선 조정에서 포로가 되어 청나라로 끌려 간 백성들을 구하려는 노력을 전혀 하지 않았던 것은 아니다. 청나라로 가는 조선 사신들은 기회가 있을 때마다 돈을 모아서 조선 백성들의 몸값을 치르고 그들을 다시 조선으로 데려오려고 노력했다. 다만 조선 백성들을 잡아서 부리고 있던 청나라 사람들이 가급적 몸값을 비싸게 불러서

TMI ☆☆ 병자호란으로 인해 조선에서는 청나라에 대한 적개심이 매우 높아져서, 청나라를 공격하자는 북벌론이 등장했다. 이 북벌론에 대해 정권을 유지하려는 선전 수준의 것이라고 보는 견해도 있으나, 병자호란 이후로 조선 사회에서 북벌을 내세우며 수많은 반란 사건(운부의 난, 이필제의 난 등)들이 일어났고 심지어 순조 때인 1801년에는 명문 세도가문인 안동 김씨 출신 김건순이 서양의 큰 배를 마련하여 그 안에 총과 대포로 무장한 병사들을 싣고 청나라로 쳐들어가서 병자호란의 복수를 하겠다는 계획을 세웠다가 발각되어 처형당한 사건도 있었을 만큼, 실행과 별개로 조선의 반청감정과 북벌론은 엄연히 진실이었다. 정조 때에 청나라를 방문한 조선의 학자 박지원이 쓴 《열하일기熱河日記》에서도 어느 선비가 "만약 나한테 10만 대군이 있다면, 산해관을 넘어 청나라로 쳐들어가 오랑캐가 남긴 더러운 것들을 모조리 없애버릴 것이다"라고 외치자 듣던 사람들이 모두 찬성했다는 일화가 실려 있다.

인조는 홍타이지에게 항복하면서 '삼배구고두', 즉 세 번 무릎 꿇고 아홉 번 절하는 굴욕을
겪는다. 일설에는 머리를 수 차례 땅에 찧어 피가 흘렀다고도 한다.

잘 풀어주지 않으려 했고 그 바람에 많은 수를 데려오지 못했다. 그
렇게 해서 조선으로 돌아온 사람들도 있었으나, 운이 나빠 돌아오
지 못하고 그대로 청나라에 남아 살게 된 사람들도 있었다. 그들은
자기들끼리 모여서 별개의 마을을 이루고 살았다고 한다.☆

> **TMI** ☆ 박지원의 《열하일기》에 보면 그들이 살던 마을에 조선 사신 일행이 처음에
> 들르면 나와서 반갑게 맞이하고 환영했는데, 시간이 지나자 점차 냉담하게 대했다고
> 한다. 그러자 사신들은 "너희들의 조상 나라에서 왔는데 나와서 인사도 하지 않느
> 냐? 이런 건방진 것들아!"하고 고함을 질렀고, 그러면 조선인 포로의 후손들이 욕설
> 을 퍼부으며 맞섰다고 한다.

〈박씨전〉과 〈강도몽유록〉

병자호란의 비참한 패배는 조선 백성들로 하여금 문학 세계에서라도 위로를 얻고자 시도하는 계기가 됐다. 그러한 분위기를 반영하여 〈박씨전朴氏傳〉과 〈강도몽유록江都夢遊錄〉이라는 소설이 나왔다.

〈박씨전〉은 저자와 연대를 알 수 없는 소설로, 줄거리는 다음과 같다. 조선 인조 무렵, 이조참판 이득춘의 아들 이시백은 16세가 되어 금강산에 살던 박처사의 딸 박씨와 결혼한다. 그런데 박씨는 지독하게 못생겼고 몸에서 더러운 냄새까지 나서 이시백은 그녀를 미워하고 멀리하였다. 하지만 마음이 착한 박씨는 며느리이자 아내로서의 도리를 다했고, 자신을 멀리하는 남편을 의식하여 집에 따로 피화당避禍堂이라는 별채를 짓고 기거했다.

박씨는 지혜로운 성품 덕분에 남편을 과거에 합격시켰고, 얼마 후 무척 아름다운 미녀로 변했다. 박처사는 박씨가 전생에 저지른 잘못을 그제야 벗었다고 말해주었다. 이시백은 아내 덕분에 벼슬이 병조판서에 이른다. 그 후 청나라 장군 용골대가 쳐들어왔으나 박씨가 도술을 부려 물리쳤고, 청나라 공주이자 여성 자객 기룡대까지 모두 혼을 내 쫓아낸다. 그 공로로 박씨는 인조로부터 충렬정경부인의 칭호를 받았고, 이시백은 영의정이 되었다는 것이다.

〈강도몽유록〉도 저자와 연대를 알 수 없는 소설이다. 청허선사

라는 승려가 강화도 연미정에 움막을 짓고 살다가 하루는 꿈을 꿨
는데, 병자호란 무렵 강화도에서 죽은 여성들이 무능한 조정 대신
들을 꾸짖었다는 내용이다.

이 꿈에서 비판의 대상이 되는 사람이 바로 김경징이다. 그의 어
머니와 아내가 차례대로 나와서 김경징의 어리석음과 잘못을 크게
질책한다. 마지막 부분에서는 여성들이 슬프게 통곡을 한다.

두 소설은 모두 여성들이 주요 등장인물로 나온다는 점에서 다른
조선 시대 소설들과 구분되는 특별한 측면이 있다. 지금과 비교하
면 한계가 크지만, 어쨌든 여성이 주인공이 되어 국사를 논하고 상
황을 규탄하며 이야기를 이끈 것이다.

홍타이지가 탐을 낸 홍시

감이 완전히 익어 붉고 말랑말랑하게 변한 것을 홍시라고 부른다.
홍시는 부드럽고 달콤한 맛 때문에 옛날부터 많은 사람들로부터
사랑을 받아왔는데, 그중에는 청나라 황제 홍타이지도 있었다.

1628년 1월 6일자 〈인조실록〉에 의하면, 후금(1636년에 나라 이름
을 청으로 바꿈)의 사신들은 조선에 과일을 선물로 보내라고 요구했
는데, 그중 가장 귀한 것이 홍시였다. 조선 조정에서는 홍시를 넉
넉하게 후금으로 보내는 것이 좋다는 결론을 내렸다. 위협적인 군
사력을 갖춘 강대국으로 성장하고 있는 후금을 자극하기 보다는
그들이 요구하는 대로 홍시를 많이 보내 관계를 원만히 하는 편이

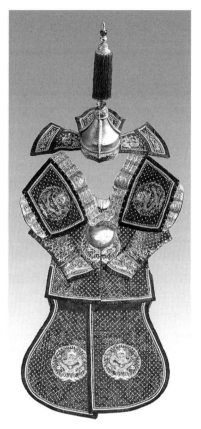

청나라 팔기군의 갑옷과 투구. 장식이 화려
한 것으로 보아 높은 지위의 장군이 입었던
것으로 추정된다.

좋다고 여겼기 때문이다.

 같은 해 12월 5일에는 후금의 사신이 은 85냥을 주면서 홍시를
사고 싶다는 요구를 남겼다. 조선 조정에서는 후금과 국경을 마주
한 의주에 시장을 개설해서 그곳에서 후금 사신이 원하는 대로 홍

시를 거래를 하되, 평안도 서쪽의 섬인 가도에 주둔한 명나라 장수 모문룡이 이 사실을 알고 약탈을 할까봐 두렵다는 논의를 했다.☆

1634년 12월 29일자에는 홍타이지가 예전에 조선에서 보낸 홍시의 양이 매우 적으니, 2만 개의 홍시를 구하려고 한다는 내용이 보인다. 1년 후에는 3만 개의 홍시를 홍타이지가 해마다 보내달라는 요구를 했다. 자그마치 5만 개나 되는 홍시를 홍타이지가 받기를 원했다는 말인데, 얼핏 보면 믿기 어렵다. 어쨌든 그리 요구했고 조선은 응했다.

하지만 요구대로 홍시를 보내줬지만 1년 후인 1636년, 홍타이지는 10만 대군을 이끌고 조선을 침입해 병자호란을 일으켰다. 조선으로부터 홍시를 실컷 받았으면서도 끝내 조선을 침략했으니, 참으로 괘씸한 일이다.

병자호란 후에도 청나라 사람들은 조선에서 홍시를 선물로 받았다. 1639년 11월 15일 〈인조실록〉에는 청나라가 "조선에 오는 청나라 사신을 위하여 홍시를 가득 담은 광주리 20개를 준비하여, 청나라까지 실어 나르라"고 했고 그에 따라 심양으로 홍시를 실어서 보냈다고 한다.☆☆

홍시를 즐긴 청나라 사람은 황제인 홍타이지 외에도 신하 용골대가 있다. 1642년 10월 28일 용골대는 조선에 사람을 보내서 자기 집안에서 결혼식이 열리니, 홍시 2,000개를 선물로 보내달라고 요구를 해왔다. 임금이 아닌 신하가 외국에 선물을 요구하는 것은 다소 무리한 일이었으나, 조선은 그의 요구대로 홍시를 청나라로 보냈다.

청나라의 황제와 고위 관리들은 조선으로부터 수만 개가 넘는 홍시들을 선물로 받아갔다. 홍시는 만주 땅에서 쉽게 구하기 어려운 음식일 텐데, 그 맛이 매우 뛰어나서 입맛에 잘 맞았던 듯하다.

김자점의 붉은 점

조선군 도원수(총사령관) 김자점은 함경도 2만 명의 정예 병력을 거느리고 있었으면서도 전혀 전투에 참가하지 않았고, 인조가 남한산성에서 나와 청나라한테 항복할 때까지 아무것도 하지 않은 채 지켜보기만 했다. 그가 왜 그랬는지 이유를 알 수 없어서 사람들은 김자점에 얽힌 여러 가지 신비스럽고도 무시무시한 전설을 만들어

TMI ☆　모문룡은 요동에 살던 명나라 군인인데 요동이 후금의 침략을 받자 후금을 피해 명나라 백성들을 이끌고 가도로 피난을 가 그곳에 정착한 인물이다. 그는 자신이 후금에 맞서 싸운다고 선전하여 명나라와 조선으로부터 많은 돈과 식량 지원을 얻어냈지만, 사실 한 일은 거의 없었고 오히려 주변 백성들을 약탈하기를 일삼았다. 이런 모문룡의 행동은 조선뿐만 아니라 명나라에서도 논란이 되어, 결국 명나라 장군 원숭환이 모문룡을 체포하여 죽였다.
☆☆　2017년 영화 〈남한산성〉은 오롯이 병자호란을 중심으로 만들어졌다. 당시 조선 내부의 대응을 왕실과 대신들의 정치를 중심으로 다루고 있다. 김훈의 동명 베스트셀러를 원작으로 했다. 이병헌(최명길), 김윤석(김상헌), 박해일(인조) 등이 출연했다. 2011년 영화 〈최종병기 활〉도 병자호란을 배경으로 하는데, 여기에서는 주요 전투들이 아니라 전쟁 과정에서 끌려간 조선인들에 초점을 맞추고 가족을 구출하려는 주인공의 이야기를 다뤘다. 박해일(남이), 류승룡(쥬신타), 문채원(자인) 등이 출연했다.

냈다.

그것은 김자점이 복수를 하기 위해 사람으로 태어난 괴물 지네였다는 내용이었다. 김자점의 아버지인 김탁이 함경남도 함흥의 부사로 파견되었을 때, 이전에 부임해왔던 부사들을 죽였던 커다란 지네를 김탁이 뜨거운 가마솥에 넣어 죽였는데, 그때 지네가 파란 기운을 김탁의 얼굴에 뿜었고 그 이후부터 김탁의 얼굴에는 붉은 점이 생겼다. 김탁의 아들인 김자점이 태어났는데, 김탁의 붉은 점이 사라지더니 그 대신 김자점의 얼굴에는 붉은 점이 나타났다. 그래서 이름이 김자점(점이 있다)이 됐다.

김자점은 병자호란이 일어나자 군사를 전혀 움직이지 않았다. 병자호란이 끝난 뒤에 청나라에 효종을 모함한 죄가 드러나 역적죄로 그 자신과 온 가족이 처형당했다. 이 사건을 두고 사람들은 "김자점은 김탁이 죽인 지네가 사람으로 환생하여, 일부러 김탁의 가문을 다 죽이려고 한 것이다"라고 수근거렸다고 전해진다.☆

TMI ☆ 일지매 전설이 병자호란과 연관 있다는 설이 있는데, 이는 당대의 것이라기보다 후대에 각색된 것으로 보인다. 일지매 전설은 중국 명나라 당시의 '나룡' 설화의 영향을 받은 것이다. 그는 도적질을 하고 매화나무 가지 하나를 항상 남겨뒀다고 한다. 《승정원일기》에는 한참 뒤인 숙종 시기 조선에서 일지매라는 인물을 붙잡았다는 기록이 있다.

소현세자 이야기

청나라에 인질로 끌려 간 소현세자는 심양 부근에 농장을 만들어 작물들을 팔아 밑천을 마련하여 청나라로 끌려간 조선인 포로들의 몸값을 지불하고 그들을 농장에서 일하게 하는 한편, 청나라의 높은 관리들과 사귀면서 청나라 고위층에 인맥을 만들었다고 한다.

이렇게 소현세자가 청나라와 친분을 쌓아가자 그의 아버지인 인조는 무척 불안해졌다. 청나라 황제 태종 홍타이지가 인조에게 "시키는 대로 따르지 않으면, 너를 몰아내고 너의 아들을 조선의 왕위에 앉힐 것"이라고 경고하는 편지를 계속 보내오기도 했다. 그래서 소현세자가 인질 생활을 끝내고 조선으로 돌아왔음에도 인조는 소현세자를 매우 차갑게 대했고, 소현세자는 결국 얼마 후에 죽고 만다. 인조는 소현세자의 아내이자 자신의 며느리인 강빈에게 사약을 내려 죽였고, 소현세자와 강빈 사이에서 태어난 자신의 손자들도 모두 제주도로 귀양을 보내 평생 갇혀 살게 하였다. 심지어 인조는 청나라의 장군으로 소현세자와 친분이 두터웠던 용골대가 소현세자의 아들이 살아있다면 청나라로 데려가서 기르겠다고 하자, 이미 죽었다고 거짓말을 했다.

소현세자의 죽음을 두고 인조가 독살했다는 의혹도 있으나 확실한 증거는 없으며, 오늘날 역사학자들은 소현세자가 청나라에서 돌아오기 직전에 병을 얻었고 조선에 오고 나서 그 병이 심해져 죽었던 것으로 추정하고 있다. 현대의 많은 드라마들은 소현세자가 조선을 개혁하려 한 뛰어난 인물이라고 묘사하지만, 이는 어디까지나 상상에 의한 것이며 실제로 소현세자가 개혁을 시도했다거나 하는 역사적 증거는 찾을 수 없다. 병자호란과 인조에 대한 불만이 다양하게 덧붙어 만들어진 이야기로 보여진다.

병인양요와 신미양요

잠든 나라를 깨운 서구 열강의 침입

(1866~1871년)

────── 요약

19세기 중엽부터 조선은 새로운 외세, 즉 서구의 침입에 시달리게 된다. 시작은 프랑스와 미국의 군대가 쳐들어온 병인양요丙寅洋擾와 신미양요辛未洋擾였다.

　1866년 10월 14일 로즈 제독이 이끄는 프랑스 함대와 병사들이 강화도에 상륙하여 병인양요가 일어났다. 프랑스 군대는 불과 12일 만에 강화도의 대부분을 점령했다. 당황한 조선은 급히 증원군을 보내 11월 7일 정족산성 기습 전투로 프랑스군을 물리쳤다. 하지만 병인양요가 조선에 가져다준 정신적 충격은 매우 컸다.

　5년 후인 1871년 6월 1일에는 미군 함대가 쳐들어와 신미양요가 발생했다. 결과는 병인양요보다 더 비참했다. 미군 중에는 단 한 명도 죽은 사람이 없었지만, 조선군은 몇 차례 전투에서 전멸하거나 모두 포로로 잡히는 철저한 패배를 당했다. 병인양요와 신미양요를 겪으면서 조선에서는 더 이상 쇄국 정책이 불가능하다는 판단과 함께 나라의 문을 열어야 한다는 여론이 생긴다.

────── 키워드

#양헌수 #흥선대원군 #피에르구스타브로즈 #병인박해 #어재연
#존로저스 #산포수 #면제배갑 #제너럴셔먼호 #오페르트도굴사건
#척화비 #정족산성전투 #광성보전투 #양화진 #외규장각의궤

1866년 8월 21일 평양 대동강 하구에 미국 상선 제너럴셔먼호가 나타나 무역 통상을 요구. 조선 조정이 거절하자 제너럴셔먼호가 민가에 발포하여 7명 사망.

1866년 9월 4일 평안도 관찰사 박규수가 지휘하는 조선군이 제너럴셔먼호에 불을 질러 침몰시킴. 제너럴셔먼호의 선원들은 분노한 평양 주민들에 게 사망.

1866년 10월 14일 로즈 제독이 지휘하는 프랑스군 1,000명이 흥선대원군의 병 인박해를 이유로 강화도에 쳐들어와 병인양요가 일어남.

1866년 11월 9일 프랑스군이 정족산성을 공격했다가 매복해 있던 조선의 산포 수들에게 저격당해 패배.

1866년 12월 17일 로즈 제독과 프랑스군이 강화도에서 철수하여 병인양요가 끝남. 강화도 외규장각에 보관되어 있던 조선 왕실의 문서와 그림 약 탈.

1868년 4월 21일 독일 상인 오페르트가 흥선대원군의 아버지인 남연군의 무덤 을 도굴하려다가 실패.

1871년 6월 10일 미군이 강화도에 상륙하여 신미양요를 일으킴.

1871년 6월 11일 강화도 광성보에서 어제연이 지휘하는 600명의 조선군이 미 군과 싸우다 전멸당함.

1871년 7월 2일 미군이 강화도에서 철수. 신미양요가 끝남.

조선과 서양 근대 국가가 벌인 최초의 전쟁

병인양요는 1866년 조선의 실권자인 흥선대원군이 일으킨 병인박해로 프랑스인 선교사들이 사형당한 일에 대한 보복으로 발생했다. 한 가지 짚어야 하는 점은 흥선대원군이 무턱대고 천주교를 탄압한 것은 아니라는 사실이다. 처음에 흥선대원군은 러시아의 남하를 견제하고자 천주교 선교사들을 통해 프랑스와 동맹을 맺으려 했다. 그러나 선교사들은 오직 선교를 위해서 왔다면서 프랑스 본국과 연결고리가 되어 달라는 대원군의 요구를 거절했다. 조정 안에서 대원군을 견제했던 안동 김씨들은 "세상을 어지럽히는 사악한" 천주교를 허용하지 말 것을 요구했다. 대원군은 어쩔 수 없이 병인박해를 일으키게 된 측면이 있다.

어쨌든 그렇게 약 8,000명의 천주교도들이 죽는 병인박해가 발생했다. 베르뇌 시몬 주교와 랑페르 유스토를 비롯한 프랑스인 선교사 9명이 사형당했다. 이 소식을 가까스로 박해를 피해 청나라로 도망친 선교사 펠릭스 클레르 리델에 의해 청나라 주둔 프랑스 함대 사령관 피에르 구스타브 로즈 제독이 알게 된다. 로즈 제독은 반드시 조선에 보복하겠다고 다짐했고, 그가 이끄는 프랑스 군대가 조선을 침략하면서 병인양요가 발생한다.

1866년 10월 5일, 로즈 제독은 7척의 군함과 1,000명의 병사로 구성된 프랑스 군대로 한강 하구를 막았다. 프랑스 함대가 나타났다는 소식을 듣고 한양의 저잣거리와 조선 조정은 충격과 두려움에 떨었다. 1866년 10월 14일, 프랑스군은 강화도에 상륙하여 이틀 만에 강화도의 중심인 강화부를 점령했다. 10월 26일에는 문수산성이 프랑스군에게 함락됐다. 성을 지키던 조선군과 백성들은 달아났다.

프랑스군이 조선군을 쉽게 이긴 것은 두 가지 이유 때문이었다. 먼저 당시 프랑스 군대에는 천주교 박해를 피해 도망친 조선인 천주교도 최인서와 최선일 등이 함께 와서 길 안내 역할을 맡았다. 프랑스 군대는 낯선 땅인 조선에서 지리를 몰라 생기는 어려움을 겪지 않았다.

프랑스 군대가 가진 무기의 우수한 성능도 한몫했다. 1847년 프랑스 육군 장교 클라우드 에티엔느 미니에Claude Etienne Minie가 개발한 총알인 미니에탄은 총구의 지름보다 더 작아 총에 잘 들어가고, 총열에 딱 들어맞아 발사하면 명중률이 높았다. 1855년 프랑스 공무원 샤스포Chassepot가 발명한 샤스포총(소총)은 총탄을 총의 뒤쪽으로 장전하는 이른바 후장식 총기로, 1분에 최소 8발을 쏠 수 있을 만큼 장전 속도가 빨랐다. 샤스포총은 최대 사정거리가 1,600m나 되어서 멀리서도 사용할 수 있었다. 또한 총기가 가벼워서 병사들이 휴대하며 사격하기에 편했고, 탄도가 안정되어 발사하는 총탄의 명중률도 높았다.

반면 조선군은 총알을 총구에 직접 집어넣는 낡은 전장식 화승총이 고작이어서 1분에 2발도 쏘기 어려울 만큼 장전 속도가 느렸다. 화승총에는 강선도 파여 있지 않아서 탄도가 불안정했고, 총알이 날아가도 명중률이 낮았다.

산포수들의 활약

강화도가 프랑스군에게 점령당했다는 소식을 듣고 조선 조정은 크게 당황했다. 강화도는 수도 한양과 가까운 곳이어서, 만약 이곳에 프랑스군이 오랫동안 머물 수 있는 보급 기지가 설치된다면 한양을 프랑스군이 점령하는 것도 시간문제로 보였기 때문이다. 조선 조정은 제주도의 목사를 지낸 양헌수에게 병력을 주고 강화도에서 프랑스군을 몰아내라고 지시하였다.

군대 병력은 총 549명이었다. 그들 중 포수가 311명이었다. 포수란 호랑이 같은 맹수들을 전문적으로 잡던 사냥꾼 집단인 산척山尺을 가리키는 말이었다. 산척은 다른 말로 산행포수山行砲手나 산포수山砲手라는 이름으로 불렸는데, 매우 뛰어난 사격 솜씨로 명성을 떨쳤다. 1871년 5월 21일자 《승정원일기》를 보면 고종이 "경군京軍과 향군鄕軍이 산포수보다 못하다. 산포수가 100번 총을 쏘면 100번 다 맞기 때문이다"라고 찬탄하는 내용도 있다. 산포수들은 평소에는 호랑이를 사냥하여 잡은 호랑이의 가죽을 벗겨 시장에 내다 팔아 먹고살다가, 전쟁이 일어나면 정부에 의해 소집되어 군인 신분으로 전쟁터에 나가 적과 싸웠다.

양헌수는 경기도 김포의 덕포진에서 밤을 틈타 바다를 건너 강화도로 상륙했다. 이때 프랑스 함대나 군사들이 아무런 제지도 하지 않았던 것은 그들이 잇따라 이기는 바람에 조선군을 완전히 우습게 보고 전혀 경계를 하지 않았기 때문이다.

강화도로 들어온 양헌수는 아직 프랑스군이 점령하지 않은 정족산성鼎足山城으로 들어가 성을 접수하였다. 그리고 동문과 서문과 남문과 북문에 각각 100명이 넘는 병사들을 숨겨두고, 프랑스군의 공격에 대비했다.

정족산성에 새로운 조선군이 들어갔다는 사실을 뒤늦게 알게 된 로즈 제독은 올리비에 대령에게 180명의 병력을 주고 정족산성으로 가서 조선군과 싸우도록 지시를 내렸다. 이때 로즈 제독은 한 가지 실수를 저질렀다. 올리비에 대령한테 준 병력에 대포를 전혀 포함시키지 않았던 것이다. 대포 없이 어떻게 성을 공격하겠다는 것인지 알 수 없다. 그만큼 로즈 제독이 조선의 성과 군대를 너무 얕보고 있었다는 증거로 해석하는 게 적절할 것이다.

11월 9일 새벽, 올리비에 대령이 지휘하는 180명의 프랑스군 병사들은 정족산성의 남문과 동문 방향으로 진격했다. 프랑스군 병사들이 사정거리 안에 들어오자, 매복해 있던 포수들을 비롯하여 조선군 병사들은 가지고 있던 화승총으로 적들을 저격했다.*

예상치 못했던 기습 공격을 받은 프랑스군은 당황하면서도 가지고 있던 소총을 들고 반격에 나섰으나, 두터운 성벽의 보호를 받는 데다 완벽하게 엄폐를 하고 있던 조선군 병사들은 1명의 전사자와

병인양요를 묘사한 그림.

4명의 부상자만 냈을 뿐, 거의 피해를 입지 않았다. 반면 몸을 숨길 엄폐물도 없는 개활지에서 조선군의 총격을 받은 프랑스군 병사들은 6명의 전사자와 70명의 부상자가 발생하는 큰 피해를 입었다.

정족산성전투에서 패배한 프랑스군은 서둘러 로즈 제독의 본진으로 철수하였다. 패배 소식을 알게 된 로즈 제독은 조선군의 증원 병력이 더 몰려오리라고 판단하여, 1866년 12월 17일 서둘러 남은

TMI ☆ 이런 일은 비단 조선에서만 있었던 것이 아니다. 18세기까지는 유럽에서도 사냥에 능숙한 포수들이 군인으로 징발되어 전쟁터로 파견되는 것이 관례였다.

병력을 이끌고 철수하였다. 이때, 프랑스군은 강화도 외규장각에 보관되어 있던 조선 왕실의 문서와 그림을 대거 약탈했다.

병인양요가 일어난 지 약 2년 후인 1868년 4월 21일에는 독일 상인 오페르트가 흥선대원군의 아버지인 남연군의 무덤을 도굴하려다가 실패하는 사건이 발생했다. 오페르트는 남연군의 무덤을 부수고 거기서 남연군의 유골을 꺼내 인질로 삼아 흥선대원군을 협박할 생각이었다. 그러나 남연군의 관을 무려 1m 두께의 석회가 덮고 있어서, 오페르트 일당이 도끼나 곡괭이로 부수려고 해도 흠집조차 낼 수가 없었다. 밤새도록 도굴을 시도해도 두꺼운 석회를 부술 수 없자, 오페르트 일당은 도굴을 포기하고 달아났다. 실패로 끝난 오페르트 도굴 사건이 알려지자, 흥선대원군은 크게 분노하여 서양 국가들과 무역이나 외교 관계를 맺지 않는 쇄국 정책을 더욱 강화하였다.

면제배갑을 입고 미군과 맞닥뜨리다

프랑스군이 철수한 지 5년 후인 1871년 6월 1일, 강화도 인근 바다에 머나먼 아메리카 대륙에서 온 미군 함대가 모습을 드러냈다. 이들은 5년 전인 1866년 8월 조선에 무역을 요구하러 평양 대동강에 나타났다가, 총과 대포를 쏘는 행패를 부리다 주민들의 공격에 불에 타 침몰한 미국 선박 제너럴셔먼호 사건의 복수를 명분으로 조선을 압박하여 미국과 수교를 성사시키기 위해 온 것이었다. 미군

함대를 지휘하는 사령관은 미국의 아시아함대 사령관 로저스였다. 미군은 5척의 군함과 1,230명의 병력에 85개의 대포로 구성되어 있었다.

1871년 6월 10일부터 미군은 강화도에 상륙하여 초지진草芝鎭부터 시작하여 각 요새들을 공격해 점령해 나갔다. 이때 미군을 상대로 싸웠던 조선군 병사들은 모두 몸에 면제배갑綿製背甲이라는 갑옷을 입고 있었는데, 그 모습이 인상적이었는지 신미양요 당시의 미군 장교와 병사들이 관련 기록을 남겼다.

면제배갑이 발명된 계기는 병인양요였다. 서양 소총의 위력을 실감한 흥선대원군은 무기 기술자 김기두와 안윤에게 방탄복을 개발하도록 하였다. 그 결과물이 면제배갑이다. 면제배갑은 글자 그대로 목면으로 만든 갑옷으로 열세 겹의 목면을 겹쳐서 조끼처럼 입을 수 있게 하였다. 목면으로 만들었지만 방어 효과가 우수해서, 당시 조선군이 가진 화승총이나 칼 공격은 상당히 잘 막아냈다. 아울러 무게도 대략 3kg 내외인 관계로 무겁지 않았다. 다만 일단 입으면 바람이 전혀 통하지 않아 땀이 계속 흘러내려 굉장히 더웠다는 단점도 있었다.☆

미군과의 전투에서도 면제배갑은 미군의 총검 공격은 그럭저럭 잘 막아내었다. 그러나 문제는 신미양요가 벌어진 때가 한여름 6월이라 면제배갑을 입은 병사들이 금방 무더위에 시달려 지쳤다는 점, 미군이 쏘는 대포의 포탄이나 그 포탄에서 날아온 파편은 면제배갑이 막아내지 못했으며 갑옷에 불이 붙어 조선군 병사들이 오히려 더 죽거나 다쳤다는 점이다.

대승을 거둔 미군이 경악했던 광성보전투

신미양요에서 가장 치열했던 순간은 1871년 6월 11일 12시에 강화도 광성보廣城堡에서 벌어진 전투였다. 당시 광성보는 어재연魚在淵이 지휘하는 600여 명의 조선군이 지키고 있었다.

 ☆ 면제배갑이 세계 최초의 방탄복이라는 주장도 있다. 이는 사실이 아니다. 총탄을 막는 방탄복은 이미 면제배갑이 발명되기 전에 유럽에서 나왔다. 1538년 이탈리아의 필리포 네그롤리Filippo Negroli가 발명한 방탄 조끼bulletproof vest, 영국 청교도혁명기 올리버 크롬웰의 철기병대가 착용한 플레이트plate 흉갑이 최초의 방탄복이라 할 수 있다. 면제배갑은 목면으로 만들어진 세계 최초의 방탄복 정도로 평가할 수 있다.

미군은 함대와 지상에서 한 시간 동안 광성보를 향해 대포를 쏘아댔다. 이 포격으로 죽은 조선군 병사만 대략 200명 내외로 추산된다. 포격을 다 퍼부은 다음, 미군은 광성보를 향해 해병대를 돌격시켰다. 쳐들어오는 미군을 향해 조선군 병사들은 조총을 쏘았지만, 명중률이 낮아 고작 2명만 맞았을 뿐이었다. 이윽고 미군이 광성보의 성벽 안으로 들어오자, 두 나라 군대는 서로를 상대로 치열한 백병전에 돌입했다.

그러나 백병전의 결과는 너무나 참혹했다. 미군은 고작 1명이 죽고 10명이 다치는 가벼운 피해를 입었다. 반면 조선군은 지휘관인 어재연을 포함한 250명이 전투 중 사망했고, 100명은 바다로 뛰어들어 스스로 목숨을 끊었으며, 20명이 부상을 당한 채 포로가 되었다.

그러나 미군은 이 전투에서 큰 충격을 받았다. 조선군 병사들 중에서는 단 한 명도 항복하거나 도망치는 자가 없었고, 모두들 죽을 때까지 미군들을 상대로 달려들어 싸웠기 때문이었다. 개중에는 총을 못 쓰게 되자 돌을 던지거나 맨주먹을 휘두르던 사람도 있었고, 부상을 당한 채 쓰러지자 스스로 목숨을 끊는 사람이 나올 만큼 완강하게 저항했다. 광성보 전투에 참가한 미군들은 "미국의 남북전쟁에서조차 이렇게까지 용감하게 싸운 군인들을 보지 못했다"라고 감탄했다. 미군에게 포로로 잡힌 20여 명은 미군들이 주는 음식을 거부하며 버텼다.

한편 조선 조정은 광성보전투 소식을 듣고, 장기전에 대비했

광성보전투 직후 미군이 찍은 사진.

다. 또한 이렴이 초지포草芝浦에 주둔한 미군을 밤에 기습하였다. 1871년 4월 25일자 〈고종실록〉에 의하면, 이때 조선군의 기습을 받은 미군은 퇴각하였다고 한다. 밤의 어둠 때문에 제대로 싸울 수 없어서 그런 듯하다.

미군은 현재의 작약도인 물치도勿淄島로 물러난 후, 조선이 미국과의 국교를 수립하고 무역 협정을 맺으면 조선군 포로들을 풀어 주겠다고 제안하였다. 하지만 조선 조정은 미군을 불법적인 침략자로 규정하여 어떠한 협상도 없으며, 미군이 조선 영토에서 미국으로 철수할 때까지 싸울 것이라고 단호히 거부하였다.

결국 미군은 1871년 7월 2일, 강화도에서 철수하여 미국 본토로 돌아갔다. 전투에서는 미군의 화력이 조선군을 압도하였으나, 애초 목적이던 조선과의 국교 수립과 통상 무역은 이루어지지 않았다. 조선 전체를 정복하기에는 미군의 병력이 너무 적었고 보급도 쉽지 않자 미군이 물러났던 것이다.

그런 의미에서 신미양요를 평가한다면, 전투에서는 미국이 이겼지만 전쟁에서는 조선이 이겼다고 볼 수 있겠다. 하지만 조선의 많은 이들이 미군의 강력한 군사력에 깊은 인상을 받았다. 더 이상 나라의 문을 걸어 닫는 쇄국 정책을 계속 고집할 수는 없으니 서양 열강들과 정식으로 수교를 해야하지 않느냐는 여론이 점차 힘을 얻게 되는 변화가 일어나기 시작한다.

$$\boxed{\text{토막 상식}}$$

흥선대원군의 척화비

미군이 철수하면서 신미양요가 끝나자, 흥선대원군은 조선이 승리했다고 여기고 나라 곳곳에 척화비斥和碑라는 비석을 세우도록 하였다.

척화비는 1.2~1.8m 길이에 25cm의 두께와 45cm 내외의 넓이로 다듬은 화강암으로 만들어졌다. 그리고 비석에는 "서양 오랑캐가 쳐들어오는데 싸우지 않고 화해를 한다면 나라를 파는 일이니, 1만 년 후의 우리 자손에게 알리노라. 병인년에 척화비를 만들어

신미양요 이후 흥선대원군이 전국에 세운
척화비.

신미년에 세웠다(양이침범洋夷侵犯 비전즉화非戰則和 주화매국主和賣國 계
아만년자손戒我萬年子孫 병인작丙寅作 신미립辛未立)"는 뜻의 글자가 새겨져
있다. 척화비는 종로사거리를 비롯하여 신미양요의 격전지였던 강
화도, 부산 동래 등 약 200군데에 세워졌다.

　그러나 신미양요로부터 11년 후인 1882년 5월 22일, 조선이 신
미양요 당사자인 미국과 조미수호통상조약朝美修好通商條約을 맺고 정

식으로 수교를 하면서 척화비의 존재 의의가 심각한 타격을 받는다. 엄연한 서양 오랑캐인 미국과 수교를 한 이상, 척화비를 계속 세워두는 것이 무슨 소용이 있었겠는가? 조미수호통상조약을 시작으로 영국, 프랑스, 독일, 네덜란드, 오스트리아, 러시아, 이탈리아 같은 다른 서양 나라들도 조선과의 수교를 하겠다고 몰려오는 판국이니 척화비는 사실상 무용지물이 되었다. 결국 척화비를 세우도록 명령한 흥선대원군이 1882년 7월 12일 청나라 군대에 의해 현재 중국 톈진으로 납치당하면서, 척화비는 조선 조정 스스로에 의해 모조리 땅에 파묻혀 사라졌다. 일부는 훗날 발굴되어 다시 세워지기도 했으나, 이미 조선이 서양 나라들과 정식으로 수교를 한 이상, 척화비는 지나간 역사의 유물일 뿐이었다.☆

프랑스가 약탈해간 조선의 문화재들

조선 왕실이 공식적인 행사나 의례를 열 때마다 수많은 인원들이 동원되었는데, 이러한 의전의 내용을 글과 그림으로 기록한 문서

TMI ☆ 1995년에 방영된 KBS 드라마 〈찬란한 여명〉은 이른바 개화파를 중심으로 흥선대원군, 고종, 명성황후 등의 당대 정치사를 다뤘다. 두 양요 뿐만 아니라, 임오군란, 갑신정변 등도 모두 다뤘다. 변희봉(흥선대원군), 하희라(명성황후), 이정길(유홍기), 정보석(김옥균) 등이 출연했다. 2017년 방영된 tvN 〈미스터 션샤인!〉의 제1화가 바로 신미양요를 배경으로 했다(단, 이 드라마는 조금 더 이후 일제 강점이 첨예화되는 시대인 1900년에서 1907년에 이르는 시기를 주로 다룬다).

들을 〈조선왕실의궤朝鮮王室儀軌〉라고 한다. 〈조선왕실의궤〉는 강화도의 외규장각에 보관되어 있었는데, 병인양요 때 쳐들어온 프랑스군이 철수하면서 340권의 〈조선왕실의궤〉를 약탈해 프랑스로 가져갔다. 또한 5,000여 권의 외규장각 도서들이 이때 불탔다.

프랑스군은 약탈한 〈조선왕실의궤〉를 프랑스 파리 국립도서관 창고에 넣어두었다. 조선 왕실은 1886년 프랑스와 조불수호통상조약을 맺어 정식으로 외교 관계를 수립했으나, 〈조선왕실의궤〉를 돌려달라는 요구는 전혀 하지 않았다. 1945년 해방 이후에도 분단과 전쟁과 같은 충격적인 사건들이 계속 터지면서 의궤 반환 문제는 잊혀졌다.

그러다가 1979년 프랑스 국적을 가진 한국인 박병선이 파리의 국립도서관에 〈조선왕실의궤〉가 보관되어 있다는 사실을 알고 한국의 문화재이니 한국에 반환되어야 한다는 신념으로 여론을 조성하면서 비로소 이 문제가 한국에서도 중요하게 여겨지기 시작했다.

하지만 반환은 쉽지 않았다. 파리의 국립도서관에 근무하는 프랑스인 직원들이 '비록 약탈을 해서 가져온 물건이라고 해도 엄연한 프랑스의 소유이니, 결코 외국에 줄 수 없다'며 크게 반발하였다. 프랑스에는 '만약 한국에 〈조선왕실의궤〉를 반환한다면, 제국주의 시절 프랑스가 외국에서 약탈해 온 다른 문화재들도 모조리 반환해야 한다'며 반대하는 여론이 있었다.

그러나 1993년 한국을 방문한 미테랑 프랑스 대통령이 〈조선왕실의궤〉의 반환을 한국 정부에 약속하면서 상황은 급반전되었다. 17년 후 2010년 11월 한국을 방문한 사르코지 프랑스 대통령이 이명박 대통령과의 만남에서 '일단 한국에 대여의 형식으로 반환한 다음, 대여의 기간을 5년마다 자동으로 영구 연장하는 방식으로 돌려주겠다'고 약속하여 반환을 확인했다. 2011년 4월부터 반환이 시작되어, 2011년 5월에 모든 〈조선왕실의궤〉의 반환 작업이 끝났다. 145년 만에 마침내 고향으로 돌아온 것이다(국립중앙박물관 외규장각 의궤 홈페이지에서 의궤, 반차도, 도설 등 전체 자료를 볼 수 있다).

동학농민전쟁

실패했지만 위대했던 조선 민중들의 혁명
(1894~1895년)

——— **요약**

1894년 1월 10일 고부군수 조병갑의 수탈과 착취에 분노한 고부 농민들은 동학 접주 전봉준을 중심으로 뭉쳐 1차 동학 농민전쟁을 일으켰다. 새 세상에 대한 열망에 불타던 동학 군은 허약한 조선 관군과 싸워 계속 이겼다.

　　두려움을 느낀 조선 조정은 청나라 군대를 불렀고, 일본 은 요청이 없었음에도 군대를 보냈다. 청군과 일본군으로 인해 백성이 입을 피해를 우려하여 동학군 지도자 전봉준은 관군과 전주 화약을 맺고 동학군을 해산하였다. 그리고 집 강소를 설치하여 백성들이 중심이 된 지방자치를 실현했고, 폐정개혁안을 제시하여 신분 차별을 없앨 것을 요구하였다. 이는 갑오개혁에 반영되었다. 청군은 일본 측에 함께 철수 하자고 제안했지만, 일본은 이를 거부하였다.

　　이에 전봉준은 일본을 몰아낼 것을 주창하고 1894년 9월 2차 봉기를 일으켰다. 그리고 충청도 공주의 우금치 고개 에서 일본군과 조선 관군을 상대로 치열한 전투를 벌였으나 결국 패배하고 만다.

——— **키워드**

#전봉준 #김개남 #최경선 #조병갑 #홍계훈 #고종 #황현 #고부봉기
#전주화약 #폐정개혁안 #갑오개혁 #우금치전투 #녹두꽃
#새야새야파랑새야 #척양척왜_제폭구민_보국안민 #백범일지

동학농민전쟁의 시대적 배경

동학농민전쟁이 벌어진 1894년은 조선이 대내외적으로 어려움에 처한 시기였다. 밖으로는 일본을 비롯한 외세의 압력이 강해져 이권을 침탈당했으며, 안으로는 지배층의 부정부패가 심각하여 백성들이 여러 가지 명목으로 세금을 뜯기며 고통을 받고 있었다. 이러한 시대적 상황은 조선 백성들로 하여금 외세의 압력을 물리치면서 동시에 백성들이 처한 고통을 해결해주는 혁명에 대한 갈망을 불러일으키기에 충분했고, 그러한 대중적 염원이 바로 동학농민전쟁으로 나타났다.

동학東學은 조선 철종 11년인 1860년 최제우가 만든 종교 단체였다. 당시 조선에는 서학西學이라고 불린 기독교가 들어와 많은 사람들에게 정신적·문화적으로 큰 충격을 주고 있던 상황이었다. 그래서 최제우는 서양의 종교인 서학에 맞서 동쪽의 나라인 조선이 스스로의 정신문화를 갖추어 대응한다는 명분에서 새로운 종교의 이름을 '동쪽의 학문', 동학이라고 붙였던 것이다.

처음 동학의 교리는 한울님이라는 신을 섬기는 내용이었는데, 한울님은 하늘의 신인 '하느님'이라는 말에서 유래했다. 동학을 만든 최제우는 한울님을 자기 몸에 모시면 성인군자가 되어 나라를 돕고 백성들을 편안하게 한다고 말했다. 두 번째 교주 최시형은 한울님에 관련된 교리를 "한울님을 모시는 것처럼 사람을 섬겨라"로 약간 바꿨다. 또한 최시형은 "한울님은 하늘이나 사람의 몸에만 있는 것이 아니라, 산과 들판의 풀과 나무에 이르기까지 세상 만물 모든 곳에 있다"라는 내용을 덧붙였다. 이는 "모든 생물에게 부처가 될 성품이 있다"는 불교의 교리에서 영향을 받은 흔적이다.

이러한 동학의 가르침은 관리들의 수탈과 외세의 침입에 시달리던 조선 백성들에게 매우 큰 호응을 얻었고, 동학농민혁명이 일어났던 1894년에는 신도수가 최대 100만 명에 이를 만큼 가히 폭발적인 반응을 불러왔다.

동학농민전쟁의 주요 전투

동학농민군은 1894년 3월 24일 전라북도 고부군 백산면에서 전봉준의 주도로 만들어졌다. 빈약한 무기에도 불구하고 동학농민전쟁 초반부의 전황은 그야말로 동학농민군의 일방적인 연승으로 이어졌다. 당시 조선 관군이 워낙 무기력하고 사기와 규율이 형편없었기에, 동학농민군을 보면 제대로 싸우지도 않고 도망가기 일쑤였던 탓이다.

관군이 동학군과 본격적으로 싸운 시기는 1894년 4월 7일 도교산전투였다. 이틀에 걸친 이 전투에서 새벽을 틈타 동학군이 공격을 하자 관군은 참패하고 말았다.

그리고 1894년 4월 23일 전라남도 장성군에서 다시 관군은 동

동학농민전쟁의 지도자 녹두장군 전봉준.

학군과 전투를 벌였다. 이 전투에서 동학군이 만들었던 도구인 장
태가 큰 활약을 했다. 장태는 대나무를 잘라서 타원형의 통처럼 길
게 붙여서 그것을 뒤에서 몇 명의 사람들이 굴리는 형태였는데, 관
군의 총알이 장태에 막혀서 동학군에게 피해를 입히지 못했던 것
이다. 동학군이 언덕 위에서 장태를 굴리며 다가오면 관군 대부
분은 도망쳐 버렸다. 장성전투에서 승리한 여세를 몰아 동학군은
1894년 4월 27일 조선 왕조의 본관인 전주에 무혈 입성하였다.

　다음 날 1894년 4월 28일, 서울에서 홍계훈이 이끄는 관군이 새
로 전주성 앞에 도착했다. 이들은 수도인 서울을 지키는 병사들인
경군이었고, 그 전투력이나 사기 또한 무기력한 지방 관군들보다
는 나았다. 더구나 경군은 대포와 신식 총기까지 갖고 있었다.

4월 28일부터 홍계훈의 경군은 전주성의 동학군과 치열한 전투를 벌였다. 동학군이 먼저 성에서 나와 경군을 향해 달려들었으나, 경군이 쏘아대는 총탄과 포탄에 맞아 큰 피해를 입자 서둘러 성안으로 후퇴하였다. 경군은 전주성 안으로 들어가려 했으나, 동학군의 결사적인 저항에 막혔다.

양측 모두 5월 1일까지 사흘 동안 서로 밀고 당기는 공방전을 벌였으나, 어느 한 쪽도 우세를 차지하지 못했다. 그때 청군과 일본군이 들어온다는 소식이 전해졌다. 자칫 나라가 외세에 망하고 말 것이라는 위기감을 느낀 동학농민군은 전주 화약을 맺고 일단 전쟁을 멈추게 되었다.

집강소와 폐정개혁안

전주 화약의 결과로 동학농민군이 점령한 지역에는 집강소라는 기관이 들어섰다. 그리고 그 지역에서 벌어지는 모든 일들을 현지 인구 대다수를 차지하는 농민들이 스스로 알아서 처리하는 자치가 진행되었다.

먼저 동학농민전쟁이 가장 먼저 시작된 전라도 지역에서는 전주 화약을 맺고 해산한 동학농민군들이 주도하여 각 지역마다 집강소를 설치하고, 모든 송사를 관아가 아니라 집강소에서 결정하고 집행하고자 했다. 이 소식이 전국 각지로 전해지자, 충청도와 경상도와 강원도와 경기도에서도 잇따라 동학에 가입하려는 농민들이 많아졌는데, 동학 교도가 가장 많았을 때 그 수가 무려 100만 명에 달했다고 한다.

집강소가 설치된 지역에서는 질서 관리 권한이 양반이나 관아가 아니라 집강소를 운영하는 농민, 특히 동학교도들에게 넘어갔다. 관아의 말은 지역 주민들이 듣지 않을 지경이었다. 충청도와 경상도에서는 전라도의 집강소를 모방한 접소(원래는 동학 기본 조직)를 설치하고 마을의 문제들을 논의하여 해결했으며, 일부 지역에서는 백성들이 법으로 고소를 할 일이 생기면 관아가 아니라 접소를 찾아갔다. 접소를 운영하는 동학 간부인 동도검찰관장극원東徒檢察官張克元은 동학교도들과 함께 여러 마을을 돌아다녔는데 그 차림이 조정에서 정식으로 파견된 관리와 같았고, 그가 가는 곳마다 고소를 부탁하기 위해 수많은 백성들이 몰려왔다고 한다.

집강소가 백성들에게 열렬한 환영을 받다보니, 전국 각지에서 양반은 물론 지방 관리나 왕이 보낸 감사들까지 동학의 위세에 눌려 제대로 힘을 쓰지 못하는 판국이었다. 동학을 미워하던 양반들마저 동학에 들어가는 일이 있을 정도였다.

그에 따른 부작용도 있었다. 동학농민군들이 양반이나 지주들을 상대로 개인적인 보복을 하거나 재산을 뺏기도 했다. 물론 오랜 세월 동안 양반 지주 계층한테 억눌렸던 한을 푸는 성격도 있었으나, 이런 비행들이 벌어지자 양반 지주 계층은 동학에 큰 원한을 품고 나중에 우금치전투에서 동학군이 패배하자 그들을 적극적으로 탄압하는 데 동참했다.

1894년 5월 8일에는 동학군의 요구 사항인 폐정개혁안이 발표되었다. 폐정개혁안은 27개 사항이었는데(여러 종류가 알려져 조항수에 이견이 있지만 내용은 유사함) 논밭에 매기는 세금인 전결田結을 줄이는 것(4개 사항), 군포나 환곡 및 잡역 등 농민들이 내는 세금을 줄이는 것(5개 사항), 세금으로 걷는 곡식을 배로 운반하던 일을 담당하던 관아인 전운사를 없애는 것(1개 사항), 저수지를 쌓아서 물세금을 매기지 못하도록 하는 것(1개 사항), 균전(국가가 농민들에게 주는 토지)을 없애는 것(1개 사항), 돈을 빌렸을 때 지나치게 높은 이자를 내지 못하게 막는 것(1개 사항), 개항을 한 항구에서 쌀 상인이 항구 바깥의 지역에서 싼 값에 쌀을 사들이는 것을 막는 것(1개 사항), 농촌의 장사꾼들에게 손해를 입히는 상품을 유통시키지 말라는 것(5개 사항), 백성들이 묻힌 무덤 자리를 좋은 명당이라 하여 지방 관리들이 빼앗는 일을 막는 것(1개 사항), 부패한 관리들을 처벌하는 것(2개 사항), 관아에 아전을 임명할 때에 받았던 임채任債를 없애는 것(1개 사항), 전보국(전신 사무를 맡은 관청)을 없애는 것(1개 사항), 명성황후의 친척들이자 탐욕스러운 부패를 저지르는 민씨 세력들을 쫓아내고 다시 흥선대원군을 권력에 복귀시키는 것(1개 사항), 동학교도들에게 내린 역적 혐의를 없애는 것(1개 사항), 토지는 평등하게 여럿이 경작하게 할 것(1개 사항)이었다.

반외세 반봉건을 기치로 투쟁한 동학농민군을 돋을새김한 작품.

동학농민군의 특징

동학농민군은 국가 기관에서 훈련을 받은 군인이 아니라, 어디까지나 자발적으로 참여한 일반 백성들로 이루어진 조직이었다. 따라서 통일된 제복이 없었고, 대부분 평상시에 입고 다니던 삼베옷을 그대로 입고서 전쟁터로 나갔다. 아울러 평범한 농민 출신이어서, 이들이 가진 무기도 대나무를 잘라서 만든 죽창이 대부분이었다. 그래서 동학농민군을 가리켜 "앉으면 죽산이요, 일어서면 백산이다"라는 말이 나왔다. 자리에 앉으면 동학농민군이 든 죽창들로 산을 이루었고, 일어서면 동학농민군이 입은 하얀 삼베옷 때문에 마치 하얀 산처럼 보였다는 뜻이다.

　하지만 동학농민군이 죽창 한 가지만 무기로 사용했던 것은 아니고, 화승총을 가진 사람들도 있었다. 화승총은 개개인이 마련했을 수도 있겠지만, 그보다는 관군들을 무찌르고 빼앗은 전리품들이 많았다.

동학농민군은 앞서 언급한 장태라는 일종의 이동식 바리케이드를 사용했다. 장태는 커다란 대나무 바구니인데, 이 안에다가 두꺼운 솜이나 볏단을 넣고 밖에는 칼을 꽂아서 관군을 향해 굴리면 총을 쏘아도 뚫지 못했고, 장태의 밖에 달린 칼에 찔려서 다치기 마련이었다.

동학농민군 병사들은 선전 효과를 노린 행동을 하기도 했다. 전봉준이 이끈 동학군의 선두에는 이복용李福用이라는 14~15세의 소년이 앞장서서 싸웠는데, 이복용은 양손에 각각 긴 칼과 죽창을 들고 붉은 옷을 입고서 동학농민군의 선두에 서서 관군과 맞서 용감하게 싸워 동학군의 사기를 끌어올리는 역할을 했다. 그래서 동학군은 이복용을 가리켜 '하늘에서 내려온 붉은 옷을 입은 장군'이라고 칭송했다고 한다. 천강홍의장군天降紅衣將軍이라는 말인데, 이는 사실 임진왜란 때 붉은 옷을 입고 일본군에 맞서 싸웠던 의병장 곽재우의 별명으로 동학농민군이 곽재우의 일화에 착안한 것으로 보인다. 이복용은 1894년 5월 3일 전주 용두현 서봉에서 벌어진 관군과의 전투에 참가했다가 전사했다.

또한 동학농민군 병사들은 조선왕조가 곧 멸망하고 계룡산에 도읍을 정하는 정씨 왕조가 들어선다는 이른바《정감록》의 예언을 믿었다. 자신들을 이끄는 진짜 지도자가 《정감록》에서 가리켰던 구세주인 정도령이라고 여겼다고 한다.

　또한 동학군은 반일 감정이 무척이나 강렬했다. 일본군이 경복궁을 점령하자 이를 일본이 나라의 주권을 빼앗은 일이라고 여겨 일본의 침략에 맞서자는 명분을 내걸고 3차 봉기를 일으켰다. 심지어 1차 봉기 때 동학군과 적대했던 유생들에게도 "지금 나라가 일본의 침략에 위태로우니, 지난 감정은 접어두고 우리 모두 힘을 합쳐 일본에 맞서자"라고 제안하기도 하였다. 그래서 충청남도 공주의 유생 서상철은 동학군이 내건 반일항쟁의 외침에 자극을 받아 "임진왜란 때 모든 백성이 피해를 입었으니 일본은 우리나라의 원수다. 그러니 정의로운 뜻이 있는 사람들은 모두 무기를 들고서 일본군과 싸워야 한다"라고 하며 1894년 9월 18일 2,000명의 의병을 모아서 경기도 광주의 곤지암에서 일본군과 전투를 벌였다.☆

　동학군은 정식으로 훈련을 받은 군인이 아니고 농사를 짓다가 합류한 농민들이었기 때문에 엄격한 규율이 부족했다. 그래서 동학군 병사들은 전투를 벌이다 불리하면 그대로 도망치기도 했고, 동학군을 이끈 전봉준은 체포되어 심문을 받던 도중에 "동학군을 억지로 붙잡아둘 수 없었다"라고 술회했다.☆☆

TMI　☆　동학농민혁명의 3대 기치는 '보국안민輔國安民', '제폭구민除暴救民', '척양척왜斥洋斥倭'였다.
　　☆☆　동학농민군에게도 '4대 강령'과 '12개 군율'이 존재했다. 다만 정규적인 국가 공권력으로 편성된 군대가 아닌 상황에서 이를 엄격히 집행하고 수행하는 데에 많은 어려움이 존재했던 것으로 보인다.

신분제도의 폐지를 외쳤던 동학군

1894년 5월 7일 동학농민군이 홍계훈과 맺은 휴전 협상인 전주 화약에서 언급된 폐정개혁안 중에는 "노비 문서를 불태우고, 천인賤人의 대우를 개선하고 백정白丁의 머리에 쓰는 평양립(남자들이 머리에 쓰고 다닌 모자인 갓의 일종)을 없앨 것"이라는 내용이 언급된다.

동학에 참가했던 백범 김구의 회고록《백범일지白凡逸志》를 보면, 동학교도 오응선吳膺善을 만났을 때 양반인 오응선이 천민 김구에게 절을 하면서 "동학은 귀하고 천한 차별이 없고 누구나 평등하게 대우한다"라고 밝혔다는 구절이 있다. 동학교도들이 천민을 차별하는 신분제를 부정하고 있음을 보여주는 대목이다.✩

아울러 조선 조정이 동학군에 보낸 글인 〈언문선유방문諺文宣諭榜文〉에는 "윗사람을 능욕하고 침범하니, 난리를 일으키는 역적이다"라고 꾸짖는 내용이 나온다. 이는 동학군이 윗사람이라고 불린 양반, 즉 조선 사회의 신분제도를 부정하는 모습을 표현한 것이 아니었을까? 그렇기 때문에 조선 조정이 동학군을 가리켜 '난리를 일으키는 역적'이라고 불렀던 것이 아닐까.

동학의 창시자인 최제우는 하녀 두 명을 각각 수양딸과 며느리로

TMI ✩ 백범 김구는 자신의 회고록《백범일지》에서 '평소 상놈 신분이어서 양반들로부터 받는 핍박이 무척 괴로웠는데, 마침 새로 일어난 동학에서는 양반과 상놈의 구별을 하지 않는다고 하여 동학에 가입'했고, 젊은 나이에 동학교도들의 지도자가 되었다고 하여 '아기접주'라는 별명을 얻을 만큼 정부군에 맞서 용감하게 싸웠으나 동학교도들의 전투력이 그리 높지 않아 큰 전과는 거두지 못했다고 했다.

삼을 만큼, 신분제도에 크게 구애받지 않는 인물이었다. 동학교도들은 신분제에 대해 반감을 가지고 있었다. 그렇기 때문에 동학농민전쟁 와중에 신분제도를 지키려고 했던 양반들로 구성된 의용군들이 모집되어 동학군과 잦은 충돌을 빚었다. 만일 동학군이 신분제도의 폐지에 대해 무관심했다면, 양반들이 동학군에 대해서 신경질적인 거부 반응을 보이지 않았을 것이다.

동학군이 외친 신분제도 폐지는 1894년 6월 28일에 단행된 갑오개혁에 "양반과 상인들의 등급을 없애고 귀천에 관계없이 인재를 선발하여 등용한다. 공노비와 사노비에 관한 법을 일체 폐지하고 사람을 사고파는 일을 금지한다"는 조항이 들어가면서 비로소 법제화되었다. 비록 조선 정부가 동학군을 탄압했어도 그들이 외친 신분제 폐지의 목소리는 받아들일 수밖에 없었던 것이다.

그러나 법으로 공표되었다고 해도, 곧바로 조선 사회에서 신분제도의 흔적이 하루아침에 사라진 것은 아니었다. 실제 생활에서는 여전히 백정이나 머슴 같은 하급 계층들이 이전까지와 마찬가지로 계속 차별을 받았다.

1910년 조선 왕조가 망하고 일제 강점기가 시작된 이후에도 백정들은 새로운 지배자인 일제의 조선총독부에 의해 차별을 받았다. 조선총독부는 백정들이 관공서에 이력서를 제출하려고 하면 의무적으로 자신들의 신분을 백정이라고 밝히도록 붉은 점으로 표시하게 강요했다. 백정에 대한 차별을 계속 이어가겠다는 뜻이었다.

그런 이유로 1923년부터 조선의 백정들은 "관공서에서 백정에 대한 차별 대우를 없애라"는 표어를 내건 형평운동衡平運動을 일으켰다. 형평운동에 참가한 사람들은 "사회주의 국가인 소련에서처럼 모든 신분제도와 차별을 없애야 한다"는 주장을 펼쳤는데, 반공에 매달리던 일제로부터 강력한 탄압을 받았다.

우금치전투와 맥심 기관총

1894년 음력 10월 23일, 충청남도 공주의 우금치 고개에서 동학군의 운명을 좌우한 우금치전투가 벌어진다. 전봉준과 손병희가 이끄는 동학군이 조선 관군 3,200명과 일본군 200명으로 구성된 군대에 맞서 11월 15일까지 치열한 전투를 벌였던 것이다. 이 전투에 참가한 동학군의 수는 정확히 알려져 있지 않은데, 통설에 따르면 수십만 명이나 된다고 하지만 실제로는 그보다 훨씬 적은 수였을 것으로 여겨진다. 지금처럼 통신이나 연락망이 발달하지 않았고, 수십만 명이나 되는 많은 인원들을 동원하고 관리할 수 있는 체계적인 조직 체제를 갖추었을지 의문이기 때문이다. 《동학사東學史》는 10만 명으로 추산하고, 《천도교창건사天道敎創建史》에서는 6만 명으로 추산하지만, 정확한 인원은 알 수 없다.

이 전투에서 조선 관군은 사실상 일본군의 지휘를 받았다. 당시 조선 관군은 사기가 낮고 군기가 문란하여 일본군으로부터 훈련을 받았고, 전투의 대부분은 일본군 200명이 도맡아서 했다.

맥심 기관총. 동학농민군이 일본군에게 우금치에서 패배할 때 큰 영향을 끼쳤다.

　우금치전투에서 동학군은 참패했다. 가장 결정적인 이유는 조선 관군과 일본군이 사용했던 맥심 기관총에 있었다. 1분에 600발의 총탄을 계속 발사할 수 있는 맥심 기관총은 동학군이 전혀 알지 못했고 사용하지 못했던 강력한 무기였다. 반면 동학군은 1분에 1~2발 정도만 쏠 수 있는 화승총만을 갖고 있었다. 또한 군사 전술 없이 기관총 앞으로 계속 정면 돌격을 하다가 무수한 사상자가 발생하고 말았다.

　우금치전투에서 동학군은 대부분이 죽거나 다쳤고, 간신히 살아남은 전봉준은 전라북도 순창으로 피신했지만 부하인 김경천의 밀고로 12월 2일 조선 관군에게 체포되어 일본군에게 넘겨져 서울로 끌려갔다. 다른 동학군의 지도자들인 김덕명, 성두환, 최경선과 함께 재판을 받은 뒤 교수형을 당한다.

우금치전투의 패배는 동학농민전쟁의 향방을 좌우하는 결정적인 사건이었다. 이후로도 동학농민군은 전국 각지에서 계속 활동했으나, 우금치전투에서 주력 부대가 사실상 소멸함에 따라 나머지 부대들도 얼마 못가 관군과 일본군에 의해 진압당하고 말았다.☆

녹두장군 전봉준

전봉준全琫準은 전라북도 고창군에서 태어났다. 그는 조상이 양반 신분이었으나 가난으로 인해 몰락하여 사실상 농민과 다를 바 없는 집안 출신이었다. 그는 기본적으로 학식이 있었기에 농사를 지으면서도 틈틈이 동네 아이들한테 글을 가르치는 훈장 노릇을 했다.

 ☆ 왜 조선 왕조는 일본군의 지휘를 받는 치욕을 감수하면서까지 동학군을 진압했을까? 통설에 의하면 전봉준은 조선 왕조를 인정하는 근왕주의자였다고 하는데 말이다. 추측해보자면, 조선 왕조는 동학군이 근왕 세력이 아니라고 보았을 수 있다. 봉기하는 농민이라는 존재 그 자체가 언제까지나 '충실한 근왕 세력'이 될 것이라고 보기 힘들지 않았을까 싶다. 실제로 1871년 이필제의 난 당시 다수 동학교도가 참여했고, 여기에 동학 2대 교주 최시형이 자금을 지원했다. 프랑스 천주교도 뮈텔이 남긴 '문서'에 따르면, 1893년 선운사를 공격한 300명의 동학교도들은 '서양과 왜적을 멸한 후 이씨와 민씨를 제거'할 것이라고 했다고 한다. 이렇게 보면 전봉준의 '근왕주의'도 고도로 계산된 어법일 수 있다(마치 계유정난 당시 세조가 단종을 보필하려고 행동했다고 한 것처럼).

1890년에 전봉준은 동학에 가입하였고, 동학 교주 최시형으로부터 전라북도 고부 지역 접주로 임명된다. 그가 동학에 들어간 계기는 당시 전라도를 비롯한 삼남(충청도, 전라도, 경상도)에서 동학의 기세가 강성했던 데다가 전봉준 본인이 부패한 관리들의 착취와 수탈에 시달리던 농민들과 같은 입장이었기 때문에 썩은 세상을 뒤엎겠다는 동기가 강하게 작용했다고 추정된다.

고부는 탐관오리로 유명한 조병갑이 다스리고 있었는데, 1893년 6월 조병갑은 자기 어머니의 생일이니 농민들한테 6,000냥의 돈을 바치라고 요구하였다. 이 요구에 항의하던 전봉준의 아버지 전창혁은 관아로 끌려가 곤장을 맞아 한 달 후에 죽었다. 이 사실은 전봉준으로 하여금 조병갑에 대한 분노를 키웠다. 아버지가 죽은 지 5개월 후인 1893년 12월, 전봉준은 자신과 뜻을 함께 하는 농민들을 데리고 관아로 몰려가서 조병갑에게 착취와 수탈을 멈추라고 요구하였으나, 조병갑은 포졸들을 풀어 전봉준 일행을 쫓아냈다.

그러자 전봉준은 1894년 1월 자신과 마찬가지로 동학에 가입한 농민들 1,000명을 이끌고 관아를 공격하였다. 조병갑은 서둘러 전주로 달아났고, 관아를 차지한 전봉준은 무기고를 점령하고 무기를 갖추는 한편 창고에 보관된 곡식들을 농민들에게 나눠준다.

이 소식을 듣고 조선 조정은 이용태를 안핵사에 임명하여 고부로 파견했으나, 그는 오히려 민란에 가담한 농민들을 죽이거나 붙잡아 처벌하였다. 이에 전봉준은 고부민란 직후 해산되어 집으로 돌아갔던 농민들을 다시 불러 일으켜 1894년 3월 두 번째 봉기를 일으켰다. 이때 전봉준과 함께 봉기에 가담한 농민들은 1만 명이나 되었고, 이를 역사학계에서는 본격적인 동학농민전쟁의 시작으로 간주한다.

또 다른 동학농민군의 지도자, 김개남

동학군의 지도자가 전봉준 한 명만 있었던 것은 아니다. 전봉준 이외에도 활동했던 동학농민군의 지도자가 더 있었는데, 그중 짚어야 할 사람이 김개남金開南이다.

전라북도 정읍이 고향인 김개남은 1890년 무렵 동학에 들어갔다. 그는 무척 열정적으로 활동했는지 불과 1년 만인 1891년에 동학교도들을 이끄는 지도자인 접주가 되었다. 그리고 그 과정에서 다른 동학군 지도자인 전봉준이나 손화중孫華中과도 만나 친분을 쌓았다.

1894년 3월 24일 전봉준이 동학농민군을 만들자, 김개남은 동학농민군에 가담하여 총관령總管領이라는 직위에 올랐다. 그리고 전봉준과 함께 여러 고을들을 점령하고 관군과 싸웠는데, 이때 김개남이 이끈 부대가 가장 전투력이 강했고 사기가 높았다.

김개남은 전봉준보다 먼저 3차 봉기를 일으켰는데, 이때 그가 거느린 동학군의 수는 약 8,000명이었다. 김개남의 부대는 남원(1894년 10월 14일)과 전주(1894년 10월 16일)와 고산(1894년 10월 22일)을 거쳐 금산까지 진격하였다. 금산은 1894년 11월 9일까지 김개남 부대에게 점령당했는데, 이 과정에서 김개남 부대는 관아

동학농민군 중 가장 강력한 전투력을 지녔던 것이 김개남 부대였다.

의 공문서들을 불태워버리고 곡식을 빼앗았다. 또한 양반 지주들의 집을 습격하여 그들의 재산을 약탈하고 관아의 감옥 안에 감금해 버렸다.

하지만 11월 13일 충청남도 청주에서 벌어진 전투에서 김개남의 동학군은 관군과 일본군에게 패배하였고, 11월 14일 다시 관군과 일본군을 상대로 싸웠으나 전세가 불리하여 충청남도 노성으로 물러났다. 전황이 불리해지자 김개남의 부대에서는 도망자가 속출하여 11월 15일에는 500명에 불과했다. 군대가 줄어들면서 김개남은 남원을 향해 철수하던 와중인 1894년 12월 1일 태인에서 관군한테 체포되었다. 12월 3일 전라감사 이도재는 김개남의 목을 베어 죽였다.

김개남은 노골적인 반체제 인사였다. 당시 일본 공사관이나 유생들 같은 외부 관찰자들의 기록을 보면, 김개남은 스스로를 가리켜 개남국왕開南國王이라고 부르며 가마를 타고 다니며 임금 행세를 했다고 한다.

또한 김개남은 양반들을 무척 미워하여 자신의 군대가 가는 길목마다 양반 집을 습격해서 양반들을 폭행하고 그들의 재산을 빼앗았으며, 양반들의 딸들을 끌고 와서 자신의 부하들과 강제로 결혼시켰다. 이런 김개남의 횡포 때문에 각지의 양반이나 지주들은 그를 무척이나 증오했으며, 민보군民堡軍이라는 사병 조직을 만들어서 김개남의 부대와 맞서 싸웠다.

토막 상식

민요 〈파랑새〉와 〈가보세요〉

동학농민전쟁을 상징하는 가장 유명한 민요라면 단연 〈파랑새〉를 들 수 있다. "새야 새야 파랑새야, 녹두밭에 앉지 마라. 녹두꽃이 떨어지면, 청포 장수 울고 간다." 이 노래는 정확한 제작 연도와 작곡가가 알려져 있지 않으나, 동학농민전쟁 후의 민요라는 해석이 유력하다.

노래 가사의 확실한 뜻에 대해서는 여러 해석이 엇갈리고 있다. 일각에서는 파랑새가 청나라 군사이며, 녹두밭과 녹두꽃은 조선 백성이고 청포 장수는 전봉준이라고 주장한다. 하지만 역사적으로 동학군과 전봉준을 상대로 싸우거나 탄압했던 군대는 청나라 군대가 아니라 일본군이었고, 그런 의미에서 동학군이나 그들을 지지하는 조선 백성들이 청나라 군대를 위협적인 적으로 보았을 가능성이 매우 희박하다는 점을 감안한다면 파랑새를 청나라 군사로 보는 해석은 잘못된 것 같다.

다른 해석으로는 파랑새가 일본군을 가리킨다는 것이 있다. 《한국 가요 정신사》의 저자 김지평에 따르면, 민요의 원래 뜻은 이렇다. "새야 새야 파랑새야"가 원래 "쇠야 쇠야 팔한쇠야"였는데, 쇠는 '마당쇠'같이 남의 종노릇을 하는 사람을 낮춰 부르는 말이고, 팔한八寒은 불교에서 말하는 지옥 중 하나인 팔한지옥八寒地獄의 줄임말이다. 즉 파랑새는 지옥의 종인 팔한쇠이자 일본군이며, 파랑새가 앉는 녹두밭은 전봉준의 별명인 녹두장군이다. 그 경우 노래 가사 마지막의 청포 장수는 조선 백성들을 가리키는 말로 해석할 수 있다. 아마 동학군에 참가했거나 혹은 동학농민전쟁을 우호적으로 보았던 사람이 일본에 대한 분노와 증오를 담아서 만들어 퍼뜨린 것으로 추정해볼 수 있다.

일제 강점기 시절 민요 〈파랑새〉는 조선총독부에 의해 금지곡으로 지정되었고, 레코드로 발매되지 못했다고 한다. 파랑새가 다분히 일제에 저항하는 항일 정신을 담고 있었던 노래였기에 일제 당국이 일부러 조선인들이 부르지 못하도록 막았던 것이 아니었을까?

파랑새 못지않게 유명한 민요로 〈가보세요〉가 있다. "가보세甲午歲 가보세, 을미적乙未 을미적, 병신丙申되면 못 가보리." 이 노래는 동음이의어를 이용한 언어유희를 통해 뜻을 전한다. 이면의 뜻을 보면 우선 '가보세'라는 갑오년의 세상, 즉 동학농민전쟁이 일어난 1894년 갑오년을 가리킨다. 을미적은 1895년 을미년을 가리키며, 병신은 1896년 병신년을 가리키는 말이다.

즉 "백성들은 갑오년 동학농민전쟁에 빨리 참가하라. 미적거리다가 다음 해인 을미년이나 병신년이 되면 때가 너무 늦으니, 더 이상 참가할 수가 없다"는 독려라는 것이다. 이 노래 역시 〈파랑새〉처럼 동학군 중 누군가가 백성들에게 당장 동학군에 들어오라는 뜻으로 지어낸 작품일 것으로 추정된다.

초능력을 지닌 동학군?

동학농민전쟁은 워낙 많은 사람들이 참가했던 극적인 사건이며, 한국 역사상 처음으로 민중이 정치 무대에 주역으로 등장한 사건이기 때문에, 그에 얽힌 여러 가지의 전설들이 각 지방마다 전해져 온다.✩

《백범일지》에 의하면 당시 동학 사람들을 가리켜 "문을 열지 않고도 방 안에 들어갔다가 나갈 수 있으며, 갑자기 모습을 숨기는 도술을 부리거나, 허공으로 날아다니는" 신비한 초능력을 지녔다는 소문이 민간에 파다했다고 한다. 그래서 김구가 동학에 참가하자, 백성들 사이에서는 "김구가 허공으로 한 길이나 높이 뜬 채로 걸어 다닌다"는 소문이 돌기도 했다. 1893년 가을, 김구는 최시형에게 황해도의 동학교도 수를 보고하는 과정에서 '혹시 나한테 신통한 능력을 교주가 주지 않을까?'라는 기대를 가졌으나, 막상 최시형은 전혀 그런 말을 하지 않아 섭섭했다고 한다.

부여 선비 이복영의 《남유수록南遊隨錄》, 강진 선비 박기현의 《일사日史》에도 동학교도의 '초능력'에 대해 쓰여 있다. 이러한 기록들은 그 당시 조선 백성들이 동학교도에 대해 가진 인식을 보여준다. 동학교도들은 모두 도술을 부리는 신선 같은 초능력자로 여겨졌던

TMI ☆ 동학농민전쟁을 언급하는 예술작품은 많지만, 그 자체를 핵심 모티프로 삼은 작품은 의외로 많지 않다. 동학농민전쟁만 중심으로 다룬 작품을 찾아보면, 뛰어난 장편 소설들이 남과 북에 존재한다. 남한 작가 송기숙이 10여 년에 걸친 현지답사와 방대한 사료를 바탕으로 쓴 《녹두장군》(전 12권)은 동학농민전쟁 전체의 양상을 민중적으로 형상화한 작품으로 인정받고 있다. 제9회 만해문학상을 수상했다. 북한 작가 박태원(영화감독 봉준호의 외할아버지)의 《갑오농민전쟁》(전 6권)은 '제국주의 침략에 맞서 민족의 자주성을 실현하는 민족운동과 봉건사회의 모순을 극복하는 변혁운동'의 관점에서 쓰인 대하역사소설로 역시 높은 가치를 인정받고 있다. 2019년 SBS에서 방영한 드라마 〈녹두꽃〉은 고부농민봉기에서 우금치전투 그리고 이후 항일의병으로 이어지는 동학농민운동의 역사에 맞춰 가상의 인물들을 추가한 역사 드라마로, 조정석(백이강), 윤시윤(백이현), 한예리(송자인), 최무성(전봉준) 등이 출연했다.

모양이다.

한편 매천 황현黃玹의 《오하기문梧下紀聞》에는 "무장(고창)의 산속 절벽에 용당선사가 남긴 참결讖訣을 얻으면 거사를 일으킬 수 있다"는 소문이 민간에 파다했고, 그런 이유로 1893년 2월 충청남도 보은에 수많은 동학교도들이 몰려들었다고 언급된다. 언급된 용당선사가 누구인지는 알 수 없으나 아마 불교의 승려인 듯하다. 참결이란 예언인데, 동학교도들은 용당선사가 장차 동학농민전쟁이 나아갈 방향을 알려주었다는 전설을 믿었던 것으로 보인다.✩

마지막으로 이용목李容穆이 쓴 《백석서독白石書牘》에는 동학교도들 중 일부는 앞으로 부자가 되려고 동학에 들었으며, 장차 서양과 일본을 물리치면 조선이 천자국天子國이 된다는 주장을 했다는 이야기가 기록되어 있다. 천자국은 황제의 나라, 곧 제국을 뜻하니 동학교도들의 소망 속에는 조선이 외세에 휘둘리지 않는 강대국이 되기를 바라는 것도 있었던 듯하다.

TMI ✩   이 책의 일부는 동학농민전쟁의 발생 원인, 경과를 매우 자세히 기록하고 있다. 황현은 동학농민전쟁만을 내용으로 《동비기략》이라는 글을 쓴 것으로 알려져 있으나, 현재 전해지지는 않는다.

항일무장투쟁

여전히 숨겨진 혁명가들의 독립전쟁

(1907~1945년)

──────── **요약**

동학농민군이 우금치전투에서 일본군에 패배하고, 일본이
점차 조선을 지배하기 시작한다. 1905년 을사조약으로 외
교권을 박탈당하고, 1910년 한일병합조약에 의해 나라가
일본에 넘어가 버린다.

그러나 빼앗긴 나라와 주권을 되찾으려는 조선인들의 투
쟁은 일제 강점기 내내 계속되었다. 직접 무기를 들고 일제
와 맞서는 여러 형태의 투쟁이 이어졌다. 국권 피탈 이후에
도 중국 등 해외에서 조선인들의 끈질긴 항일무장투쟁이 계
속된다. 조선 각지에서 일본군과 싸운 의병들부터 나라를
빼앗긴 후에도 추운 눈밭을 누비며 일본군과 싸웠던 독립
군, 일본의 주요 인사들이나 기관을 상대로 폭탄을 던진 지
사들, 일본군과 치열한 전쟁을 벌였던 항일유격대 등 무장
독립운동의 흐름은 그야말로 끝이 없었다. 독립운동가들의
투쟁에 더해 일본을 상대로 전쟁에 돌입한 미국, 소련 등 연
합국의 군대가 일본과 파시즘 세력을 격파하면서 조선은 천
신만고 끝에 1945년 8월 15일 일본으로부터의 해방을 실현
할 수 있었다.

──────── **키워드**

#홍범도 #김좌진 #김구 #이봉창 #윤봉길 #김원봉 #김일성 #허형식
#김무정 #안수산 #독립군 #청산리대첩 #봉오동전투 #한인애국단
#홍커우의거 #의열단 #보천보전투 #조국광복회 #동북항일연군
#조선의용군 #간도특설대 #치안유지법

✦ 주요 사건 연표 ✦

1907년 12월 13도 창의군 결성.

1919년 3월 1일 3.1 만세 운동 시작. 수개월 동안 전국적으로 200만 명 투쟁 참가.

1919년 6월 간도에서 홍범도가 대한독립군을 창설.

1919년 11월 10일 중국 길림성에서 의열단 결성.

1920년 6월 7일 홍범도의 대한독립군이 봉오동전투 승리.

1920년 10월 26일 김좌진의 북로군정서군이 청산리대첩 승리.

1921년 6월 자유시참변 발생.

1921년 9월 12일 김익상이 조선총독부에 폭탄 투척.

1923년 1월 12일 김상옥이 종로경찰서에 폭탄 투척.

1929년 조선혁명당 창당.

1930년 한국독립당 창당.

1932년 1월 8일 이봉창이 일본 도쿄에서 일왕 히로히토를 향해 폭탄 투척.

1932년 4월 29일 중국 상하이 홍커우공원에서 윤봉길이 일본군 고관들을 향해 폭탄 투척.

1933년 1월 13일 한국독립당과 길림구국군이 중한연합토일군을 결성.

1936년 5월 5일 김일성이 민족통일전선 조직 조국광복회 결성.

1937년 6월 4일 김일성의 조선인민혁명군이 보천보전투에서 승리.

1942년 7월 10일 조선독립동맹이 조선의용대를 개편하여 조선의용군 결성.

1942년 8월 3일 동북항일연군의 허형식 전사.

1945년 8월 15일 일제가 미국과 소련 등 연합국에 항복. 조선 독립 실현.

13도 항일의병들의 한양 진군 계획

동학농민전쟁 이후 국내에서 항일무장투쟁이 이어진다. 1907년 12월 지금의 경기도 양주에서는 각 지역의 항일의병들이 서로 모여 합동 작전을 벌이기 위해 만든 조직인 13도+三道 창의군倡義軍이 출현한다.

13도 창의군에는 1907년 8월 1일 일본의 강요로 해산된 대한제국의 군인들이 대거 가담했기 때문에 그 수가 약 1만 명에 달했고, 미국과 유럽에서 들어온 최신형 소총들을 사용해서 화력 면에서 동학군보다 훨씬 나았다. 13도 창의군은 외국 공사관들에 먼저 연락을 보내 "우리는 합법적인 교전 단체"라고 알리기까지 했다. 또한 이들은 한양으로 진격하여 일본군과 싸워서 그들을 몰아내고, 한양을 탈환하려는 일명 '한양 진군 계획'도 세우고 있었다.

그러나 13도 창의군에는 큰 문제점이 있었다. 일단 총탄 같은 군수 물자가 매우 부족했다. 아무리 사기가 높고 용감한 군인이라고 해도 총탄이 없다면 제대로 싸울 수 없으니, 과연 서울로 쳐들어가 일본군을 몰아낸다는 계획이 성공할지 시작부터 의문이었다.

게다가 13도 창의군 총대장 이인영李麟榮은 지독할 만큼 보수적인 사고방식에 젖은 유생이라 한양 진군 도중인 1월 28일, 아버지가 죽었다는 소식을 듣고 부모의 삼년상을 치러야 한다며 멋대로 의병 부대를 떠나버렸다. 총사령관이 떠나버리자, 의병들의 사기는 곤두박질했다. 허위許蔿가 이인영을 대신해 연합부대를 이끌었으나, 이미 지리멸렬해진 의병 부대의 사기를 다시 끌어올릴 수는 없었다. 결국 의병들은 끝내 한양 진군에 실패하고 지방으로 후퇴하였다가, 화력과 물자에서 유리한 일본군에게 밀려 무너지고 말았다.

허위는 1908년 6월 11일 경기도 양평에서 일본군에 붙잡혔고, 1908년 10월 21일 경성 감옥에서 교수형을 당했다. 이인영은 1909년 6월 7일 충청북도에서 일본군에 붙잡혔고, 1909년 9월 20일 한양의 감옥에서 교수형을 당했다.

만주에서 활동한 항일 독립군들

13도 창의군의 한양 진군 계획이 실패한 지 3년 후인 1910년, 조선은 끝내 일본에게 병탄당해 국권을 빼앗기고 말았다. 항일의병들은 독립군이 되었고, 일본의 지배를 받는 조선 땅에서 활동하기 어렵게 되자, 아직 일본의 지배를 받지 않는 중국 동북부인 만주로 떠나 조선 독립을 위한 항일무장투쟁을 계속해 나갔다. ☆

> **TMI** ☆ 물론 일제의 무단 강점 통치 속에서도 다양한 반일 항거가 한반도 내에서 이루어졌다. 여러 독립운동의 양상 중에서, 이 책에서는 직접적인 '무장투쟁'에 대해서만 다뤘다.

청산리대첩을 상상한 그림.

　1910년대에서 1920년대까지 만주에서의 항일무장투쟁은 주로 홍범도의 대한독립군과 김좌진의 북로군정서군을 중심으로 이루어졌다. 대한독립군에 소속된 독립군들의 대부분은 호랑이를 사냥하던 포수 출신들이었는데, 조선 말기에 포수들은 군기가 문란한 정규군보다 사격 솜씨가 뛰어나고 용감하여 병자호란이나 신미양요 같은 전쟁 때에 자주 동원되었다. 북로군정서군은 조선 경성의 육군무관학교에서 교육을 받다가 조선이 망한 이후 만주로 간 사람들이었다. 이들은 한민족의 시조인 단군왕검을 신으로 섬기는 대종교大倧敎 신도들이었다.

　1919년 6월 만주의 간도에서 홍범도가 창설한 대한독립군은 빈번하게 조선과 만주의 국경을 넘나들며 일본군을 상대로 무장투쟁을 벌였다. 1919년 8월 200명의 병사들로 구성된 대한독립군은 자성군에 주둔한 일본군을 습격하여 70여 명을 사살했다. 1920년 6월 홍범도가 이끄는 의병 부대는 함경북도 종성에서 일본군과 싸워 120명을 죽였으며, 봉오동鳳梧洞전투에서도 일본군과 싸워 이겼다. 두만강 부근에서 벌어진 봉오동전투에서 홍범도 부대는 계곡의 양쪽에서 일본군의 공격을 받자, 재빨리 빠져나가 일본군 대열의 옆에 섞여 들어가 다른 일본군 대열을 상대로 사격을 하고서 유유히 철수하는 전술을 썼다.

1920년 10월 21일부터 26일까지 김좌진이 이끄는 북로군정서군은 백운평전투白雲坪戰鬪와 천수평전투泉水坪戰鬪 및 어랑촌전투漁郎村戰鬪 등 이른바 청산리전투를 벌이며 일본군과 싸웠다.

1920년 10월 21일 오전 9시 길림성에서 벌어진 백운평전투는 북로군정서군이 철수하던 도중에 쫓아온 일본군을 상대로 매복을 하고 있다가 공격하여 승리한 사건이다. 일본군은 야스가와 소좌의 보병 1개 중대가 북로군정서군을 쫓아왔다가 매복에 걸려 큰 피해를 입고 물러났다. 다음 날인 1920년 10월 22일에는 길림성 화룡현 천수평에서 머물고 있던 일본군 기병 연대가 김좌진이 지휘하는 북로군정서군의 기습을 받았다. 기습이 벌어진 때가 한밤중이라서 일본군은 당황하여 우왕좌왕했고, 그 틈을 타서 북로군정서군은 유유히 빠져나갔다. 이 전투의 소식을 듣고 놀란 일본군은 포병이 포함된 중화기 부대를 이끌고 북로군정서군을 상대로 집중적인 공세를 퍼부었고, 한동안 일본군의 공격을 막아내다가 더는

버틸 수가 없다고 판단하여 김좌진 부대는 길림성 어랑촌으로 이동하였다. 일본군은 예비 부대와 기병 부대까지 동원하여 북로군정서군을 공격했는데, 위기의 상황에서 홍범도가 이끄는 대한독립군 부대가 북로군정서군을 돕고자 나타났고, 북로군정서군은 대한독립군과 연합하여 일본군에 맞서 싸웠다. 이 전투는 아침에서 밤까지 계속되었고, 밤이 깊어지자 북로군정서군은 대한독립군과 함께 어둠을 틈타서 일본군의 공격을 피해 빠져나갔다. 또 한 번의 승리였다.☆

청산리전투 이후, 일본군은 만주의 독립군들이 계속 활동하는 것은 간도 지역에 사는 조선인들이 그들을 돕기 때문이라고 판단하여 대규모 병력을 동원하여 간도의 조선인 이주민들을 습격해 2만 명을 학살하는 간도 참변을 일으켰다. 이를 피해 대한독립군과 북로군정서군은 소련군이 지배하고 있던 흑룡강의 자유시自由市로 철수했으나, 소련군이 조선 독립군에게 소련군과 협조할 것을 요구하자, 이를 두고 독립군 내부에서 좌익과 우익으로 의견이 갈려 대립하게 된다. 결국 좌익 성향의 독립군들은 소련군에 투항하였으며, 김좌진 등 우익 독립군들은 소련군의 요구를 거부하고 달아나다가 많은 수가 죽임을 당하는 자유시참변이 벌어졌다(1921년 6월

TMI ☆ 〈장군의 아들〉과 〈야인시대〉로 유명한 실존 인물 김두한(박상민, 안재모가 연기)은 김좌진의 아들이다. 2019년 영화 〈봉오동전투〉는 동명의 전투를 그리고 있으며, 홍범도 역할은 최민식이 맡았다.

22일~1921년 6월 28일).

 하지만 만주의 항일 독립군들이 사라진 것은 아니었다. 1929년에는 길림성에서 조선혁명당朝鮮革命黨이, 1930년에는 김좌진의 동지였던 지청천池靑天 등이 한국독립당韓國獨立軍을 결성하여 새로운 항일무장투쟁의 맥을 이어갔다.

 조선혁명당의 산하 군대인 조선혁명군은 1933년 5월 8일 영릉가에서 중국의 항일군사단체인 요령민중자위군과 함께 일본군을 상대로 싸워 승리하였다. 이 패배를 복수하기 위해 1933년 6월 15일 일본군은 전투기를 앞세워 흥경성으로 쳐들어갔고, 이에 조선혁명군의 총사령관인 양세봉梁世奉은 1,000명의 조선혁명군과 1만 명의 요령민중자위군과 함께 일본군에 맞서 싸웠다. 조선혁명군은 기습으로 일본군의 진격을 막아냈으나, 요령민중자위군이 패배하는 바람에 철수하고 말았다.

 한국독립당에 소속된 군대인 한국독립군은 중국의 항일군사단체인 길림구국군吉林救國軍과 1933년 1월 13일 합동 작전으로 일본군에 맞서기로 결정하고 중한연합토일군中韓聯合討日軍이라는 연합군을 결성했다. 중한연합토일군은 남경을 수도로 했던 중국 국민당 정부로부터 무기와 장비를 지원받았다.

 1933년 2월 28일 일본군 1개 대대가 만주 동쪽의 호수인 경박호쪽으로 쳐들어오자, 중한연합토일군은 호수 주변의 계곡에 매복을 하고 있다가 이동하던 일본군을 향해 일제히 사격을 퍼부었고, 일본군은 달아났다. 경박호전투에서 중한연합토일군은 일본군

400여 명을 죽이고 70여 정의 총기와 6,000발의 총탄을 획득했다.

1933년 4월 15일에는 사도하자에서 일본군과 만주군(일본군이 세운 괴뢰국가인 만주국의 군대) 1개 사단이 중한연합토일군의 기습을 받아 패배하였다. 이 전투에서 달아났던 일본군은 황가둔에 주둔하고 있다가 1933년 5월 2일 한국독립군 소속 부대의 기습을 받아 또 다시 패배하였다.

한인애국단의 이봉창과 윤봉길

오늘날 대한민국 헌법에는 "대한민국임시정부의 법통을 계승한다"라고 적혀 있다. 이는 대한민국 정부가 중국 상하이에 처음 근거지를 두었던 대한민국임시정부를 따른다는 점을 밝힌 것이다.

대한민국임시정부는 자금난에 허덕이면서 다른 독립운동 단체들과 갈등이 있었고, 1930년대 일본의 강력한 압박에 직면하여 근거지를 상하이에서 항저우와 난징과 충칭 등으로 옮겨 다니느라 항일무장투쟁에 적극 참여하지는 못했다. 그러나 독립운동사에서 대한민국임시정부는 결코 빼놓을 수 없는데, 강력하고 유명한 폭탄 의거를 일으킨 이봉창과 윤봉길이 모두 대한민국임시정부 소속의 한인애국단이었기 때문이었다.

원래 철도와 가스회사 등 여러 직장을 전전했던 이봉창은 차츰 일제의 차별을 겪으면서 민족의식을 깨닫고, 1931년 1월 상해의 대한민국임시정부를 찾아가 김구를 만나 한인애국단에 가입했다.

훙커우공원의거 전날의 윤봉길 의사.

그리고 조선 독립을 기원하는 상징적인 투쟁의 일환으로 1932년 1월 8일 도쿄의 요요키 연병장에서 경시청으로 가던 일왕 히로히토가 탄 마차를 향해 수류탄을 던졌다. 폭탄 투척은 비록 목표 달성에 실패했으나, 전 세계에 대한민국임시정부의 존재와 조선의 독립 의지를 알리는 데 큰 효과가 있었다.

　가장 성공적인 투쟁은 대한민국임시정부가 주도한 상하이의 훙커우공원의거였다. 1932년 4월 29일 중국 상하이 훙커우공원에서 일본군이 승리한 것을 기념하는 파티가 열리던 현장에 대한민국임시정부 소속의 윤봉길이 물통으로 위장한 폭탄을 던진 것이다.

　윤봉길이 던진 폭탄으로 파티에 참석한 육군대장 시라카와 요시노리는 죽었고, 육군중장 우에다 켄키치는 왼쪽 다리가 잘렸으며, 해군중장 노무라 키치사부로는 오른쪽 눈이 멀었다. 중국 주재 일본공사 시게미츠 마모루와 상하이 총영사 무라이 쿠라마츠는 다리를 다쳤고, 상하이의 일본인 거류 민단장 가와바타 테이지가 사망했다.

홍커우공원의거 소식을 들은 중국 국민당의 장제스 총통은 "중국의 백만 대군이 해내지 못한 일을 조선의 청년 한 명이 해냈다!"라고 크게 기뻐하였다. 아울러 장제스는 홍커우의거에 감명을 받아 그동안 무시해왔던 대한민국임시정부를 적극적으로 지원했고, 1943년 11월 26일 이집트의 카이로에 열린 카이로회담에 참석하여 조선의 독립을 강력히 주장하여 "조선을 적절한 시기에 독립시킨다"라는 내용을 카이로선언에 넣어 조선이 독립하는 계기를 제공하였다.

윤봉길이 던진 단 한 발의 폭탄이 끝내 조선 독립으로 이어졌으니, 이보다 더 효과적인 항일무장투쟁은 없었다고도 할 수 있다. 카이로회담 이전까지 미국은 조선의 독립에 무관심했고, 영국은 인도의 독립을 우려하여 조선의 독립을 반대하는 입장이었다. 그러나 장제스 총통이 카이로회담에서 조선의 독립을 강하게 주장하면서 조선의 독립이 카이로선언의 조항 중 하나로 들어가게 되었다.

김원봉과 의열단

1919년 11월 10일 중국 길림성에서 결성된 비밀 결사인 의열단義烈團은 단장 김원봉金元鳳 휘하 13명의 단원들로 구성됐다. 이들은

3.1운동이 일제의 잔인한 폭력 앞에 무산되는 것을 생생하게 목격하면서, 폭력을 사용해 일제의 주요 기관들을 공격하여 일제에 타격을 주고 조선의 독립을 앞당긴다는 목표 하에 폭력투쟁 조직 의열단을 만들게 되었다.

의열단이 일제를 상대로 벌인 대표적인 투쟁 사례로 1921년 9월 12일 조선총독부 폭탄 투척 사건과 1923년 1월 12일 종로경찰서 폭탄 투척 사건을 들 수 있다. 종로경찰서 사건을 주동한 의열단원 김상옥은 1923년 1월 22일 여러 집들의 지붕 위를 뛰어다니며 경찰 1,000여 명과 3시간 동안 대결하다가 몸에 10발의 총탄을 맞고 목숨을 잃었다. 일제 당국은 정보를 통제하며 언론 기관들의 입을 막으려 애썼다.

1923년 1월 독립운동가 신채호가 〈조선혁명선언朝鮮革命宣言〉을

의열단장 약산 김원봉.

발표했다. "일제의 주요 관리와 친일파들 및 기관 시설들에 대한 무장투쟁을 선언하며, 그리하여 강도 일본을 몰아내고 조선의 독립을 쟁취하겠다"라는 선언문에 감동받은 조선인 청년 200여 명이 의열단에 가입했다고 한다. 의열단의 인기를 실감할 수 있는 사례다.

그러나 의열단은 일제의 밀정 황옥을 협조자로 착각함으로써 1923년 3월 15일 18명의 단원들이 일제 당국에 체포되어 큰 낭패를 당했다. 황옥은 애초에 의열단을 체포하기 위해 고려공산당에 위장 가입했다. 조직이 노출되어 의열단 단원들이 폭탄을 경성으로 가져와 벌이려던 대규모 파괴 공작이 무산되고 말았다.

이 사건으로 김원봉은 1925년 8월 중국 남부로 의열단 본부를 옮겼다. 폭탄 투척만으로는 일제에 타격을 입히기 힘들다고 여긴 김원봉은 직접 군인이 되기 위해 중국 황포군관학교에 입학하였다. 이 과정에서 의열단은 해체되고, 조선의용대가 창설된다. 조선의용대는 1931년 만주 사변부터 중국을 침략하는 일본군에 맞서 중국 공산당과 협력하여 함께 싸웠다.

1942년 조선의용대는 둘로 갈라진다. 하나는 중국 팔로군 산하 조선인 부대인 조선의용군으로 개편되고, 다른 하나는 김원봉을 따라 대한민국임시정부에 합류하여 광복군이 된다.

조선의용군은 1941년부터 1943년까지 중국 산시성의 타이항 산맥을 무대로 일본군과 전투를 벌였다. 산시성의 담벼락에는 아직도 한글로 "왜놈 상관놈들을 쏴 죽이고 총을 메고 조선의용군을 찾아오시오"라는 글씨가 쓰여 있다. 조선의용군이 치른 가장 치열한 전투는 1941년 12월 12일 새벽에 있었던 후자좡전투였다. 조선의용군 병사 4명이 전사했다. 아직도 마을 주민들은 그 날을 기억하여 한국인이 오면 반갑게 맞이한다고 한다. ☆

김일성 부대의 보천보전투와 조국광복회

아직까지도 한국 사회에서는 북한의 지도자 김일성(본명 김성주)이 진짜 독립운동가인 김일성 장군을 죽이고 그의 행세를 하는 가짜 독립운동가라는 '김일성 가짜설'을 주장하는 경우가 있다. 그러나 이는 완전한 거짓말이다. 김일성은 엄연히 일제에 맞서 무장투쟁을 벌인 독립운동가다.

김일성은 20세가 되었던 시절인 1931년 중국공산당에 가입하였다. 그는 1933년 2월 왕청유격대에 들어가면서 본격적인 항일무장투쟁의 길을 걷게 되었다. 1933년 9월 동녕현성전투에 참전하였는데, 이때 일본군의 공격으로 위기에 몰린 사충항 부대를 구출한 장본인이 바로 김일성이었다. ☆☆

1936년 3월 만주의 일본군을 상대로 싸우는 공산주의 군사 조직

TMI ☆ 김원봉과 의열단을 배경으로 한 영화들이 최근 다수 제작되었다. 〈암살〉의 조승우, 〈이몽〉의 유지태, 〈밀정〉의 이병헌이 맡았던 역할들이 직간접적으로 김원봉을 묘사한 것으로 알려져 있다.

동북항일연군이 결성되었다. 조선인과 중국인의 연합부대였던 동북항일연군에 김일성도 가입했으며, 1936년 6월에는 동북항일연군 제1로군이 2,000명의 병력을 동원하여 일본군과 싸운 무송현성전투에 참가했다. 또한 김일성은 백두산 부근에 비밀 기지를 만들었다. 김일성은 1936년 민족통일전선 독립운동 단체인 조국광복회를 만들어 조직을 함경도와 평안도 곳곳의 도시들로 확장시켰다. 조국광복회에는 천도교 신자들이 특히 많이 가입하였다.☆☆☆

  그리고 1937년 6월 4일, 김일성은 90명의 동북항일연군(김일성 부대는 '조선인민혁명군' 또는 '고려홍군'이라고도 불렸다고 한다) 소속 대원들을 인솔해 뗏목을 타고 압록강을 건너서 합경북도 갑산군 보

TMI ☆☆ 당시 김일성은 민생단 사건을 해결해 이름을 떨쳤다. 민생단 사건은 1932년 10월부터 1936년까지 중국 공산당이 조선인 공산당원들을 일제의 간첩으로 몰아서 죽인 일을 가리킨다. 이 사건으로 최소 500명에서 최대 2,000명의 조선인 공산당원들이 일제의 간첩으로 몰려 죽임을 당했다. 그러나 나중에 밝혀진 사실에 의하면 중국 공산당에 일제가 침투시킨 조선인 간첩들은 고작 7명에 불과했다고 한다. 억울한 가짜 간첩들을 만들어 죽인 어리석은 짓이었다. 민생단 사건으로 조선인 공산당원들이 모두 죽지 않은 것은 김일성의 노력 덕분인데, 김일성이 만주의 중국 공산당 수뇌부들을 설득하여 더 이상의 민생단 색출을 멈추게 했던 것이다.
☆☆☆ 조국광복회는 10대 강령에서 "조선민족의 총동원으로 광범한 반일통일전선을 실현함으로써 강도 일본제국주의 통치를 전복하고 진정한 조선인민정부를 수립(1항)"하고 "양반, 상민, 기타 불평등을 배제하고 남녀, 민족, 종교 등 차별 없는 인류적 평등과 부녀의 사회상 대우를 제고하고 여자의 인격을 존중(7항)"하며 "노예노동과 노예교육의 철폐, 강제적 군사복무 및 청소년에 대한 군사교육을 반대하며 우리말과 글로써 교육하며 의무적인 면비교육을 실시(8항)"하며 "8시간 노동제 실시, 노동조건의 개선, 임금의 인상, 노동법안의 확정, 국가 기관으로부터 각종 노동자의 보험법을 실시하며 실업하고 있는 근로대중을 구제(9항)"할 것을 천명했다.

1937년 6월 4일의 보천보전투 소식을 알린 《동아일보》 호외. 신문사 측은 2000년 남북정상회담 이후 이를 금박으로 만들어 북한에 선물했다.

천면 보천보의 주재소를 습격했다(밤 10시). 전투를 벌이기 이전에 대원들은 미리 전화선을 끊고 보천보 주민들과 연계하는 치밀함을 보였다. 대원들은 주재소를 습격하여 총기고에 보관된 무기와 총탄 수백 발을 빼앗았다. 그리고 면사무소와 우편소와 삼림보호구 등 일제의 관공서들을 습격하여 불을 지른 후, 조선인들에게 일제에 맞서 봉기하라는 내용이 적힌 유인물을 나눠주고 철수하였다. 이는 1930년대 최초의 국내 진공 무장투쟁이었다.

보천보전투 소식을 접하고 99명의 일본인 군인과 경찰들이 김일성 부대를 추적하러 나섰다. 그러나 미리 매복하고 있던 김일성 부대는 추적해온 일본군과 경찰한테 역습을 퍼부었고, 이에 일본군과 경찰 7명이 죽고 14명이 다치는 피해를 입고 후퇴하였다. 그러자 곧바로 함흥에 주둔한 일본군 제74연대가 나서서 간삼봉으로 이동한 김일성 부대를 쫓아갔으나, 역시 김일성 부대의 매복에 걸려 피해를 입고 6월 30일에 후퇴하였다.

보천보전투 소식은 《동아일보》를 통해 조선 전역에 알려졌다. 2000년 《동아일보》는 당시 보천보전투를 보도한 기사를 황금판으로 만들어 김정일 국방위원장에게 선물하였다.

일제 당국은 김일성 부대를 비롯한 항일유격대를 제압하기 위해 막대한 병력을 동원하여 몰이 작전을 감행하였다. 그러나 수년 동안의 '토벌'은 결국 성공하지 못했다. 오히려 1940년 3월 25일 홍기하전투에서 김일성 부대는 400명으로 구성된 일본군 마에다 부대와 싸워 140명을 죽이고 30명을 사로잡는 큰 승리를 거둔다.

중국에서 싸운 허형식과 김무정

구한말 항일의병이었던 허위의 종손자인 허형식은 1915년 가족과 함께 조선을 떠나 만주로 이주하였다. 1930년에 허형식은 중국 공산당에 가입하였다. 그리고 1937년 허형식은 동북항일연군에 참가했다. 2년 후인 1939년, 허형식은 동북항일연군의 제3로군 군단장과 총참모장을 겸임하는 지위에 올라갈 만큼 능력과 열정을 널리 인정받았다.

그러다가 1942년 8월 3일, 현재 중국 흑룡강성 경안현 청송령의 소릉하 계곡에서 일제의 괴뢰국인 만주국 군대가 허형식이 이끄는 동북항일연군을 공격했다. 수적으로나 화력으로나 뒤떨어진 상황이라 동북항일연군은 무척 불리했다. 이때 허형식은 부하들을 탈출시키고 자신만 혼자 남아 끝까지 만주군과 싸우다가 결국 전사하고 말았다. 그가 죽자, 만주군은 그의 시체에서 목을 잘라 가져갔다. 오늘날 청송령에는 그의 희생을 기념하는 비석이 세워져 있다. 중국인들에게도 그의 항일 정신과 희생 정신이 깊은 감동을 주었던 모양이다.

중국 대륙에서 눈부신 활약을 한 조선인 독립운동가로 김무정도 있다. 김무정은 3.1운동이 경찰과 군대를 동원한 일제의 잔혹한 탄압으로 실패하는 장면을 본 후 일제를 몰아내고 독립을 하려면 무력이 필요하다는 믿음을 가졌다. 1923년 3월, 김무정은 조선을 떠나 중국으로 이주하여 1924년에 중국 보정군관학교保定軍官學校에 입학하여 포병과에 들어가 1년 만에 졸업을 하는 등 뛰어난 포병 장교가 되었다.

1925년 김무정은 중국 공산당에 입당을 하였다. 그는 1930년 6월 후베이성에서 벌어진 중국 공산군과 일본군의 전투에 참가해 싸웠다. 그리고 1935년 대장정大長征에 동참해 완주하는 등 왕성하게 활동했다.

1938년 중국 공산당이 팔로군을 창건하자, 김무정은 1,000명의 병사들을 지휘하는 포병단의 단장에 임명되었다. 그리고 1940년 8월 20일부터 1941년 1월 24일까지 40만 명의 팔로군이 일본군과

① 허형식. ② 김무정. ③ 안수산. 중국과 미국에서 일제와 싸웠다.

대대적인 전투를 벌였던 백단대전百團大戰에 포병단과 함께 참가하여 일본군과 맞서 싸웠다.

백단대전 이후 김무정은 중국 공산당 팔로군 내부에 조선인들로 구성된 부대인 조선의용군 총사령관에 취임했다. 조선의용군은 조선의용대를 받아들인 조선독립동맹의 군사조직이었다. 일본군과 싸우는 동시에 일본군에게 강제로 끌려온 조선인 청년들을 상대로 선전 활동을 벌여 그들을 탈출시키는 공작을 맡았다.

일설에는 1944년 8월, 조선에 남아 있던 독립운동가 여운형이 경성에서 조선건국동맹이라는 독립운동단체를 비밀리에 만든 후 김무정이 정보원을 보내 조선건국동맹의 회원인 이상백, 이영선과 만나 서로 소식을 주고받으며 동맹을 맺기로 약속하였다고 한다. 아울러 1945년 4월에는 여운형이 박승환을 연안에 보내서 조선의 용군과의 합동작전을 추진하였다.

미국 이름 수잔 앤 커디, 일제와 싸운 안창호의 딸

미국으로 건너가 조선의 독립을 목표로 하는 단체인 흥사단을 만들어 독립운동에 몰두했던 안창호安昌浩의 딸 안수산安繡山은 미군에 들어가서 싸웠다. 1941년 12월 7일, 일본군이 미국 하와이의 진주만을 공습하여 태평양전쟁을 일으키자 미국을 도와 일본에 맞서 싸워 조선의 독립을 이룰 때라고 여겨 1942년 미 해군에 자원입대하였다. 그녀는 해군에서 암호를 해독하는 정보요원 업무와 함께 포병 교관의 업무도 맡았다. 정보요원들의 활약으로 암호를 해독한 미국 해군은 초반에 불리했던 일본 해군과의 대결에서 우위를 유지할 수 있었다. 안수산은 2차 세계대전에서 일제가 패망하고 1946년에 대위로 해군을 제대했다. 제대 후에는 미국의 정보기관인 국가안보국NSA의 간부가 되어 300명의 요원들을 지휘했다고 한다.

악랄했던 간도특설대와 백선엽

일제 강점기에는 수많은 독립운동가들이 활동했고, 또한 수많은 친일파들도 활동하였다. 가장 악랄한 친일파를 하나만 골라 언급해야 한다면, 간도특설대를 이야기해야 한다.

간도특설대는 만주에서 활동하던 조선과 중국의 항일무장투쟁 세력을 말살하기 위한 목적으로 1938년 12월 14일 일제에 의해 창설되었다. 이들은 약 690명이었으며, 사병들은 모두 조선인이었고 장교는 조선인과 일본인이 절반씩 섞여 있었다. 간도특설대는 '불령선인'을 색출한다는 미명 아래 민간인을 상대로 학살, 방화, 약탈, 강간 등 극악한 범죄를 마구잡이로 저질러 만주 전역에 악명이 자자했다. 간도특설대는 1945년 8월 15일 일제가 연합국에 무조건 항복했다는 소식조차 모르고 항일투쟁을 벌이던 중국 군대와 싸우다가, 중국 측에서 "이미 일본은 항복했는데 너희는 왜 싸우고 있느냐?"라고 말하자 그제야 일제의 패망을 알고는 제각기 달아났다고 할 정도의 집단이었다.

간도특설대 대원들 중 가장 유명한 인물이 바로 백선엽이다. 백선엽을 미화하는 이들은 그의 친일 행적을 축소할뿐더러, 한국전쟁 와중 그가 지휘한 부대가 민폐를 전혀 끼치지 않으며 큰 공을 세웠다고 찬양한다. 그러나 1950년 9월 24일 백선엽이 이끄는 1사단

조선총독부 기관지 《매일신보》 1943년 1월 11일자에 실린 간도특설대 사진. 기사 제목은 "반도징병제에 선구하는 간도특설대의 활약: 일만공동방위에 민족협화의 꽃"이다.

의 11, 12, 15연대는 상주, 괴산, 보은, 청주에 주둔하면서 10일 동안 민간인들을 부역자로 몰아 총살하였다. 민간인들이 백선엽 부대에 의해 죽임을 당한 이유는 그들이 국군의 질문에 '뻣뻣하게 대답했다'라는 황당한 것이었다. 또한 백선엽이 가장 자랑거리로 내세우는 다부동전투는 사실 미군의 지휘와 미 공군의 지원을 받아 이루어진 것이었고, 평양 입성 역시 북한군 부대가 모두 철수한 후에 아무런 전투 없이 벌어진 것으로, 백선엽 스스로가 자신의 전공을 지나치게 부풀렸다는 비판을 받고 있다.[*] 또한 전쟁 중 후방에서 자신의 이름을 딴 백선엽야전사령부Task Force Paik를 통해 "지리산

안은 다 적이었다"면서 빨치산과 주민들에 대한 무차별 학살과 체포를 주도했다는 문제제기 역시 이어지고 있다. 최소 5,000명 이상이 당시 "사살"되었다고 알려져 있다.

치안유지법과 국가보안법

일제는 1925년 5월 12일 치안유지법을 만들어 조선의 독립운동을 탄압했다. 치안유지법은 원래 일본 본토에서의 사회주의 운동을 막으려는 목적에서 고안되었다. 당시 일본은 빈부격차가 무척 심하고 노동자 인권이 탄압받는 일이 많아서 사회주의 운동이 강렬하였다. 일제가 보기에 문제는 사회주의가 일본의 미래 적국인 소련에서 출발한 것이라는 사실이었다. 그래서 일본은 사회주의 운동가는 소련과 내통하는 간첩이라고 여겨 철저하게 탄압했다. 그래서 치안유지법이 생겨난 것이다. 그런데 조선에서 점점 대부분의 독립운동이 사회주의 계열에 속하게 되었다. 일본은 사회주의를 탄압하는 것이 곧 조선의 독립운동을 막는 길이라고 여겨서 치안유지법을 조선에도 적용시켰다.

치안유지법의 제 1조는 "국체를 변혁하거나 사유재산 제도를 부

TMI ☆ 백선엽은 사망 전까지 국방부 군사편찬연구소 종신 자문위원장이었는데, 자신의 행적에 대해 '셀프 미화'해왔다는 문제제기가 이어지고 있다.

인하는 것을 목적으로 결사를 조직하거나 이에 가입한 자는 10년 이하의 징역 또는 금고에 처한다"였다. 국체 변혁은 국가를 바꾸는 것이니 곧 조선 독립을 뜻하고 사유재산 제도 부인은 사회주의를 뜻하니 조선 독립운동이나 사회주의 운동을 하는 자는 치안유지법을 어겼다고 판단하여 10년 이하의 징역에 처한다는 내용이었다.

치안유지법은 일제가 패망한 이후인 1945년 10월 15일 일본을 지배하던 미군이 폐지시켰으나, 1948년 12월 1일 한국 정부가 북한을 적대하기 위해 만든 국가보안법이 치안유지법의 내용을 상당 부분 그대로 베낌으로써 사실상 부활하였다. 국가보안법의 제1조를 보면 "국헌을 위배하여 정부를 참칭하거나 그에 부수하여 국가를 변란할 목적으로 결사 또는 집단을 구성한 자는 10년 이하의 징역 또는 금고에 처한다"고 했는데, 이는 치안유지법 제1조의 내용을 그대로 가져온 것이다.

2차 세계대전이 조선 독립에 끼친 영향

조선의 독립에 2차 세계대전이 끼친 결정적인 영향을 개괄하면, 결국 독일과 소련의 독소전쟁과 미국과 일본의 태평양전쟁이 가장 중요했다고 말할 수 있다. 소련이 1945년 5월에 독소전쟁에서 승리하면서 2차 세계대전 전체의 판세가 결정되었고, 3개월 후에 독일의 동맹국 일본을 공격하는 만주 작전을 시작함으로써 일제를 패망시키고 조선의 독립에 커다란 영향을 끼쳤다. 또한 미국이 일

독소전쟁은 2차 세계대전의 향방에 결정적인 영향을 끼쳤다. 히틀러에게 승리하기까지 소련 민중들은 큰 희생을 치렀다. 1943년 독일군 퇴각 후 스탈린그라드 사진.

본을 상대했던 태평양전쟁에서 우위를 차지하면서, 일본은 모든 국민이 죽어도 결코 항복하지 않겠다는 '1억 총 옥쇄 선언'까지 하지만, 일제가 불리한 상황에 놓였다는 사실은 식민지 조선에서도 "미국은 일본보다 15배나 많은 공업생산력을 지녔으니 결코 일본은 이길 수 없다"라는 형태의 풍문으로 널리 퍼졌다.

결국 일본은 1945년 8월 15일 무조건 항복 선언을 한다. 조선 민중들은 일본의 엄격한 정보 통제 속에서도 본능적으로 시대의 방향과 정신을 읽어낼 수 있었던 셈이다.

조선 독립을 탄압한 일본인들을 소련군이 처벌했다

해방 이후 70년이 넘게 한국 사회에서는 2차 세계대전이 끝나고 북한 지역에 들어온 소련군이 점령군으로 행세하며 나쁜 짓들을 했다고 여겨왔다. 그러나 소련군을 그렇게 보는 것은 매우 일면적이다. 그들이 조선인들을 위해서 도움을 준 일도 있었으니, 바로 조선의 독립운동을 탄압한 일본인들을 처벌하였던 것이다.

북한 지역을 장악하고 나서 소련군은 현지의 조선인 공산주의자들을 불러 모아 인민위원회를 설치했다. 인민위원회는 북한 지역에 살던 일본인 경찰이나 관리들을 체포하고 조사하여 그들이 조선 독립 운동을 탄압한 일을 적발하면, 소련 군정이 관리하는 법정에 넘겨 재판을 받고 처벌을 내리도록 하였다. 그리하여 평양이나 신의주 등 북한 지역의 형무소에는 조선인을 탄압한 일본인들이 죄수가 되어 갇혔다.

몇 가지 예를 들어 본다면, 일본 경찰이었던 하마다 이치조는 '신성한 조선 독립을 위한 혁명 분자를 박해한 것으로서, 이것은 증오할 만한 살인죄가 되었다'라는 죄목으로 1심에서 무기징역을 선고받았다. 일본인 소방대원이었던 이나다 교이치는 3.1운동 무렵 조선인 몇 명을 죽인 일로 조선 독립 혁명가에 대한 살인죄가 인정되어 1심에서 징역 10년을 선고받았다. 일본인 법관이었던 야마시타 히데키는 조선인 독립운동가들에게 사형이나 무기징역 같은 가혹한 판결을 내린 죄로 징역 5년에 처해졌다.

같은 시기, 남한에 들어왔던 미군이 조선 독립 운동을 탄압한 일

土地는農民의것!

소련군은 인민위원회를 인정하였으며, 북한에서는 이를 바탕으로 북조선임시인민위원회가 결성되어 토지 개혁 등 이른바 "민주개혁"을 수행한다.

본인들을 단 한 명이라도 처벌했던가? 아니면 조선의 독립운동을 가리켜 신성하다고 칭찬이라도 했던가? 결코 아니었다. 그렇다면 우리는 최소한 우리는 소련군이 조선 독립의 정당성을 인정하고 도움을 주었다는 사실은 인정해야 할 것이다.

일본군 '위안부'의 시작, 가라유키상
1930년대부터 1945년까지 조선인과 중국인과 동남아인 중 수많은 여성들이 일본군에 의해 잔혹한 '성노예'로 고통을 받았다. 일본

군 '위안부'의 뿌리는 19세기 일본의 가라유키상からゆきさん이다.

가라유키상은 제겐이라고 불리는 취업 브로커가 하는 "나를 따라오면 해외에 취업을 시켜주겠다"라는 거짓말에 속아서 해외로 팔려나가 성 착취를 당했던 일본인 여성들을 가리키는 말이다. 이 기간은 19세기 중엽부터 1920년까지 약 60년 동안이었으며, 그 인원은 대략 30만 명이었다.

가라유키상이 번 돈을 놀랍게도 일본 정부가 관리했는데, 일본이 청나라와 러시아를 상대로 청일전쟁과 러일전쟁을 벌일 때에도 가라유키상들이 번 돈이 전비에 포함되었다고 한다. 일본 정부는 가라유키상이 애국자라고 치켜세웠다.

일본 정부는 국가의 불법 취업 사기이자 성 착취인 가라유키상을 '용인'했다. 비록 1853년 일본이 미국의 압력에 의해 외국에 문물을 개방하기는 했으나, 일본은 가난한 농업 국가였기 때문에 돈을 벌어들일 상품이 없었다. 그러자 일본 정부는 자국민들 중에서 가난한 농촌이나 어촌의 어린 소녀나 젊은 처녀들을 해외로 성노예로 팔아, 그녀들이 받는 돈을 거둬들여 정부 수익으로 쓰려고 했던 것이다.

가라유키상이 되어 해외로 팔려나간 일본인 여성들은 중국, 동남아, 인도, 아프리카, 하와이, 북미, 중남미 등 세계 각지에서 강제로 매춘을 해야 했다. 일본의 식민지였던 중국 요동 반도나 대만에 설치된 가라유키상들의 '매춘 업소'는 일본군이 직접 관리했다. 성병에 걸려 고통을 받다가 죽은 가라유키상들의 대부분은 무덤

가라유키상을 묘사한 그림. 일본은 자국 여성들을 성매매로 내몰고 정부가 관리했다.

도 갖지 못하고 버려졌으며, 운이 좋은 경우에나 무덤에 묻힐 수 있었다.

간혹 가라유키상으로 살다가 고향으로 돌아온 여성들도 있었으나 그녀들도 결코 행복하지 못했다. 주변 사람들은 그녀가 외국에서 몸을 팔다 온 더러운 창녀라고 욕을 했으며, 그런 괴롭힘을 견디다 못해 스스로 목숨을 끊은 경우도 많았다.

이 가라유키상은 1920년 일본 정부가 내린 매춘 금지령에 의해 불법화되면서 폐지되었다. 그러나 자국 여성들을 해외에 성노예로

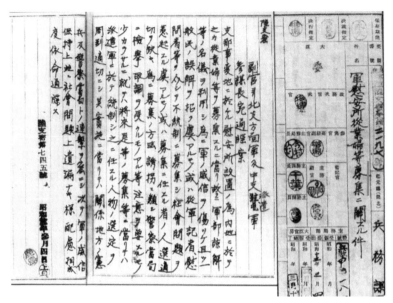

일본은 국가가 직접 개입하여 '위안부'를 양산하고 인권을 유린했다. 1938년에 작성된 일본군의 '위안부' 모집 명령서.

팔아넘기고 관리한 경험을 바탕으로 일본 정부는 만주사변을 일으켜 중국을 침략하면서 이민족인 조선인, 중국인, 동남아인 등이 포함된 일본군 '위안부'를 만들어 관리했던 것이다.

　가라유키상 이전에도 일본인 여성들이 해외에 성노예로 팔려나가는 일이 있었다. 일본에 포르투갈 상인들이 처음 들어온 1543년부터 도요토미 히데요시가 일본인의 해외 노예 판매를 금지시킨 1588년까지 약 45년 동안 무려 50만 명이나 되는 일본인 여성들이 규슈 등 일본 서부 지역 세력가들에 의해 포르투갈 상인이나 서양 기독교 선교사들한테 노예로 팔아넘겨져 해외에서 비참한 성노예로 살다 죽었다.

이것을 오늘날까지도 일본군 '위안부' 문제가 해결되지 못한 역사적 배경이자 원인이라고 할 수 있지 않을까? 같은 민족 여성들의 인권도 참혹하게 유린했던 일본 정부가 과연 다른 민족 여성들의 인권이 관계된 문제에 대해 스스로 성의를 다해 나설 가능성이 있는가?

일제 강점기와 왜곡된 군사 문화

해방 이후에도 한국은 오랫동안 군사독재정권의 지배가 이어지면서 사회 전반에 군사 문화가 널리 퍼졌다. 특히 만주군(일본군이 1931년 만주를 점령하고 나서 세운 괴뢰국인 만주국의 군대로 일본군에 편입되어 싸우는 일본군 2중대) 출신 박정희가 대통령이 되면서 한국 사회는 일본식 군사 문화의 더욱 강력한 영향을 받았다. 박정희뿐만 아니라 일본군과 만주군에서 활동했던 친일파 출신들이 해방 이후 친미파가 되어 정계와 관료집단의 중요한 자리를 대거 차지하면서 한국 사회를 일본식 병영 문화가 지배했다고 해도 과언이 아닌 상황이 되었다.

지금은 상상하기 어렵겠지만, 박정희 정부 시절에는 청소년들을 대상으로 하는 군사훈련인 교련이 정식 과목으로 채택되어 고등

학생들은 의무적으로 참가해야 했으며(대학생도 의무 참여했다), 학교 밖에서도 극기훈련이나 수련회를 준 군사훈련 방식으로 반드시 겪어야 했는데, 이는 일제 강점기 시절 일본 학생들이 실제로 학교에서 받았던 군사훈련을 박정희 정부가 그대로 적용시킨 것이었다.

또한 과거 군대에서 복무를 한 한국인 남성이라면 상습적인 구타와 기합(혹은 얼차려, 가혹행위)에 시달리지 않은 사람이 거의 없다고 할 수 있을 것이다. 특히 박정희나 그의 후계자인 전두환 시절에 군복무를 했던 한국인 남성들은 무자비하고 가혹한 구타의 커다란 희생양이었다. 군대의 폭력 악습이 얼마나 심각했느냐 하면, 베트남전쟁 참전으로 인한 희생자를 제외하고도 박정희 정부 시절 무려 1만 명의 한국군 병사들이 죽었다는 통계가 있을 정도다. 무자비한 폭행이나 가혹행위에 시달리다 죽었거나 아니면 군대 안의 폭력을 견디지 못하고 스스로 목숨을 끊었던 것이다. 이는 일본 제국주의 시절, 일본군 병사들이 병영에서 당해야 했던 온갖 가혹한 구타나 기합 같은 나쁜 군사 문화가 일본군 출신 한국군 장성들을 통해 그대로 한국군에 이식된 후유증이었다.

의무적으로 국민의 적지 않은 수가 다녀오는 군대에서 구타와 가혹행위를 겪고 나서 사회로 돌아오니, 자연히 한국 사회에서는 군대에서 배워온 구타가 만연했다. 사람들한테 웃음을 보여주는 코미디언들이나 환자를 치료하는 의사들조차 그들 내부의 세계에서는 온갖 구타와 가혹행위가 빈발하여 견디다 못해 일을 그만두는 사람들까지 나왔다고 하니, 얼마나 한국 사회가 일본식 군사 문화에 찌들었는지 알 수 있다.

아울러 저렇게 일본식 군사 문화에 길들여진 사람들이 점차 사회의 대부분을 차지하다 보니, 한국 사회에서는 일본식 군사 문화나 일본군 그 자체가 본받아야 할 좋은 것으로 인식되기까지 했다. 예를 들어, 박상욱 작가의 소설 《구타교실》 1권을 보면, 주인공이 다니는 고등학교인 M고의 교장은 학생들한테 틈만 나면 "일본군은 세계를 재패한 무적의 군대였다. 그런 일본군을 본받아야 한다"라고 일본을 찬양하는 훈화를 하는 것으로 묘사된다. 이건 결코 작가가 멋대로 만든 허구가 아니라, 실제로 1990년대에 학교생활을 해본 사람이라면 누구나 한 번쯤 들었을 법한 것이다.

아울러 일본식 군사 문화는 자연히 한국인에 대한 일본인들의 멸시감을 그대로 반영하여, 자신이 한국인임에도 불구하고 정신적으로는 일본인의 입장에 서서 한국인을 멸시하는 태도를 만들기도 했다. 2017년 8월 17일자 한 신문 기사에 의하면 모 공군 소령은 하루에도 수십 번 부대원들에게 "조센징은 물에 처박아 수장시켜야 돼"라는 폭언을 퍼부었다고 한다. 일본인들이 조선인, 즉 한국인을 비하하는 혐오발언인 조센징을 거리낌 없이 사용하는 사람이 2017년까지도 한국군 장교에 문제 없이 재직할 만큼, 일제 강점기로부터 출발하는 한국의 왜곡된 군사 문화는 아직도 영향력이 크다.

■ 참고 자료

《고구려본기》, 박영규 지음, 웅진지식하우스, 1997.

《고려 무인 이야기(전 4권)》, 이승한 지음, 푸른역사, 2019.

《고조선은 대륙의 지배자였다》, 신정일·이덕일·김병기 지음, 역사의아침,
　　2006.

《교감역주 천예록》, 임방 지음, 정환국 옮김, 성균관대학교출판부, 2005.

《구오대사 신오대사》, 동북아역사재단 엮음, 동북아역사재단, 2011.

《국가의 배신》, 도현신 지음, 인물과사상사, 2015.

《국민은 적이 아니다》, 신기철 지음, 헤르츠나인, 2014.

《국역 금사(전 4권)》, 이성규·박원길·윤승준·류병재 옮김, 단국대학교출
　　판부, 2016.

《국역 요사(전 3권)》, 김위현 외 옮김 역, 단국대학교출판부, 2012.

《금계필담》, 송정민 엮음, 명문당, 2001.

《나당전쟁 연구》, 이상훈 지음, 주류성, 2012.

《나의 친구 윤봉길》, 김광 지음, 이민원·양수지 옮김, 도서출판선인, 2017.

《난중일기》, 이순신 지음, 노승석 옮김, 민음사, 2010.

《당 태종 평전》, 자오커야오·쉬다오쉰 지음, 김정희 옮김, 민음사, 2011.

《더 그레이트 워》, 피터 하트 지음, 정재면 옮김, 관악, 2014.

《만주 항일 파르티잔》, 유순호 지음, 도서출판선인, 2009.

《맛있는 과일 문화사》, 도현신 저, 웃는돌고래, 2018.

《매헌 윤봉길》, 김학준 지음, 이수항 엮음, 동아일보사, 2008.

《박시백의 조선왕조실록》(4, 5, 12, 13권), 박시백 글·그림, 휴머니스트,
　　2005.

《박씨부인전》, 황국산 엮음, 태을출판사, 2004.

《밤의 일제 침략사》, 임종국 지음, 한빛문화사, 2004.

《산척, 조선의 사냥꾼》, 이희근 지음, 따비, 2016.

《삼국사기(전 2권)》, 김부식 지음, 최호 옮김, 홍신문화사, 1994.

《삼국유사》, 일연 지음, 최호 옮김, 홍신문화사, 2008.

《삼한사의 재조명》, 김상 지음, 북스힐, 2004.

《상식 밖의 일본사》, 안정환 지음, 새길아카데미, 1995.

《새로 쓰는 연개소문전》, 김용만 지음, 바다출판사, 2003.

《신라는 어떻게 살아남았는가》, 이상훈 지음, 푸른역사, 2015.

《실록 친일파》, 임종국 지음, 돌베개, 1991.

《실업이 바꾼 세계사》, 도현신 지음, 서해문집, 2017.

《어메이징 한국사》, 도현신 지음, 서해문집, 2012.

《열하일기(전 3권)》, 박지원 지음, 김혈조 옮김, 돌베개, 2017.

《염철론》, 환관 지음, 김원중 옮김, 현암사, 2017.

《옛사람에게 전쟁을 묻다》, 도현신 지음, 타임스퀘어, 2009.

《영웅의 역사 7》, 오자키 호츠키·진순신 엮음, 이언숙 옮김, 솔출판사, 2000.

《왜 몽골 제국은 강화도를 치지 못했는가》, 이경수 지음, 푸른역사, 2014.

《왜구와 고려·일본 관계사》, 이영 지음, 혜안, 2011.

《우리의 눈으로 본 일본제국흥망사》, 이창위 지음, 궁리, 2005.

《유라시아 대륙에 피어났던 야망의 바람》, 박원길 지음, 민속원, 2003.

《이순신의 조일전쟁》, 도현신 지음, 행복한미래, 2012.

《이이화의 한국사 이야기》(6, 7, 11, 12, 16, 17, 18, 19, 20, 21권), 이이화 지음, 한길사, 2015.

《이야기 일본사》, 김희영 지음, 청아출판사, 2006.

《일제식민지시대의 민족운동》, 박현채 외 지음, 한길사, 1989.

《임종국, 친일의 역사는 기록되어야 한다》, 정지아 글, 이윤엽 그림, 여우고개, 2008.

《임진록》, 구인환 엮음, 신원문화사, 2004.

《임진왜란, 잘못 알려진 상식 깨부수기》, 도현신 지음, 역사넷, 2008.

《임진왜란(전 10권)》, 박종화 지음, 달궁, 2004.

《잊혀진 전쟁 왜구》, 이영 지음, 에피스테메, 2007.

《장군 이순신》, 도현신 지음, 살림출판사, 2013.

《전장을 지배한 무기전, 전세를 뒤바꾼 보급전》, 도현신 지음, 시대의창, 2016.

《전쟁과 역사(전 3권)》, 임용한 지음, 혜안, 2001.

《전쟁이 발명한 과학기술의 역사》, 도현신 지음, 시대의창, 2019.

《조선을 떠나며》, 이연식 지음, 역사비평사, 2012.

《조선의 무기와 갑옷》, 민승기 지음, 가람기획, 2019.

《조선의 예언사상(하)》, 김탁 지음, 북코리아, 2016.

《주해 청구야담(전 3권)》, 최웅 엮음, 국학자료원, 1996.

《징비록》, 유성룡 지음, 이재호 옮김, 위즈덤하우스, 2007.

《친일문학론》, 임종국 지음, 민족문제연구소, 2013.

《팍스 몽골리카의 동요와 고려 말 왜구》, 이영 지음, 혜안, 2013.

《패자》, 오자키 호츠키·진순신 엮음, 이언숙 옮김, 솔출판사, 2002.

《풍운(전 7권)》, 배상열 저, 이화문화사

《한국 근대사 산책(전 10권)》, 강준만 지음, 인물과사상사, 2008.

《한국의 판타지 백과사전》, 도현신 지음, 생각비행, 2019.

《한국전쟁과 집단학살》, 김기진 지음, 푸른역사, 2016.

《한권으로 읽는 백제왕조실록》, 박영규 지음, 웅진닷컴, 2004.

《한권으로 읽는 신라왕조실록》, 박영규 지음, 웅진닷컴, 2004.

《한무제 평전》, 양성민 지음, 심규호 역, 민음사, 2012.

《황국사관과 고려 말 왜구》, 이영 지음, 에피스테메, 2015.

《황당한 일본》, 최천기 지음, 학민사, 2005.

국역 조선왕조실록 http://sillok.history.go.kr
한국고전종합DB http://db.itkc.or.kr
한국문화정보원 공공누리 https://www.kogl.or.kr
한국민족문화대백과사전 http://encykorea.aks.ac.kr

■ 그림 및 사진 자료 출처

이 책에 실린 그림 및 사진 자료의 저작권자, 소장처, 출처는 다음과 같습니다(단, 보호 기간이 만료된 공용 자료는 **특별한 경우**를 제외하면 기재하지 않았습니다).

국립중앙박물관(공공누리 제1유형, 2010): 265

문화재청(공공누리 제1유형): 110, 148(아래), 155, 171, 206

어진박물관(공공누리 제1유형, 2012): 189

전쟁기념관·한국문화정보원(공공누리 제1유형, 2018): 47, 55, 61, 65, 80, 102, 105, 144(위), 185, 207, 222, 227, 303

한국관광공사(공공누리 제1유형, 2016): 148(위)

한국국학진흥원·풍산김씨 오미동 참봉댁: 219

한국방송공사(〈역사스페셜〉87화, 155화): 18, 78, 79

RIA Novosti archive(CC-BY-SA 3.0): 323

도서에 쓰인 공공누리 제1유형 자료는 문화재청 국가문화유산포털(www.heritage.go.kr), 한국문화정보원 공공누리(www.kogl.or.kr) 사이트에서 무료로 다운받으실 수 있습니다.